PLANEJAMENTO E CONTROLE ORÇAMENTÁRIO

JOCILDO FIGUEIREDO CORREIA NETO

Doutor em administração de empresas e professor da Universidade Federal do Ceará

PLANEJAMENTO E CONTROLE ORÇAMENTÁRIO

Abordagem prática para elaborar **ORÇAMENTOS EMPRESARIAIS**

ALTA BOOKS
EDITORA
Rio de Janeiro, 2022

Planejamento e Controle Orçamentário

Copyright © 2022 da Starlin Alta Editora e Consultoria Eireli.
ISBN: 978-65-5520-998-3

Impresso no Brasil — 1ª Edição, 2022 — Edição revisada conforme o Acordo Ortográfico da Língua Portuguesa de 2009.

Todos os direitos estão reservados e protegidos por Lei. Nenhuma parte deste livro, sem autorização prévia por escrito da editora, poderá ser reproduzida ou transmitida. A violação dos Direitos Autorais é crime estabelecido na Lei nº 9.610/98 e com punição de acordo com o artigo 184 do Código Penal.

A editora não se responsabiliza pelo conteúdo da obra, formulada exclusivamente pelo(s) autor(es).

Marcas Registradas: Todos os termos mencionados e reconhecidos como Marca Registrada e/ou Comercial são de responsabilidade de seus proprietários. A editora informa não estar associada a nenhum produto e/ou fornecedor apresentado no livro.

Erratas e arquivos de apoio: No site da editora relatamos, com a devida correção, qualquer erro encontrado em nossos livros, bem como disponibilizamos arquivos de apoio se aplicáveis à obra em questão.
Acesse o site www.altabooks.com.br e procure pelo título do livro desejado para ter acesso às erratas, aos arquivos de apoio e/ou a outros conteúdos aplicáveis à obra.

Suporte Técnico: A obra é comercializada na forma em que está, sem direito a suporte técnico ou orientação pessoal/exclusiva ao leitor.

A editora não se responsabiliza pela manutenção, atualização e idioma dos sites referidos pelos autores nesta obra.

Dados Internacionais de Catalogação na Publicação (CIP) de acordo com ISBD

C824p   Correia Neto, Jocildo Figueiredo
    Planejamento e Controle Orçamentário: abordagem prática para elaborar orçamentos empresariais / Jocildo Figueiredo Correia Neto. - Rio de Janeiro : Alta Books, 2022.
    352 p. ; 16cm x 23cm.

    Inclui índice.
    ISBN: 978-65-5520-998-3

    1. Administração. 2. Planejamento. 3. Controle Orçamentário. I. Título.

2022-1965   CDD 658
                                                    CDU 65

Elaborado por Vagner Rodolfo da Silva - CRB-8/9410

Índice para catálogo sistemático:
1. Administração 658
2. Administração 65

Produção Editorial
Editora Alta Books

Diretor Editorial
Anderson Vieira
anderson.vieira@altabooks.com.br

Editor
José Ruggeri
j.ruggeri@altabooks.com.br

Gerência Comercial
Claudio Lima
claudio@altabooks.com.br

Gerência Marketing
Andrea Guatiello
andrea@altabooks.com.br

Coordenação Comercial
Thiago Biaggi

Coordenação de Eventos
Viviane Paiva
comercial@altabooks.com.br

Coordenação ADM/Finc.
Solange Souza

Direitos Autorais
Raquel Porto
rights@altabooks.com.br

Assistente Editorial
Beatriz de Assis

Produtores Editoriais
Maria de Lourdes Borges
Illysabelle Trajano
Paulo Gomes
Thales Silva
Thiê Alves

Equipe Comercial
Adriana Baricelli
Daiana Costa
Fillipe Amorim
Heber Garcia
Kaique Luiz
Maira Conceição

Equipe Editorial
Betânia Santos
Brenda Rodrigues
Caroline David
Gabriela Paiva
Kelry Oliveira
Henrique Waldez
Marcelli Ferreira
Matheus Mello

Marketing Editorial
Jessica Nogueira
Livia Carvalho
Marcelo Santos
Pedro Guimarães
Thiago Brito

Atuaram na edição desta obra:

Revisão Gramatical
Daniele Ortega
Palloma Landim

Capa
Marcelli Ferreira

Diagramação
Natalia Curupana

Editora afiliada à: ASSOCIADO

Rua Viúva Cláudio, 291 – Bairro Industrial do Jacaré
CEP: 20.970-031 – Rio de Janeiro (RJ)
Tels.: (21) 3278-8069 / 3278-8419
www.altabooks.com.br — altabooks@altabooks.com.br
Ouvidoria: ouvidoria@altabooks.com.br

SUMÁRIO

Sobre o autor — 13
Apresentação — 15
Visão Geral do Orçamento Empresarial — 19
- 1.1 Introdução 19
- 1.2 Decisões financeiras... 21
- 1.2.1 Tipos de decisão de decisões financeiras......................... 21
- 1.2.2 Prazos das decisões financeiras 23
- 1.2.3 Níveis das decisões financeiras... 24
- 1.3 Orçamento no contexto organizacional 25
- 1.4 Orçamento empresarial e planejamento estratégico 30

Introdução ao Orçamento Empresarial — 33
- 2.1 Introdução 33
- 2.2 Conceito e objetivos 34
- 2.3 Planejamento e controle... 38
- 2.3.1 Planejamento orçamentário... 38
- 2.3.2 Controle orçamentário... 41
- 2.4 Benefícios do orçamento 43
- 2.5 Limitações do orçamento... 44
- 2.6 Regimes de competência e de caixa 48

Etapas do Processo Orçamentário — 51
- 3.1 Introdução 51
- 3.2 Etapas do processo orçamentário.. 52
- 3.3 Planejamento do processo orçamentário 53

3.3.1 Estabelecer o horizonte temporal do orçamento............. 53

3.3.2 Estabelecer o plano de contas orçamentário 54

3.3.3 Estabelecer os centros de responsabilidade 57

3.3.4 Definir os prazos para realização de atividades 58

3.3.5 Definir os responsáveis por cada atividade 61

3.3.6 Verificar a adequação dos processos organizacionais.... 68

3.3.7 Definir o sistema informatizado.. 68

3.3.8 Definir os meios de comunicação 70

3.4 Estabelecimento de premissas.. 70

3.5 Coleta de dados 79

3.6 Consolidação dos dados 80

3.7 Execução orçamentária 82

3.8 Revisão orçamentária... 84

3.8.1 Exemplo de comparação entre realizado e projetado 88

3.9 Orçamentos parciais... 90

3.10 Exemplos 91

3.10.1 Empresa prestadora de serviços..................................... 91

3.10.2 Empresa comercial... 92

3.10.3 Empresa industrial 92

Orçamento de Receitas Operacionais   **93**

4.1 Introdução 93

4.2 Objetivos.. 94

4.3 Centros de responsabilidade envolvidos 96

4.4 Fontes de dados.. 97

4.5 Métodos de projeção 99

4.5.1 Pesquisa de mercado 100

4.5.2 Consulta a especialistas 102

4.5.3 Análise de dados históricos 102

4.6 Produtos finais 103

4.7 Exemplos 104

4.7.1 Empresa prestadora de serviços 104

4.7.2 Empresa comercial 108

4.7.3 Empresa industrial 118

Orçamento de Custos Produtivos   **123**

5.1 Introdução 123

5.2 Objetivos 124

5.3 Centros de responsabilidade envolvidos 125

5.4 Fontes de dados 126

5.5 Métodos de projeção 134

5.6 Produtos finais 135

5.6.1 Orçamento de matérias-primas 136

5.6.2 Orçamento de mão de obra direta 138

5.6.3 Orçamento de custos indiretos de produção 141

5.6.4 Orçamento consolidado de custos produtivos 143

5.7 Exemplos 143

5.7.1 Empresa prestadora de serviços 143

5.7.2 Empresa comercial 151

5.7.3 Empresa industrial 156

Orçamento de Despesas Operacionais   **175**

6.1 Introdução 175

6.2 Objetivos 176

6.3 Centros de responsabilidade envolvidos 177

6.4 Fontes de dados 178

6.5 Métodos de projeção 180

6.6 Produtos finais 183

6.7 Exemplos 184

6.7.1 Empresa prestadora de serviços 184

6.7.2 Empresa comercial 189

6.7.3 Empresa industrial 227

Orçamento de Investimentos   247

7.1 Introdução 247

7.2 Objetivos 248

7.3 Centros de responsabilidade envolvidos 249

7.4 Fontes de dados 250

7.5 Métodos de projeção 252

7.6 Produtos finais 254

7.7 Exemplos 255

7.7.1 Empresa prestadora de serviços 255

7.7.2 Empresa comercial 256

7.7.3 Empresa industrial 258

Orçamento de Financiamento   261

8.1 Introdução 261

8.2 Objetivos 262

8.3 Centros de responsabilidade envolvidos 263

8.4 Fontes de dados 264

8.5 Métodos de projeção 266

8.6 Produtos finais 270

8.7 Exemplos 271

8.7.1 Empresa prestadora de serviços 271

8.7.2 Empresa comercial 277

8.7.3 Empresa industrial 279

Orçamento Consolidado   **281**

9.1 Introdução 281

9.2 Objetivos 282

9.3 Centros de responsabilidade envolvidos 283

9.4 Fontes de dados 283

9.5 Métodos de projeção 284

9.6 Produtos finais 286

9.7 Exemplos 286

9.7.1 Empresa prestadora de serviços 286

9.7.2 Empresa comercial 291

9.7.3 Empresa industrial 296

Indicadores Orçamentários   **307**

10.1 Introdução 307

10.2 Análise vertical 308

10.3 Análise horizontal 312

10.4 Ponto de equilíbrio 315

10.5 Exemplos 325

10.5.1 Empresa prestadora de serviços 325

10.5.2 Empresa comercial 332

10.5.3 Empresa industrial 337

Palavras Finais   **343**

Índice   **345**

Para Luna, que faz todo o resto ser apenas a sombra de sua luz.

SOBRE O AUTOR

Professor do curso de Administração da Universidade Federal do Ceará.

Doutor em Administração (FGV-SP/2010).

Mestre em Administração (UNIFOR/2002).

Graduado em Ciências da Computação (UECE/1997).

Atuou como executivo em empresas comerciais, de desenvolvimento de software e consultoria empresarial.

Autor e coautor de artigos científicos e dos seguintes livros:

Excel Para Profissionais de Finanças.

Elaboração e Avaliação de Projetos de Investimento.

Decisões de Investimentos em Tecnologia da Informação – Vencendo os Desafios da Avaliação de Projetos em TI.

Gestão financeira familiar – como as empresas fazem.

Valuation Empresarial – Avaliação de Empresas Considerando o Risco.

Tomada de decisões gerenciais com analítica de dados – aplicações práticas com Excel.

Elaboração e Avaliação de Planos de Negócios.

APRESENTAÇÃO

Rotineiramente, os gestores devem tomar decisões que impactam os desempenhos das empresas nas quais atuam. Elas são tomadas em vários níveis da empresa, sugerindo, consequentemente, diferentes intensidades de impactos nos resultados.

Essas decisões, normalmente, incorporam um nível significativo de complexidade, o que requer um suporte informacional confiável. Mesmo que os gestores não consigam tomar decisões em condições completas de informação (o que parece ocorrer em muitos casos), é desejável a disponibilização de informações mínimas que evitem uma decisão completamente desprovida de sustentação informacional.

Esse contexto também requer um direcionamento claro que permita aos gestores decidirem de maneira alinhada aos objetivos corporativos. Em adição à necessidade de subsídio informacional para prover condições adequadas às decisões gerenciais, os gestores devem ter orientação em termos de objetivos e metas a serem atingidas. Tal alinhamento objetiva guiar suas decisões e ações aos propósitos da empresa, sem o qual podem ser gerados resultados não atrativos, ainda que positivos, ou, na pior circunstância, negativos.

Além disso, as decisões tomadas pelos gestores normalmente indicam, de maneira direta ou indireta, comprometimentos de recursos financeiros que requerem, na maioria das situações, algum tipo de retorno que os justifique. Sendo assim, as decisões devem evidenciar os resultados esperados que precisam ser, dentro do possível, mensurados, a fim de permitir sua justificativa prévia, bem como controle e avaliação posteriores.

Portanto, espera-se que as decisões tomadas no âmbito empresarial sejam precedidas por um planejamento que incorpore os reflexos financeiros desejados, tanto no que se refere aos desembolsos previstos quanto aos resultados projetados. Não obstante, no mesmo contexto, também é importante controlar os resultados alcançados, observando sua relação com aqueles projetados previamente. Dependendo das circunstâncias, esse controle permite que novas decisões sejam tomadas, de forma a maximizar os resultados positivos ou minimizar eventuais resultados negativos.

O orçamento empresarial é uma ferramenta de planejamento e controle de resultados financeiros que serve aos propósitos apresentados, além de outros que podem ser considerados, a depender das circunstâncias específicas. Por meio dele, decisões gerenciais podem ser tomadas em melhores condições de informação, e suas consequências podem ser refletidas em resultados financeiros passíveis de avaliação prévia (âmbito do planejamento) e posterior (âmbito do controle).

O presente livro se propõe a discutir técnicas e conceitos relacionados ao planejamento e ao controle orçamentário em empresas, apresentar aspectos de sua operacionalização e mostrar exemplos que permitam ao leitor desenvolver as atividades orçamentárias em sua empresa de maneira

APRESENTAÇÃO 17

ampla, atendendo a todos os requisitos de um orçamento, e flexível, permitindo adequações pertinentes à realidade encontrada. Afinal, pode-se ter uma razoável expectativa de que cada empresa apresente peculiaridades de informação e de estrutura administrativa que interfiram no processo orçamentário, a despeito de este ter etapas bastante similares entre diferentes empresas.

No primeiro capítulo, o livro aborda aspectos conceituais que permeiam o orçamento empresarial. Nele, são apresentadas algumas considerações sobre as decisões financeiras em uma empresa, no que se referem aos seus tipos, prazos e níveis. Em seguida, é discutida a relação do orçamento com áreas internas da empresa e externas a ela e com a atividade de planejamento estratégico.

No segundo capítulo, é realizada uma introdução sobre o orçamento empresarial, destacando seu conceito, seus objetivos e suas duas funções principais (planejamento e controle). Neste último tópico, dá-se atenção especial aos papéis mais amplos que uma peça orçamentária exerce em uma empresa. Também como parte desse capítulo, são discutidos os benefícios esperados a partir da implantação do planejamento e controle orçamentários, algumas limitações, além de uma breve, mas essencial, explicação das diferenças entre os regimes de competência e de caixa.

No terceiro capítulo, são apresentadas etapas por meio das quais o orçamento é elaborado. Tais etapas consistem em atividades dispostas em uma ordem lógica de execução dentro do que se espera tipicamente de um processo orçamentário. É importante destacar, no entanto, que tais etapas representam um direcionamento que pode ser alterado de acordo com as necessidades específicas da empresa ou unidade que será objeto do orçamento. Ainda assim, de forma geral, há uma expectativa de que essas etapas sirvam a uma boa parcela de empresas. No fim desse capítulo, são apresentados os orçamentos parciais que compõem uma peça orçamentária completa. São eles: receitas operacionais, custos produtivos, despesas operacionais, investimentos e financiamento.

Esses orçamentos parciais, juntamente com suas características e seus métodos, serão detalhados nos capítulos seguintes. Para cada orçamento parcial, em cada capítulo, serão apresentados seus objetivos, os centros de responsabilidade envolvidos, as fontes de dados, os métodos de projeção e os produtos finais desejados.

Após os capítulos que abordam os orçamentos parciais, o penúltimo capítulo apresenta o orçamento empresarial consolidado. Nele, os orçamentos parciais são agregados, permitindo aos gestores visualizarem a peça orçamentária completa, a partir da qual podem fazer análises e tomar decisões. Esse capítulo tem a mesma estrutura adotada para os capítulos sobre os orçamentos parciais.

O último capítulo trata de indicadores orçamentários que podem ser usados com o propósito de analisar os resultados orçados e/ou realizados. Inicialmente, são apresentadas as análises vertical e horizontal, cujos objetivos e formas de calcular são detalhadas juntamente com exemplos práticos. Também é apresentado o cálculo do ponto de equilíbrio operacional, importante indicador de verificação dos resultados projetados e/ou realizados.

Ao longo dos capítulos, com o propósito de fixar conceitos e métodos, são apresentados exemplos práticos de elaboração de orçamentos. De forma a permitir um entendimento mais amplo e efetivo, são disponibilizados exemplos em três empresas fictícias de diferentes setores (serviços, comércio e indústria). Cada um desses exemplos trará diferentes situações, a fim de que o leitor se depare com formas alternativas de elaboração dos orçamentos.

Como forma de auxiliar a fixação dos conceitos e técnicas, concorrendo para um processo sequencial de aprendizagem, as planilhas desses exemplos estão disponíveis para download no site www.altabooks.com.br.

Com isso, espera-se que o leitor tenha uma melhor compreensão do processo orçamentário, do seu objetivo e dos seus produtos finais desejados. No entanto, é igualmente importante que o leitor perceba a relevância de aplicar na prática os conceitos e métodos aqui apresentados. Sem tal vivência prática, esses conceitos podem se perder e os resultados esperados podem não se concretizar.

VISÃO GERAL DO ORÇAMENTO EMPRESARIAL

1.1 INTRODUÇÃO

A gestão orçamentária e financeira permeia vários aspectos das organizações empresariais, sejam elas pequenas ou grandes, públicas ou privadas, com ou sem fins lucrativos. Invariavelmente, tais organizações necessitam administrar os recursos financeiros como parte de suas atividades operacionais, o que envolve planejar o uso de tais recursos, efetuar movimentações financeiras respeitando eventuais limites estabelecidos, controlar os resultados alcançados e realizar ajustes orçamentários quando devidos.

O que talvez não seja igual entre cada tipo de empresa é a ênfase dada a certas atividades ou a natureza dos objetivos estabelecidos. Por exemplo, uma pequena empresa com atuação local, possivelmente, não tem a necessidade de fazer operações financeiras de hedge cambial, o que pode ser rotineiro em empresas que têm atividades de importação ou exportação. Algumas empresas públicas talvez não tenham que formar preços de venda de seus serviços, atividade típica em empresas privadas. Empresas com fins lucrativos devem fazer análises de orçamento de capital contemplando o retorno sobre o capital investido, de maneira a orientar quanto à aceitação ou à rejeição de projetos. Já empresas sem fins lucrativos devem fazer a avaliação de investimentos considerando, predominantemente, a sustentabilidade financeira do empreendimento, de forma que ele se mantenha operacional.

Ainda de forma semelhante aos vários tipos de empresa, seus gestores devem – ou, pelo menos, deveriam – tomar decisões com base em critérios racionais e informações fornecidas pela área financeira (além, é claro, de informações advindas de outras áreas organizacionais). Uma das funções mais representativas do setor orçamentário e financeiro é a disponibilização de informações confiáveis para que os demais setores da empresa possam exercer plenamente suas atividades, respeitando um limite orçamentário compatível com sua capacidade financeira.

Mesmo que as áreas apresentem projetos viáveis e/ou realizem atividades importantes, deve-se observar que, muitas vezes, há limitações orçamentárias a serem consideradas. Nesse contexto, a equipe orçamentária tem a função de verificar tais limites e agir no sentido de que não haja uma extrapolação orçamentária, o que poderia conduzir a empresa a uma situação financeira indesejada.

Em adição, assim como a gestão orçamentária e financeira pode influenciar as mais variadas decisões na empresa, também são esperados impactos financeiros, de curto e de longo prazos, a partir de decisões tomadas nas outras áreas. Decisões de produção, por exemplo, podem impactar o nível de estoque de matérias-primas e/ou produtos acabados, reduzindo ou aumentando a necessidade de capital disponível para suportar esses níveis. Decisões de contratação, demissão, aumento ou redução de benefícios, todos no âmbito da gestão de recursos humanos, também têm impactos financeiros passíveis de projeção, avaliação e controle.

Portanto, mesmo os administradores não ligados diretamente aos procedimentos e decisões financeiras devem compreender que suas decisões e ações têm consequências nesse sentido. Assim, é fundamental que eles entendam os conceitos e as ferramentas básicas da gestão orçamentária e financeira, de modo a não gerar efeitos adversos para a empresa.

De maneira a ter uma percepção mais ampla do impacto do planejamento e controle orçamentário, deve-se entender as características e os tipos de decisões financeiras normalmente tomadas em uma empresa. Além disso, é essencial a compreensão de como o orçamento está inserido no contexto empresarial e como ele está relacionado com o planejamento estratégico nas empresas.

Tais discussões serão apresentadas a seguir.

1.2 DECISÕES FINANCEIRAS

Para ter um entendimento preliminar adequado sobre o contexto do planejamento e controle orçamentário em uma empresa, é essencial destacar as principais decisões pertinentes à área financeira. Um gestor financeiro, além de reconhecer sua principal meta de maximizar o valor do empreendimento e, consequentemente, maximizar o valor para os *shareholders* (detentores de parte da propriedade de uma empresa), deve entender as decisões a serem tomadas e suas extensões. Em vista disso, é recomendável classificar tais decisões, de maneira a sistematizá-las e permitir um correto entendimento.

São apresentadas aqui três classificações não excludentes entre si, permitindo, com isso, o enquadramento da decisão em mais de uma tipologia. Para os propósitos aqui levantados, são sugeridas classificações quanto aos tipos, prazos e níveis das decisões financeiras.

1.2.1 TIPOS DE DECISÃO DE DECISÕES FINANCEIRAS

Quanto aos tipos, são listadas as decisões de investimento, de financiamento e de distribuição de lucros.

As decisões de investimento dizem respeito ao comprometimento atual de recursos financeiros para a obtenção de retorno no futuro. Esse emprego de recursos atual com a consequente expectativa de retorno futuro é o que, simultaneamente, caracteriza e justifica um investimento.

Sejam tais investimentos em ativos circulantes, em ativos permanentes, em ativos financeiros ou em outras empresas, é crucial decidir quais projetos receberão os recursos e quais são os retornos esperados que os justificam. Assim, as decisões de investimento normalmente são realizadas com a perspectiva do retorno esperado sobre o capital investido. Para tanto, são utilizados métodos derivados da engenharia econômica, também conhecidos como orçamento de capital, a fim de avaliar objetivamente tal retorno.

Além disso, é relevante decidir a que tipo de necessidade os investimentos servirão. Em empresas privadas, os investimentos são realizados, geralmente, no intuito de atender alguma necessidade mercadológica, cuja exploração supostamente gerará retorno sobre o capital investido. Com isso, o emprego dos métodos de orçamento de capital serve para justificar o investimento, o que é muito importante levando em consideração que, normalmente, há inúmeras demandas de investimentos em um processo orçamentário.

Por outro lado, em organizações de origem pública, os investimentos são direcionados pelas necessidades sociais, as quais induzem as iniciativas que objetivam melhorar o bem-estar da população atendida. Tendo em vista tais objetivos, os investimentos dessas organizações não costumam ser realizados com o fim de gerar retorno financeiro. Porém, mesmo sem a perspectiva de gerar retornos sobre o investimento, é fundamental que haja sustentabilidade financeira para que a necessidade social seja atendida sem diminuição de qualidade ou interrupções.

Uma vez definidos em quais ativos serão investidos os recursos financeiros, a próxima decisão se refere ao financiamento. Os gestores devem decidir como e de que fontes a empresa captará os recursos financeiros necessários à execução dos investimentos aceitos. Usualmente, essas decisões têm como meta principal reduzir o custo de capital da organização, concorrendo, dessa forma, para a maximização do seu valor.

De modo geral, há algumas fontes de recursos disponíveis e analisar as melhores delas para financiar as atividades da empresa é a segunda grande decisão dos administradores financeiros. Isso porque, nesse âmbito, o financiamento dos investimentos pode significar a incorporação de dívidas para a empresa, além, naturalmente, da possibilidade de incorporação de mais capital próprio. Ambas as fontes de recursos têm vantagens e desvantagens que devem ser ponderadas quando da decisão de financiamento.

O último tipo de decisão engloba aquelas relacionadas à distribuição de lucros. Um gestor financeiro deve decidir que parcela do lucro auferido pela empresa em determinado período será distribuída na forma de dividendos aos proprietários. Essa decisão deve considerar as expectativas de remuneração do capital investido pelos proprietários, ao mesmo tempo em que deve contemplar a capacidade e a pertinência de a empresa fazer tais desembolsos.

Perceba que, uma vez que a distribuição de lucros decorre da disponibilização do capital próprio para financiar completamente ou em parte a empresa, e de sua consequente necessidade de remuneração, as decisões tomadas nesse âmbito guardam semelhança com as decisões de financiamento. Quando parte dos lucros é distribuída aos proprietários na forma de dividendos, há uma remuneração sobre o capital disponibilizado à empresa. De outro modo, na medida em que parte dos lucros auferidos é mantida e reinvestida na empresa, essa é, em princípio, um tipo de financiamento com recursos próprios.

O que pode suscitar a manutenção de parte dos lucros na empresa é o financiamento de projetos futuros agregadores de valor. Caso haja uma expectativa de a empresa assumir projetos valiosos, parte dos lucros auferidos pode ser mantida na empresa de maneira a financiar aqueles. Nesse caso, para os proprietários, manter os recursos na empresa traz uma expectativa de gerar mais valor no futuro do que receber dividendos imediatamente e aplicá-los em oportunidades menos atrativas. Em outras circunstâncias, salvo situações específicas, não há motivo para reter parte do lucro em empresas sem perspectivas de projetos viáveis e/ou com fontes alternativas de recursos mais interessantes do que o capital próprio.

1.2.2 PRAZOS DAS DECISÕES FINANCEIRAS

As decisões financeiras também podem ser classificadas quanto ao prazo. Tipicamente, elas podem ser enquadradas em prazos curto e longo.

As decisões de curto prazo têm pequena amplitude temporal, de, no máximo, alguns meses. Portanto, os ciclos envolvidos nessas decisões são executados rapidamente. Dentro dessa classificação, podem ser citadas, por exemplo, as aplicações em fundos de investimento de curto prazo, as operações de desconto de duplicatas e as compras de matérias-primas para o processo produtivo. Tais decisões impactam os ativos e passivos circulantes e são realizadas normalmente por colaboradores lotados em níveis hierárquicos mais baixos no organograma da empresa.

As decisões de longo prazo, por sua vez, são relacionadas a operações cujas repercussões ocorrerão em horizontes temporais extensos. Aquisição de bens de capital, financiamentos de longo prazo e construção de um prédio são exemplos de decisões com impactos financeiros no longo prazo e, por conseguinte, são assim classificadas. Normalmente, as decisões de longo prazo tendem a ser tomadas no âmbito hierárquico mais alto das organizações. Isso porque, tipicamente, essas decisões têm impactos profundos nos resultados futuros da empresa, além de envolverem montantes vultosos de recursos financeiros.

Ambas as classificações têm relação próxima com a classificação contábil. Contabilmente, lançamentos com realização dentro do próximo exercício fiscal são considerados de curto prazo. Os lançamentos cuja realização ultrapassa o próximo exercício fiscal são categorizados como longo prazo. Observando um balanço patrimonial, por exemplo, percebem-se claramente os elementos de curto prazo (ativos e passivos circulantes) e os de longo prazo (ativos e passivos não circulantes e patrimônio líquido).

1.2.3 NÍVEIS DAS DECISÕES FINANCEIRAS

As decisões financeiras podem ser classificadas de acordo com seus níveis de relevância dentro da empresa. Elas podem ser operacionais, táticas ou estratégicas.

Comumente, uma decisão operacional é de curto prazo, com impacto pontual e com baixos volumes de recursos envolvidos. Consequentemente, são decisões que podem ser tomadas por escalões mais baixos na hierarquia organizacional. Como exemplos, têm-se as operações de tesouraria, os pagamentos de despesas operacionais e o gerenciamento de contas a receber.

Decisões táticas, por sua vez, são aquelas que têm impacto mais amplo na empresa, abrangendo um setor ou uma unidade de negócio específica. Tais decisões são tomadas na esfera da média gerência, o que, normalmente, indica impactos restritos na empresa. Contudo, tais decisões mantêm um nível superior às decisões operacionais, as quais devem manter coerência com as táticas.

As decisões financeiras estratégicas refletem financeiramente o planejamento estratégico da empresa. Elas devem manter coerência com os objetivos estratégicos traçados e, por isso, em geral, têm impactos profundos na empresa. Tal amplitude das decisões estratégicas também pode ser percebida pelo significativo volume de recursos financeiros normalmente envolvidos e no típico horizonte temporal longo dessas decisões.

Por abranger totalmente a empresa, os níveis hierárquicos gerenciais mais altos assumem a responsabilidade por essas decisões. Além dos impactos perpassarem toda a empresa, suas decisões requerem informações mais abrangentes, contemplando dados de todas as áreas internas da companhia, assim como dados externos, tais como indicadores macroeconômicos e de agentes com os quais a empresa tem relacionamento.

Por fim, salienta-se que as decisões estratégicas têm um papel balizador das decisões táticas e, em última instância, das operacionais. Apesar de serem decisões tomadas por diferentes colaboradores e seus impactos não terem a mesma proporção, é crucial que todas elas estejam alinhadas, de maneira a evitar ações conflitantes.

1.3 ORÇAMENTO NO CONTEXTO ORGANIZACIONAL

O orçamento não é algo centrado em si, nem isolado do seu ambiente. Sua elaboração deve considerar as relações existentes entre os vários setores internos da empresa, bem como sua relação com o ambiente externo no qual está inserida.

O ambiente interno da empresa requer atenção pela sua complexidade e pelo nível requerido de integração para elaborar adequadamente um orçamento. As empresas estão cada vez maiores e com propósitos múltiplos, exigindo de seus administradores um grande esforço para gerenciar todas as unidades componentes. Afinal de contas, uma empresa é similar a um sistema que se divide em subsistemas, cada qual com suas atribuições, gerando produtos para os demais e requerendo produtos deles.

Tais subsistemas devem estar integrados adequadamente, tanto do ponto de vista organizacional quanto do tecnológico. A falta dessa integração entre as unidades de uma empresa, em especial se ela for de grande porte, normalmente acarreta resultados indesejados, como esforços duplicados e informações inconsistentes.

Uma empresa com várias unidades que não executam suas atividades de maneira coordenada, não raro, pode implicar a redundância de tarefas executadas, facilitando o desperdício de recursos humanos, técnicos e financeiros. Em adição, algumas tarefas podem ser executadas por áreas que não têm a devida preparação para tal, favorecendo a geração de produtos inadequados ou errados.

Algumas vezes, em decorrência do problema citado anteriormente, a falta de integração em uma empresa pode levar à geração de informações inconsistentes entre si. Se diferentes áreas da empresa analisam isoladamente o mesmo objeto, é possível que sejam gerados resultados diversos, principalmente se os conceitos que suportam as análises forem diferentes.

Na elaboração do orçamento, deve-se prezar pela consistência dos dados e pela realização das atividades nas áreas de excelência. Com isso, as peças orçamentárias tendem a ter melhor qualidade, contribuindo para uma maior efetividade dos resultados. Ressalta-se que, para tanto, é essencial dispor de um sistema informatizado que agregue informações dos vários setores da empresa.

Voltando a análise para o ambiente externo no qual a empresa está inserida, percebe-se claramente que ela não atua isoladamente no mercado. As relações estabelecidas com os demais agentes do mercado a afetam direta ou indiretamente, da mesma forma que suas ações têm impactos nos demais agentes, em maior ou menor intensidade. Veja a figura a seguir.

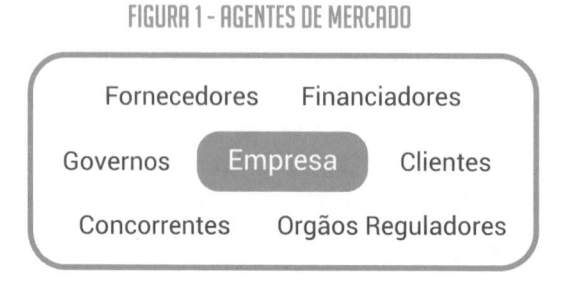

FIGURA 1 - AGENTES DE MERCADO

- Fornecedores
- Financiadores
- Governos
- Empresa
- Clientes
- Concorrentes
- Orgãos Reguladores

A figura anterior apresenta alguns exemplos de agentes externos com os quais a empresa mantém relacionamento. Dos fornecedores, a empresa necessita adquirir insumos, matérias-primas, mercadorias para revenda, materiais de escritório e demais bens e serviços que permitam a execução de suas atividades operacionais. Os clientes representam o elo seguinte na cadeia de suprimentos e, decorrente das atividades mercantis da empresa, eles adquirem bens ou serviços da empresa em contrapartida aos fluxos de pagamento que formam as receitas operacionais.

Na maioria dos casos, salvo quando se está em uma situação de monopólio, a empresa enfrenta concorrentes no mercado no esforço de atender aos clientes. Esses concorrentes podem influenciar o planejamento orçamentário na medida em que tomam ações que afetam a dinâmica competitiva, buscam ampliar sua fatia de participação no mercado, lançam produtos ou serviços novos e induzem a empresa a tomar decisões que levam a desembolsos na forma de despesas ou investimentos.

Os financiadores normalmente são bancos comerciais, de fomento e demais agentes financeiros que financiam a operação e/ou os investimentos necessários. Essa captação de recursos gera obrigações financeiras que devem ser honradas no futuro e, portanto, devem fazer parte do planejamento orçamentário.

Os governos têm várias atribuições que afetam a empresa. Por meio dos órgãos competentes, as três esferas governamentais (federal, estadual e municipal), no âmbito dos três poderes (executivo, legislativo e judiciário), determinam e recolhem os tributos, prestam serviços públicos os quais beneficiam a empresa, realizam atividades fiscalizatórias e legislam temas pertinentes ao seu funcionamento.

Para finalizar a descrição do ambiente, em alguns setores de atividade há a atuação de órgãos reguladores que exercem influência sobre o mercado a fim de evitar ações por parte de agentes que detêm algum tipo de força extraordinária que poderia expropriar valor dos demais agentes (geralmente, evitando que os clientes sejam lesados por fornecedores).

Percebe-se que, de modo geral, não é incomum tal ambiente se caracterizar pela volatilidade e incerteza. A situação de volatilidade decorre da alteração das condições ambientais de maneira rápida e intensa em alguns setores. Essa circunstância se apresenta face à complexidade e ao dinamismo das relações entre os agentes atuantes nesse ambiente e à constante disputa por maior participação no mercado e/ou busca por alcançar interesses próprios.

Além disso, inúmeras variáveis externas têm potencial de impactar os resultados das empresas. Analisar detidamente as condições micro e macroeconômicas, por exemplo, são relevantes no planejamento. Logo, é esperado que o planejamento orçamentário as contemple, algo que, muitas vezes, requer um difícil exercício de estimativa do comportamento delas ao longo do horizonte temporal orçamentário.

O que concorre para aumentar o grau de dificuldade desse exercício é o fato de algumas variáveis, predominantemente as externas, não fazerem parte do grupo de influência ou de ingerência da empresa. Assim, a empresa deve elaborar um planejamento orçamentário, parcialmente dependente de variáveis que não são controláveis, levando inevitavelmente a uma situação de incerteza.

Em um ambiente mais estável, menos sujeito a oscilações, as situações futuras são mais previsíveis, permitindo maior grau de certeza nos resultados projetados. No entanto, um ambiente instável, sujeito a muitas interferências dos agentes externos e das variáveis micro e macroeconômicas, traz um elevado grau de incerteza ao planejamento.

Essa incerteza também é afetada pelo prazo das decisões. Normalmente, quanto maior for seu horizonte temporal, maior será a incerteza associada. Decisões e planejamentos para o curto prazo têm menor nível de incerteza devido à maior facilidade de prever o comportamento das variáveis ambientais em relação à previsão das mesmas variáveis para prazos mais longos.

Além disso, agregando um ambiente externo volátil e susceptível a muitas interferências a um ambiente interno complexo e de integração imperativa, a tomada de decisões e a antecipação de resultados tornam-se tarefas árduas. Mesmo admitindo tal dificuldade no processo de planejamento em função da volatilidade ambiental, isso não deve ser encarado como uma falta de indicação do planejamento. Pelo contrário, isso deve fortificar sua necessidade, a fim de mitigar riscos e aproveitar possíveis oportunidades decorrentes dessa instabilidade.

Uma vez lançados os objetivos e estabelecidas as estratégias para alcançá-los, igualmente importante é ter mecanismos de verificação parcial e total dos resultados conseguidos. Portanto, o orçamento deve prever a atividade de controle, o que implica monitorar constantemente os resultados obtidos, por meio de medidas previamente estabelecidas, de maneira a verificar o nível de atingimento das metas.

Assim, o acompanhamento dos resultados é parte essencial em qualquer orçamento. Os resultados projetados nem sempre serão iguais aos realizados (na verdade, a exceção é ocorrer essa coincidência!), implicando a necessidade de monitorá-los. Tal acompanhamento permite a melhoria contínua do processo em si e dos resultados para períodos futuros pela aprendizagem acumulada. Diante disso, é percebida uma complexidade inerente ao processo orçamentário, o qual somente pode ser realizado se houver envolvimento administrativo e adaptações organizacionais.

O processo orçamentário, geralmente, envolve todas as unidades de uma empresa. Cada qual tem suas respectivas responsabilidades e a falta da realização de suas atividades adequadamente e dentro do tempo estabelecido comprometem o esforço global.

Como a maioria das empresas segue uma estrutura hierarquizada, com cada unidade respondendo ao seu administrador, e este a um gestor de nível superior, é fundamental haver suporte e comprometimento explícitos do nível organizacional máximo. O apoio formal e o envolvimento da alta administração são essenciais para qualquer esforço de elaboração de um orçamento. Se as unidades não perceberem tal envolvimento, talvez não envidem completamente os esforços para realizar suas atividades. Ao sinalizar para toda a empresa a importância do orçamento e registrar claramente seu endosso, a alta administração mostra às unidades sua necessidade, facilitando uma atuação mais integrada e com foco na consecução dos objetivos comuns.

Com relação à estrutura organizacional, o orçamento deve ser implantado em uma empresa devidamente organizada para tal. Em primeiro lugar, o processo orçamentário pressupõe a disponibilidade de uma série de informações, dos mais variados setores e fontes. Sendo assim, a empresa deve dispor dessas informações sem as quais o orçamento não poderá ser realizado. Dessa forma, antes de implantar o orçamento, deve-se garantir a estruturação das informações necessárias, o que, por vezes, implica a alteração ou a adaptação dos sistemas informatizados e o acesso às fontes de informações externas.

Em segundo lugar, pela amplitude do orçamento, é fundamental que as projeções dos resultados sejam elaboradas com a participação de todas as unidades. Torna-se inviável, principalmente em uma empresa de grande porte, elaborar um orçamento global sem que este seja segmentado em orçamentos setoriais para posterior consolidação. Sendo assim, a estrutura organizacional deve ser tal que permita a divisão das atividades orçamentárias entre os vários departamentos.

Em terceiro lugar, o planejamento e o controle orçamentário existem, dentre outras motivações, para tornar a administração dos recursos financeiros transparente e entendida por todos os envolvidos. Dessa forma, manter uma comunicação ampla e eficiente é condição básica para o sucesso do orçamento.

A comunicação deve existir tanto na fase de planejamento quanto na de controle. Na primeira, os objetivos, as ações e as metas organizacionais devem ser claramente disseminadas para que os orçamentos setoriais sigam um direcionamento único e, com isso, sejam reduzidas eventuais discrepâncias orçamentárias.

Na fase de controle, quando por vezes são realizados remanejamentos, ampliações ou cortes orçamentários, de acordo com as circunstâncias, eles devem ser comunicados, de modo que as unidades compreendam os motivos dessas revisões e realizem suas atividades dentro do novo cenário.

Em quarto lugar, o orçamento representa o reflexo financeiro do planejamento traçado (assunto da próxima seção). Caso a empresa não tenha um planejamento definido, o orçamento dificilmente poderá ser implantado. Portanto, ajustar o planejamento estratégico, com todos os seus componentes, é condição básica para a realização do processo orçamentário.

1.4 ORÇAMENTO EMPRESARIAL E PLANEJAMENTO ESTRATÉGICO

Em princípio, espera-se que qualquer empresa faça um planejamento estratégico. Diante dessa expectativa, é igualmente importante que o orçamento empresarial seja realizado de maneira integrada a esse planejamento. Nesse sentido, cabe antes perguntar: o que é um planejamento estratégico?

Vários autores se dedicam a esse assunto, tendo os leitores muitas fontes de pesquisa disponíveis. De toda forma, em linhas gerais, o planejamento estratégico envolve a formulação de objetivos e metas de alto nível que a empresa deseja atingir em um horizonte temporal tipicamente de longo prazo. Com o propósito de atingir tais objetivos, o planejamento estratégico prevê a elaboração de uma análise situacional interna e externa, um plano de ação compatível com os objetivos traçados e o levantamento de premissas sobre o comportamento futuro das variáveis internas e externas que afetam o seu desempenho.

No âmbito do planejamento estratégico, evidentemente, deve haver uma verificação da viabilidade de realizar essas ações. Eventualmente, restrições tecnológicas, administrativas, legais e financeiras limitam a realização de algumas ações estratégicas, o que pode, em consequência, comprometer o atingimento de alguns objetivos.

O orçamento empresarial é um instrumento que faz parte do planejamento estratégico da empresa. Ele pode ser entendido como o reflexo financeiro do planejamento estratégico, representando todas as movimentações financeiras esperadas a partir das ações traçadas.

Como em uma empresa, o que se deseja realizar no futuro, a fim de atingir os objetivos e metas, está estruturado no planejamento estratégico e nos seus planejamentos auxiliares. O orçamento, dentre outras funções, objetiva refletir financeiramente o que está neles expresso. Quando a empresa estabelece metas a serem atingidas, independentemente de suas naturezas, torna-se necessário vislumbrar as ações pertinentes ao atingimento delas. Em outras palavras, as metas somente serão alcançadas se a empresa executar ações voltadas a esse propósito.

As ações, por sua vez, requerem os mais variados recursos, podendo ser humanos, materiais, tecnológicos e/ou bens de capital. Em todos os casos, eles são associados a comprometimentos de recursos financeiros, na forma de investimentos e/ou desembolsos operacionais. Assim, quaisquer que sejam as decisões e ações em uma empresa, haverá invariavelmente repercussões financeiras, as quais devem ser mensuradas antecipadamente de modo a se projetar os seus resultados, sobretudo se as entradas de caixa superam as saídas.

Além disso, o orçamento empresarial é um importante instrumento para permitir o controle do alcance dos objetivos financeiros, comparando os resultados planejados com os realizados. Ele também permite que índices de desempenho financeiro, global e setoriais, sejam concebidos e acompanhados pela cúpula administrativa da empresa.

Cada departamento ou unidade na empresa tem atribuições próprias que, em conjunto, permitem a ela atingir seus objetivos corporativos. Todo o planejamento e controle orçamentários se baseiam no estabelecimento de objetivos e metas setoriais e globais. A partir dos objetivos estratégicos, os setoriais podem ser estipulados, considerando as áreas de atuação de cada unidade. Espera-se que a consecução dos objetivos setoriais leve ao atingimento dos objetivos corporativos.

Logo, o planejamento estratégico e o orçamento empresarial não devem ser concebidos e elaborados isoladamente, sendo fundamental que sejam integrados. Em primeiro lugar, para assegurar que as ações estratégicas tenham disponíveis recursos financeiros suficientes. Em segundo lugar, essas mesmas ações devem, normalmente, evidenciar algum tipo de retorno. Quando esse retorno é de natureza financeira, o orçamento integrado ao planejamento pode auxiliar na sua mensuração e avaliação. Por último, mas não menos importante, o orçamento permite adequada compreensão do planejamento estratégico ao incentivar uma avaliação melhor estruturada das relações existentes entre os vários departamentos da empresa na consecução dos objetivos estratégicos.

INTRODUÇÃO AO ORÇAMENTO EMPRESARIAL

2.1 INTRODUÇÃO

É crucial ter um entendimento claro do que vem a ser efetivamente o orçamento empresarial. Conceber e executar uma peça orçamentária envolvem uma série de atividades relacionadas entre si que demandam um extenso esforço conjunto dos colaboradores da empresa, requerendo, portanto, entendimento conceitual do que é um orçamento, dos seus objetivos, suas principais funções, seus benefícios esperados e de eventuais limitações.

O objetivo deste capítulo é fazer uma introdução ao assunto, permitindo ao leitor a compreensão necessária para que possa operacionalizar as atividades pertinentes ao planejamento e ao controle orçamentário. Inicialmente, são apresentados o conceito e os objetivos do orçamento empresarial. Na sequência, são apresentadas as funções de planejamento e controle do orçamento empresarial, seguindo-se com seus benefícios e limitações. Ao fim, é feita uma discussão sobre a diferença entre os regimes de competência e de caixa.

2.2 CONCEITO E OBJETIVOS

O orçamento empresarial compreende um conjunto de ações sistematizadas que objetivam projetar e controlar os resultados financeiros da empresa em um determinado horizonte temporal a partir dos objetivos, metas e atividades previamente planejados. Dessa maneira, o orçamento empresarial é um instrumento de planejamento, controle e avaliação de resultados financeiros de uma empresa durante determinado período. Tais resultados financeiros são frutos da execução das atividades previstas pela empresa e dos projetos assumidos por ela.

Com isso exposto, percebe-se que parte do esforço orçamentário está associada à projeção de resultados financeiros (gerados por fluxos de caixa positivos e negativos) que ainda não se concretizaram (função de projeção). A outra parte do esforço associado a um orçamento está em avaliar os resultados alcançados (função de avaliação), comparando-os com os resultados planejados (função de controle). Sendo assim, um orçamento empresarial pode apresentar vários objetivos, alguns dos quais estão listados no quadro a seguir e explicados na sequência.

QUADRO 1 - OBJETIVOS DO ORÇAMENTO EMPRESARIAL

- Gerar uma disciplina de planejamento financeiro na empresa
- Planejar entradas e saídas de caixa
- Planejar eventuais necessidades de financiamento
- Verificar possíveis excedentes de caixa e sua destinação
- Estabelecer limites máximos de desembolso por conta orçamentária ou departamento

> Permitir tomadas de decisão baseadas em dados estruturados
> Elaborar análises sobre os resultados financeiros realizados
> Comparar os resultados realizados com os projetados
> Comunicar resultados financeiros projetados e realizados

As atividades que envolvem o orçamento requerem esforço e dedicação intensos, com ampla abrangência na empresa. Todas as suas áreas e muitos dos seus colaboradores são envolvidos no processo, de forma que as várias atividades sejam realizadas devidamente. A mobilização ajuda a criar uma disciplina de planejamento, especialmente o financeiro, com consequências benéficas. Essa disciplina permite a empresa criar uma sistemática de planejamento e verificação de viabilidade de suas ações antes de se comprometer com elas, evitando, dessa maneira, surpresas que poderiam ocorrer em uma circunstância de decisão carente de análise aprofundada. A consequência esperada é que tal disciplina orçamentária leve a melhores decisões financeiras e orçamentárias, contribuindo, em última instância, para maximizar o valor da empresa.

O orçamento permite que se projetem as entradas e saídas esperadas de caixa ao longo do período orçamentário. Tal visão antecipada possibilita que os gestores tomem decisões sobre a viabilidade dos desembolsos projetados, considerando as entradas previstas e se haverá saldo de caixa suficiente.

Um dos problemas que podem ser observados na gestão orçamentária é justamente a incompatibilidade temporal dos fluxos de caixa de entrada e saída. Se, por exemplo, estiver prevista uma saída de caixa antes de certa entrada de caixa, pode ser que o saldo de caixa disponível não seja suficiente para fazer frente à saída de caixa. Dessa feita, os gestores devem tomar providências para honrar o compromisso financeiro assumido, a despeito da expectativa de saldo insuficiente de caixa.

A situação anterior leva a outro objetivo do orçamento: o planejamento de eventuais necessidades de financiamento. Quando se observa previamente a insuficiência de recursos financeiros para fazer frente aos desembolsos previstos, o gestor orçamentário deve se antecipar a essa situação de falta de liquidez. Essa informação, proporcionada pela projeção orçamentária, possibilita ao gestor tomar decisões tais como antecipar recebíveis, captar recursos financeiros de curto prazo, postergar pagamentos, ou uma combinação dessas e de outras ações, com o objetivo de evitar saldos negativos e inadimplência nos pagamentos.

De toda forma, o que pode ocorrer nesse caso é a empresa se submeter a algum tipo de financiamento, ainda que seja para cobrir saldos negativos durante um curto período de tempo. O que tipicamente decorre dessa situação é a geração de custo financeiro na forma de juros que a empresa incorrerá e que, tal qual outros desembolsos, também deverá ser orçado.

Por outro lado, a projeção orçamentária também pode evidenciar excedentes de caixa. Nessas situações, o gestor orçamentário pode tomar decisões apropriadas, de maneira a evitar que essa parcela dos recursos financeiros fique ociosa, sem qualquer tipo de remuneração e, possivelmente, gerando certo nível de custo de capital à empresa. Se, por exemplo, houver evidências de que esse excedente de caixa persista por certo período, o gestor pode fazer uma aplicação financeira de curto prazo, de forma que o capital seja remunerado ao longo do período em que não será utilizado nas atividades operacionais ou em investimentos produtivos. Ao decidir por tal destinação dos recursos, quando eventualmente for necessário capital para fazer frente a necessidades de desembolso, o gestor pode lançar mão dessa reserva, resgatando recursos da aplicação financeira e recompondo o caixa disponível para os desembolsos operacionais.

Outra função do orçamento é o estabelecimento de limites máximos de desembolso por conta orçamentária. Tais restrições servem aos propósitos de manter o controle orçamentário, evitando eventuais exageros nos desembolsos, o que reduziria os resultados financeiros. É interessante perceber que esses limites orçamentários também podem ser estabelecidos pelos departamentos da empresa. Quando do planejamento orçamentário, as unidades ou departamentos projetam suas necessidades orçamentárias, se comprometendo a respeitar os valores estabelecidos. Com isso, os limites que cada um projeta são utilizados para controlar seus desempenhos e servem de limite para a execução orçamentária.

O resultado do planejamento orçamentário possibilita decisões baseadas em dados quantitativos estruturados. De outra forma, os gestores não teriam dados sobre os quais as decisões financeiras poderiam ser tomadas. Em uma situação extrema, sem um planejamento orçamentário, os gestores não teriam uma perspectiva de resultados financeiros que permitiriam decisões bem fundamentadas, principalmente quando se considera o longo prazo.

Outro objetivo é a elaboração de análises sobre os resultados financeiros realizados. Quando a execução orçamentária é iniciada e os resultados financeiros são realizados, é fundamental proceder com análises sobre os fluxos de caixa realizados. Utilizando indicadores e métodos apresentados mais adiante, os resultados financeiros podem gerar informações relevantes aos gestores.

A comparação dos resultados realizados com os projetados também é outro objetivo almejado pelo orçamento. Tal comparação é relevante à medida que identifica o grau de atingimento das metas traçadas e a qualidade da projeção dos fluxos de caixa.

Além disso, e tão importante quanto, essas comparações permitem que decisões contingenciais sejam tomadas, de modo a preservar os resultados financeiros desejados. Caso as contas orçamentárias não evidenciem o atingimento do resultado desejado (desembolso maior do que o previsto e/ou recebimento menor do que o previsto), a comparação permite que sejam realizadas ações corretivas, a fim de preservar a geração de caixa.

Por fim, e possivelmente não exaurindo a lista, outro objetivo do orçamento é o de comunicar os resultados financeiros projetados e alcançados. Ele também pode ser entendido e utilizado como uma eficaz e importante ferramenta de comunicação da empresa com as partes interessadas e que dele precisam extrair informações. Naturalmente, dependendo da parte específica para a qual os dados seriam apresentados, o orçamento deve ser moldado, no intuito de comunicar exatamente o que se deseja e se necessita.

De toda forma, o orçamento incorpora um importante componente de comunicação interna e externa. Internamente, os departamentos tomam conhecimento do que se espera deles em termos de resultados e que recursos eles terão à disposição para alcançá-los. Externamente, os dados gerados podem ser usados para subsidiar eventuais informações solicitadas por credores, fornecedores e demais partes interessadas e que tenham direito à informação.

Observando essa lista de objetivos, percebe-se que, em adição ao que foi exposto até o momento, o orçamento não tem apenas uma atuação prospectiva. Os dois últimos objetivos evidenciam um uso posterior ao planejamento dos resultados, ampliando sua utilização como instrumento de avaliação, controle e revisão.

Como foi observado anteriormente, o orçamento é um instrumento que pode ser usado tanto em organizações com fins lucrativos quanto sem fins lucrativos. Enquanto em uma organização de origem privada o objetivo principal é gerar retorno sobre o capital investido, mediante a exploração de uma oportunidade mercantil, em organizações públicas, o foco principal é aumentar o bem-estar social da população atendida pelos serviços prestados. Mesmo considerando isso, em ambas, as funções de planejamento e controle orçamentário, bem como o estabelecimento de metas e objetivos, existem igualmente. A busca do lucro não é condição para o uso do orçamento.

Um último ponto relevante é constatar que o orçamento tem duas perspectivas quanto ao período de interesse. A primeira é a de um orçamento elaborado *ex-ante*, ou seja, antes da execução das ações que levarão à realização dos fluxos de caixa (execução orçamentária). Nessa perspectiva, o orçamento atua como um planejamento financeiro, refletindo os planejamentos estratégico, tático e operacional. A outra perspectiva quanto ao tempo é *ex-post*, ou seja, após a realização das ações e, consequentemente, dos fluxos financeiros. Nessa perspectiva, o orçamento tem uma atuação voltada ao controle financeiro.

2.3 PLANEJAMENTO E CONTROLE

Como deve ter ficado claro por toda a discussão precedente, o orçamento tem duas funções complementares e indissociáveis: planejamento e controle. Elas devem coexistir, e o simples fato da ocorrência de uma sugere a ocorrência da outra. Em seguida, cada uma dessas perspectivas será apresentada.

2.3.1 PLANEJAMENTO ORÇAMENTÁRIO

Planejar é estabelecer antecipadamente as ações a serem empreendidas e alocar os recursos necessários ao atingimento das metas e dos objetivos traçados, considerando todas as funções da empresa e todos os fatores de influência, sejam eles internos ou externos.

Conceitualmente, um planejamento deve contemplar as posições atual e futura da empresa. Para atingir os objetivos e metas traçados, em princípio, os gestores devem ter uma percepção clara da situação em que a empresa se encontra, indicando seu ponto de partida. Para tanto, normalmente é conduzida uma etapa denominada análise situacional, a qual mostra como estão uma série de elementos de interesse do planejamento, tais como ativos disponíveis, capacidade atual de geração de caixa, contratos de fornecimento firmados, dívidas vigentes etc.

Em seguida, deve-se identificar o ponto final a alcançar, isto é, a situação almejada. Para isso, deve ser percorrida uma "distância" por meio da realização de uma série de ações inter-relacionadas e sequenciais. A execução dessas ações acarreta o uso e o consumo de recursos das mais variadas naturezas, tais como humanos, tecnológicos, financeiros e bens de capital.

O planejamento orçamentário também segue essas ideias. A rigor, ele pode ser compreendido como o espelho financeiro dos demais planejamentos da empresa, podendo igualmente, se considerado relevante pela administração, ser elaborado em três diferentes níveis: estratégico, tático e operacional. Com isso, ele pode ter características e propósitos distintos, a depender do seu nível hierárquico.

O planejamento orçamentário em nível estratégico apresenta os resultados da empresa como um todo em horizonte temporal de longo prazo. Assim, ele tem amplo alcance em todas as suas áreas de atuação e contempla, por exemplo, investimentos com longos prazos de maturação e financiamentos também de longo prazo, os quais, frequentemente, extrapolam o horizonte temporal de um exercício orçamentário típico.

O planejamento orçamentário tático normalmente tem um prazo médio e abrange uma ou poucas áreas na empresa. Seu alcance é menor do que o do planejamento estratégico, devendo, apesar disso, manter completa coerência com aquele, sob pena de gerar esforços e produtos finais incompatíveis com as metas estratégicas e, nesse caso, não ter uma contribuição efetiva. Tal planejamento orçamentário gera dados para áreas limitadas na empresa e, comumente, para períodos não superiores ao prazo do planejamento orçamentário no nível estratégico.

Por fim, o planejamento orçamentário operacional é conduzido para um prazo curto, envolvendo apenas um setor e tendo, portanto, uma pequena amplitude na empresa. É o planejamento com o menor nível de impacto, mas, ainda assim, deve manter coerência com os planejamentos orçamentários tático e estratégico, aos quais se subordina. O objetivo do planejamento nesse nível é predominantemente relacionado à manutenção da liquidez de curto prazo da empresa, abrangendo decisões financeiras de curto prazo, tais como gestão de contas a pagar, contas a receber, estoques e caixa.

Dessa feita, no âmbito do planejamento orçamentário, é essencial estabelecer objetivos, metas, responsabilidades, prazos e demais elementos que façam parte da projeção dos resultados. Esses elementos serão objeto de definição durante as etapas de planejamento do orçamento.

A função de planejamento também deve considerar as capacidades de investimento e de financiamento da empresa, pontos condicionantes da viabilidade dos orçamentos. Caso as limitações de financiamento e, em decorrência, de investimento surjam, os responsáveis pelo orçamento devem observar tais limitações antes de alocar os recursos ou aprovar o orçamento.

É relevante perceber que não se deve negligenciar o fato de que alguns fatores não são controláveis pela empresa. Enquanto ela tem ingerência sobre uns, sobretudo os internos, outros, tipicamente os externos, não são, parcialmente ou completamente, controláveis por ela. Dessa forma, ela deve monitorar ambos os fatores e agir sobre os controláveis, a fim de acomodar-se da melhor forma possível frente às alterações nos fatores incontroláveis.

Finalmente, podem ser apontados dois aspectos a serem contemplados no planejamento orçamentário: conceitual e financeiro.

O aspecto conceitual é representado pela estruturação, pela determinação de metas orçamentárias e pela alocação dos recursos humanos, financeiros, organizacionais e tecnológicos para a execução orçamentária. Sem esse planejamento prévio, possivelmente, a organização dos recursos necessários à execução orçamentária não será otimizada, podendo comprometer a qualidade do produto final.

O aspecto financeiro do planejamento, por sua vez, é a quantificação dos resultados esperados. É o resultado dos esforços da projeção dos resultados ao longo do período orçamentário. Em outras palavras, é a projeção propriamente dita dos fluxos de caixa e dos resultados financeiros.

2.3.2 CONTROLE ORÇAMENTÁRIO

Controlar representa uma ação complementar a um planejamento realizado previamente. Só é possível haver controle a partir de um planejamento traçado anteriormente, uma vez que se têm parâmetros claros e objetivos sobre os quais podem ser realizadas comparações.

O controle consiste, de maneira geral, em verificar se os objetivos, planos e políticas estão sendo realizados conforme o planejado e, consequentemente, se as metas estipuladas estão sendo atingidas.

A função do controle, portanto, é relacionada ao acompanhamento da execução orçamentária. Diferentemente do planejamento, que antecede a execução orçamentária (fase na qual os fluxos financeiros são realizados a partir das atividades operacionais), o controle ocorre durante as atividades que gerarão fluxos de entrada e saída de caixa.

As atividades que normalmente compõem o controle orçamentário são elencadas no quadro a seguir.

QUADRO 2 - ATIVIDADES TÍPICAS DO CONTROLE ORÇAMENTÁRIO

[
Verificar os fluxos de caixa e resultados realizados
Analisar os desvios do realizado em relação ao planejado
Identificar as causas de desvios orçamentários
Adotar ações corretivas aos desvios observados
Comunicar os resultados obtidos às partes interessadas
Realizar avaliação de desempenhos setorial e global
]

A primeira atividade é verificar os fluxos de caixa realizados na execução orçamentária. Esse acompanhamento é fundamental para monitorar os resultados alcançados pela empresa em cada período (semana, mês ou ano, por exemplo). Sem a verificação, as demais atividades não podem ser realizadas.

Dentre tais atividades, a mais destacada é comparar os resultados realizados com os planejados. Por meio dessa comparação, pode-se verificar o quão eficaz foi a gestão para atingir as metas traçadas. Caso o resultado tenha ficado muito abaixo do que foi planejado, alguma(s) circunstância(s) negativa(s) ocorreu(ram), concorrendo para o resultado indesejado. Caso o resultado tenha sido superior ao planejado, as alterações nas circunstâncias beneficiaram a empresa.

Em todo caso, para divergências muito grandes, sejam elas positivas ou negativas, o resultado realizado mostrou-se distante do que foi planejado. Pode-se concluir que o processo de planejamento talvez não tenha sido suficientemente realista. Tais divergências significativas podem indicar que o planejamento não contemplou adequadamente as variáveis que impactam a projeção das contas orçamentárias e, por conseguinte, o resultado.

Apesar disso, não deve haver uma expectativa de que os resultados realizados sejam exatamente iguais aos projetados. Qualquer projeção é sujeita a muitos fatores influenciadores que nem sempre são completamente antevistos e computados, até mesmo porque, como salientado anteriormente, alguns fatores não são controláveis pela empresa.

Logo, o controle deve prevenir desvios do realizado em relação ao planejado. Nesse ponto, para serem eficazes, as ações devem ocorrer antes do fato gerador do movimento financeiro. Assim, o controle não assume um papel apenas comparativo, mas também proativo a variações ambientais potencialmente impactantes sobre os resultados, prevenindo a empresa de situações financeiras adversas.

No âmbito do controle orçamentário, os resultados alcançados devem ser comunicados às partes com interesse na informação e que tenham direito de acesso a ela. Uma vez que os resultados sejam computados, sua comunicação é parte essencial no controle orçamentário, já que, possivelmente, as partes necessitam dessas informações para tomarem decisões.

O controle orçamentário permite identificar os resultados alcançados por unidades de negócio ou departamentos. Visto que os orçamentos podem ser planejados setorialmente antes de se consolidar o orçamento global da empresa, tais setores incorporam resultados e metas individuais, que podem ser usados como forma de avaliação dos seus desempenhos. Com isso, a avaliação de desempenho dos resultados setoriais e/ou globais também compõe o escopo do controle orçamentário.

De forma semelhante, o controle orçamentário também pode ser usado como um instrumento de reconhecimento do desempenho individual, se o nível de informação disponível assim o permitir. Nesses casos, o desempenho pode ser um dos critérios utilizados para compor a remuneração variável de executivos e/ou colaboradores em geral, por exemplo.

2.4 BENEFÍCIOS DO ORÇAMENTO

O orçamento empresarial requer um esforço muito intenso para ser elaborado e acompanhado. Portanto, ele não está alheio à avaliação quanto a benefícios e limitações. Naturalmente, a intensidade desses benefícios esperados e dessas limitações depende de cada empresa e da visão que se tem do processo orçamentário. Como benefícios esperados a partir da implantação do orçamento, de maneira não exaustiva, podem ser listados os do quadro a seguir.

QUADRO 3 - BENEFÍCIOS ESPERADOS DE UM ORÇAMENTO

- Aquisição de maior conhecimento sobre a dinâmica operacional da empresa
- Elaboração mais realista da previsão dos resultados, antecipando situações de excesso ou falta de recursos financeiros
- Comunicação adequada de resultados aos gestores dos departamentos e aos demais interessados
- Antecipação de oportunidades e problemas que possam impactar os resultados da empresa
- Avaliação dos resultados alcançados por diferentes departamentos

O processo orçamentário em si requer, por parte dos colaboradores, um entendimento bastante detalhado das atividades operacionais da empresa em suas respectivas áreas de atuação. Sem tal nível de compreensão, haverá uma dificuldade inerente à estimativa dos valores orçados. O entendimento das atividades operacionais proporciona capacidade de orçar os recursos necessários para suportar tais atividades, de antecipar necessidades adicionais de recursos em resposta a situações esperadas e de antever eventuais fatores de risco que podem comprometer os resultados. Sendo assim, a elaboração do orçamento cria uma necessidade de conhecimento mais aprofundado das atividades da empresa, o que, por si só, evidencia uma vantagem singular.

Os fluxos de caixa são melhor previstos ao usar um método sistematizado e consistente de análise e projeção dos valores. O processo orçamentário proporciona a oportunidade de orçar os fluxos de caixa dentro de uma sistemática que os tornam mais críveis. Além disso, o processo orçamentário prevê a participação das várias unidades dentro da empresa, cada qual contribuindo com informações de seu domínio.

Outro ponto relevante é que o processo orçamentário permite que toda comunicação necessária seja realizada ao longo de suas etapas. Os interessados nas informações podem acompanhar os resultados à medida que são realizados, bem como verificar eventuais circunstâncias que os influenciaram.

Outro benefício é a antecipação de oportunidades e/ou problemas que possam impactar os resultados. Com essa antecipação, ou pelo menos com indicativos prévios de eventuais circunstâncias que possam surgir, o grupo gestor da empresa pode se preparar previamente para aproveitar oportunidades ou combater problemas. Apesar de nem sempre ser possível antecipar completamente todas e quaisquer situações, ter em conta possíveis desdobramentos, ainda que não tão específicos, pode conferir melhor capacidade de reação por parte da empresa.

O último benefício citado é a possibilidade de avaliação dos resultados alcançados por diferentes setores na empresa. Como o orçamento é realizado por meio da agregação de orçamentos setoriais, é possível fazer análises por unidades de negócio ou departamentos, em adição à análise do orçamento global da empresa.

2.5 LIMITAÇÕES DO ORÇAMENTO

São apresentadas as limitações do orçamento no quadro a seguir.

QUADRO 4 - LIMITAÇÕES DO ORÇAMENTO

- Custos altos de implantação e execução
- Os planejamentos baseiam-se em estimativas, havendo, portanto, incerteza em relação aos resultados previstos
- O planejamento deve ser objeto de constante revisão, exigindo bastante esforço por parte dos gestores e dos setores participantes
- A execução requer maturidade para sua completa implantação
- Resistência dos colaboradores

Para implantar e executar um processo orçamentário pleno, contendo todas as etapas exigidas nas boas práticas, normalmente a empresa precisa incorrer em custos relevantes. Geralmente, para implantar o orçamento são necessários desembolsos para a aquisição ou desenvolvimento de *softwares* específicos, capacitação de pessoal, contratação de consultorias, ajustes organizacionais e demais mudanças que invariavelmente requerem comprometimento de recursos financeiros. Para executá-lo, também serão necessários desembolsos, tais como manutenção de *softwares* dedicados a essa tarefa, destacamento de pessoal para fazer as projeções orçamentárias e realização de inúmeras reuniões.

Evidentemente, o que se espera, a despeito desses desembolsos, é que a implantação do processo orçamentário gere retornos que superem aqueles. Nesse caso, os gestores da empresa podem se basear em retornos maiores do que os custos para justificar sua implantação. O que pode dificultar essa decisão, em muitos casos, é a característica não objetiva de parte dos retornos esperados pela implantação do processo orçamentário.

A implantação e execução do processo orçamentário têm desembolsos relativamente previsíveis e quantificáveis. Por outro lado, parte de seus retornos é composta por aspectos subjetivos, como uma melhor capacidade de gerenciamento, geração de informações fidedignas e garantia de respeito aos limites orçamentários. Apesar de suas inegáveis vantagens e elevado grau de importância, esses e outros benefícios subjetivos esperados são de difícil representação financeira, o que impõe obstáculos à análise e à decisão. Quando se têm parâmetros objetivos de retorno, os quais também podem ser evidenciados nesses casos, a decisão torna-se mais objetiva e, consequentemente, mais fácil de ser adotada.

Um atenuante ocorre em empresas com processos operacionais e orçamentários relativamente simples. Nesses casos, os desembolsos necessários à implantação e à execução do processo orçamentário podem não ser tão expressivos, restringindo essa limitação.

Em segundo lugar, o planejamento orçamentário é naturalmente um processo cujos resultados são incertos. Até a conclusão do planejamento orçamentário, não houve qualquer realização de fluxo de caixa, já que ela ocorrerá no futuro em decorrência das atividades da empresa. Portanto, a projeção dos fluxos de caixa e dos resultados é um exercício incerto, cujos produtos finais dependem de muitos fatores não completamente previsíveis. Desse modo, é fundamental ter em conta que essa incerteza pode levar a resultados realizados diferentes dos projetados, motivo pelo qual é fundamental que sejam realizadas comparações entre o realizado e o projetado.

Outra limitação do orçamento é decorrente do ponto anterior. Tipicamente, há necessidade de constantes revisões orçamentárias para acomodar novas informações que surgem ao longo da execução orçamentária. Tais revisões consomem muitos recursos da empresa, refletidos em esforços periódicos previstos no cronograma de atividades do orçamento. Com relação a isso, para elaborar um orçamento, são necessárias várias etapas interligadas, que perpassam toda a empresa. Como será percebido mais adiante, essas etapas são conduzidas continuamente, em ciclos que se repetem periodicamente, de acordo com suas necessidades específicas.

Sendo assim, pelo seu nível de complexidade, normalmente há uma situação de curva de aprendizagem. Isso quer dizer que, no primeiro ano de implantação de um sistema orçamentário, por exemplo, espera-se que nem todas as funções associadas a ele sejam completamente implementadas ou realizadas com maestria. Dessa forma, é possível que ineficiências ou erros ainda persistam e devam ser resolvidos nos orçamentos posteriores.

Como consequência, a implantação plena do processo orçamentário em uma empresa, principalmente de grande porte, requer aprendizado e melhoria contínuos ao longo do tempo, de maneira a extrair todos os benefícios possíveis de sua utilização. De modo geral, ao longo dos anos de execução do processo orçamentário, pode-se verificar uma melhoria nos procedimentos adotados e no envolvimento dos colaboradores.

Esse último aspecto também é fundamental para o orçamento. Caso a empresa não consiga uma percepção favorável por parte dos colaboradores para com o processo orçamentário, sua implantação será dificultada substancialmente. Portanto, um problema relevante, merecedor de destaque, é a resistência das pessoas em participar desse processo. Algumas possíveis causas dessa resistência podem ser citadas no quadro a seguir.

QUADRO 5 - POSSÍVEIS CAUSAS DE RESISTÊNCIA POR PARTE DOS COLABORADORES

[
Resistência a mudanças

Falta de compreensão plena dos objetivos e do funcionamento de um orçamento empresarial

Preocupação com a possível pressão por resultados

Discordância quanto à necessidade de implantação do orçamento
]

Uma abordagem para tentar minimizar essas resistências é o orçamento participativo. Nele, as metas não são impostas forçosamente aos departamentos, uma vez que os envolvidos participam da sua elaboração, contribuindo com seus conhecimentos sobre as atividades a serem desenvolvidas. As metas daí surgidas passam por uma apreciação de todos.

Outra abordagem é a sensibilização dos colaboradores quanto à importância do orçamento e o quanto ele é fundamental para a empresa. Em muitos casos, os resultados do orçamento não são plenos em decorrência da falta de empenho, que pode ser característica de situações nas quais os propósitos não são plenamente compreendidos.

Além disso, como pontuado anteriormente, a elaboração do orçamento requer esforço considerável dos colaboradores de vários setores da empresa. Tal esforço adicional pode ser entendido de maneira negativa, o que requer tal sensibilização para sua importância.

Além da sensibilização, é fundamental que a empresa proporcione o treinamento adequado para as atividades do planejamento e controle orçamentário. Essas atividades requerem conhecimentos que alguns setores não dominam. Desse modo, igualmente importante é assegurar treinamento adequado aos colaboradores, de maneira a prover as devidas condições ao processo orçamentário.

2.6 REGIMES DE COMPETÊNCIA E DE CAIXA

É bastante importante, para fins de orçamento, compreender a diferença entre os regimes de competência e de caixa, assim como os impactos que eles podem ter nas decisões. Basicamente, tais regimes dizem respeito à apuração temporal dos fluxos de caixa.

O regime de competência é caracterizado por considerar os fluxos financeiros baseados na data do seu fato gerador. Portanto, as receitas e despesas são consideradas quando de sua geração, ainda que sua realização não ocorra no mesmo período. O regime de caixa, por sua vez, apropria os fluxos financeiros ao momento em que efetivamente são realizados, independentemente de quando ocorreram seus fatos geradores.

Imagine, por exemplo, uma venda de R$ 10.000,00 realizada no mês de fevereiro, mediante a emissão de uma nota fiscal. O fato gerador dessa transação foi a emissão da nota fiscal ocorrida em fevereiro (adotemos o mês como referência temporal). Pelo regime de competência, a apresentação desse valor será no mês de fevereiro, momento em que ele foi gerado.

No entanto, como parte de sua política comercial, a empresa concede aos clientes um prazo de pagamento com a seguinte configuração: 20% à vista, 40% em trinta dias e 40% em sessenta dias. Como foi esse o caso, a empresa receberá os recursos financeiros em troca dessa transação comercial conforme a distribuição temporal expressa na tabela a seguir, representando a transação pelo regime de caixa.

TABELA 1 - RECEBIMENTOS MENSAIS

Meses	Fevereiro	Março	Abril
Valores	R$ 2.000,00	R$ 4.000,00	R$ 4.000,00

Naturalmente, se a política de concessão de crédito da empresa fosse extremamente restritiva, indicando que as vendas seriam recebidas completamente à vista, então, nesse caso específico, os dois regimes teriam os mesmos valores e distribuições temporais. Porém, quando há algum tipo de descasamento temporal entre o fato gerador e o recebimento ou pagamento, os dois regimes evidenciam fluxos financeiros diferentes.

Do ponto de vista financeiro, o regime de caixa permite uma representação mais adequada e compatível com a realidade. Ao considerar os valores pelo regime de competência, a empresa pode tomar decisões equivocadas, no que se referem, principalmente, à liquidez dos recursos financeiros. O regime de competência, por desconsiderar o momento no qual os fluxos são efetivamente realizados, pode evidenciar posições de saldos de caixa incompatíveis com a realidade. No regime de caixa, os fluxos são montados de acordo com a realização dos movimentos financeiros e, em decorrência, os saldos apresentados são aqueles realmente disponíveis. Sendo assim, recomenda-se que o orçamento seja elaborado pelo regime de caixa. Isso significa que todos os fluxos de caixa projetados, sejam eles de entrada ou de saída, devem ser transformados para o regime de caixa.

Não obstante, faz-se necessário perceber que, em alguns casos, a apuração de algumas contas também deve ser feita pelo regime de competência. Quando, por exemplo, forem projetadas as contas de desembolso de tributos sobre vendas, provavelmente será necessário ter a projeção das receitas pelo regime de competência (faturamento). Isso ocorre porque a base de cálculo desses tributos é o montante vendido em um período, independentemente de quando essa venda é efetivamente convertida em caixa. Com isso, algumas contas podem eventualmente ter a necessidade de serem projetadas pelos dois regimes.

De toda forma, caso a empresa deseje, por algum motivo, fazer o orçamento baseado completamente em informações pelo regime de competência, é perfeitamente possível fazê-lo. Basta, para tanto, projetar e controlar as contas orçamentárias por esse regime.

No entanto, este livro, pelos motivos expostos anteriormente, apresenta os exemplos e as decisões baseados no regime de caixa. Do ponto de vista financeiro, certamente informações pelo regime de caixa são mais relevantes.

ETAPAS DO PROCESSO ORÇAMENTÁRIO

3.1 INTRODUÇÃO

A complexidade e a amplitude do processo orçamentário, desde seu planejamento até o encerramento do período orçamentário, sugerem que o nível de mobilização das pessoas da empresa é muito grande. Portanto, a organização e a disciplina necessárias à condução do processo orçamentário são muito importantes, e é fundamental que seja realizado em etapas bem definidas, com responsabilidades e produtos finais claramente estipulados.

O presente capítulo propõe uma divisão do processo orçamentário em etapas baseadas em boas práticas e no que se espera, de maneira geral, em uma empresa. Inicialmente, são apresentadas as etapas por meio das quais o processo orçamentário pode ser dividido conceitualmente. Em seguida, cada uma dessas etapas é detalhada.

3.2 ETAPAS DO PROCESSO ORÇAMENTÁRIO

As etapas aqui sugeridas para o processo orçamentário são elencadas no quadro a seguir.

QUADRO 6 - ETAPAS DO PROCESSO ORÇAMENTÁRIO

[
Planejamento do processo orçamentário
Estabelecimento de premissas
Coleta de dados
Consolidação de dados
Execução orçamentária
Revisão orçamentária
]

Essas etapas devem servir de orientação para uma aplicação prática. Em alguns casos, de acordo com as especificidades da empresa, elas podem não ser adequadas, requerendo inclusões, exclusões ou adaptações, a fim de permitir que os objetivos sejam plenamente alcançados. Cabe ao gestor orçamentário identificar a melhor forma de implantar o orçamento e, com isso, definir as etapas de forma aderente às necessidades.

Em todo caso, se o leitor aprofundar os estudos, perceberá que alguns autores apresentam diferentes etapas para o processo orçamentário. Todavia, de modo geral, essas diferentes abordagens mantêm certa semelhança entre si, apenas com diferentes nomenclaturas e agrupamentos de atividades.

3.3 PLANEJAMENTO DO PROCESSO ORÇAMENTÁRIO

A etapa de planejamento do processo orçamentário envolve todas as atividades que precedem a execução orçamentária em si. Nela, são estabelecidas as definições relacionadas ao orçamento, as quais permitirão a execução orçamentária dentro do padrão desejado.

Um planejamento mal realizado pode comprometer fortemente a posterior execução orçamentária. O esforço dedicado ao planejamento orçamentário deve ser tal que minimize eventuais interrupções da execução orçamentária. Assim, essa etapa não deve ser negligenciada, tampouco relegada a um plano secundário de importância.

As tarefas tipicamente desenvolvidas na etapa de planejamento são listadas no quadro a seguir.

QUADRO 7 - TAREFAS DO PLANEJAMENTO ORÇAMENTÁRIO

[
Estabelecer o horizonte temporal do orçamento
Estabelecer o plano de contas orçamentário
Estabelecer os centros de responsabilidade
Definir os prazos para realização de cada atividade
Definir os responsáveis por cada atividade
Verificar a adequação dos processos organizacionais
Definir o sistema informatizado
Definir os meios de comunicação
]

Cada uma destas tarefas será detalhada a seguir.

3.3.1 ESTABELECER O HORIZONTE TEMPORAL DO ORÇAMENTO

Uma definição importante é quanto ao horizonte temporal que o orçamento abrangerá. Nessa etapa, devem-se estipular quantos períodos (anos, semestres, meses etc.) serão contemplados.

Um primeiro aspecto pertinente a essa definição é a observação dos demais planejamentos da empresa. Seu horizonte temporal deve manter coerência com os horizontes temporais de outros planejamentos da empresa. Afinal, os demais planejamentos, tais como mercadológico, produção e estratégico, mantêm relação direta e/ou indireta com o orçamento.

O horizonte temporal estabelecido, por exemplo, pode ser de um ano utilizando bases mensais. Nesse caso, os valores são orçados em bases mensais, compondo doze meses projetados. Tal horizonte temporal pode ser compatível com o planejamento estratégico da empresa, na hipótese de esta realizar planejamentos estratégicos para períodos anuais.

Entretanto, podem ocorrer situações excepcionais nas quais seja importante a projeção do orçamento para um período maior. Quando, por exemplo, é necessário projetar um orçamento de capital específico, cujo prazo de maturidade ultrapasse o período orçamentário, orçar os resultados para um prazo maior será necessário. Nesse caso, tais valores orçados extrapolam o horizonte temporal convencional do orçamento.

Outra situação é a amortização de um empréstimo que eventualmente ultrapassa o período do orçamento. Em muitos casos, empresas podem contrair financiamentos de longo prazo que se estendem por anos, gerando fluxos de caixa por períodos muito longos. Nesses casos, os fluxos de caixa que extrapolam o atual período orçamentário devem ser estimados nos orçamentos seguintes, sendo importante tais fluxos não serem desconsiderados e serem contemplados quando efetivamente ocorrerem, ainda que em outro exercício orçamentário.

Ao fim do horizonte temporal, inicia-se outro ciclo orçamentário. Novas metas são traçadas e todas as etapas são novamente realizadas. Espera-se, em cada novo ciclo orçamentário, uma curva de aprendizagem crescente, levando a uma melhoria contínua do processo.

3.3.2 ESTABELECER O PLANO DE CONTAS ORÇAMENTÁRIO

O planejamento orçamentário é consubstanciado em projeções de fluxos de caixa e de resultados financeiros calculados mediante a relação entre várias contas orçamentárias. Devido a sua importância nesse contexto, o plano dessas contas deve ser muito bem pensado e elaborado, de maneira a permitir que análises sejam realizadas sem prejuízo de informações relevantes para a administração.

O plano de contas orçamentário indica como as contas devem ser agrupadas para montar os fluxos de caixa, devendo refletir as atividades realizadas pela empresa e os fluxos de caixa gerados a partir delas. Isso sugere que o plano de contas pode variar de empresa para empresa, sobretudo se elas forem de diferentes setores.

Para permitir uma avaliação mais adequada, o plano deve agrupar as contas por algum tipo de afinidade, tal como em função dos seus propósitos. Como exemplos práticos, as contas podem ser agrupadas em relação às atividades comerciais, às atividades de remuneração de pessoal e às atividades administrativas.

Além disso, sua estruturação também deve permitir que sejam calculados e analisados indicadores financeiros. A mera apresentação dos resultados, sem que haja algum tipo de análise, representa uma subutilização do orçamento enquanto instrumento gerencial.

A concepção do plano de contas orçamentário também deve considerar as necessidades de informações departamentais e globais. Certamente, nem todos os departamentos em uma empresa terão movimentos em todas as contas orçamentárias. No entanto, a falta de uma conta ou a sua descrição inadequada poderão comprometer o orçamento. Portanto, a elaboração do plano de contas deve considerar adicionalmente as particularidades de cada departamento da empresa.

Ainda assim, não há uma regra única para estruturar o plano de contas, uma vez que cada empresa pode apresentar diferentes necessidades. Uma recomendação é usar uma divisão baseada nas naturezas dos fluxos financeiros. Em uma empresa típica, podem ser observados fluxos de caixa com três naturezas distintas: operacional, investimento e financiamento.

Os fluxos de caixa de natureza operacional refletem as atividades operacionais da empresa e os movimentos financeiros decorrentes dessas atividades. Esses fluxos podem ser positivos ou negativos. Os positivos são as receitas decorrentes da atividade principal da empresa e os negativos são os desembolsos de natureza operacional, como despesas operacionais, custos produtivos e tributos incidentes sobre a operação, os quais também podem ser subdivididos conforme as necessidades informacionais.

As atividades que podem indicar outra divisão do plano de contas são as de investimentos. Todos os fluxos que refletem investimentos em uma empresa podem ser agrupados a fim de identificar claramente os resultados parciais das decisões de investimentos. Nessa categorização, também podem ser observados fluxos positivos e negativos, sendo os últimos mais recorrentes. Fluxos negativos refletem os desembolsos realizados para adquirir ativos ou bens de capital. Já os positivos refletem a realização de investimentos mediante a venda de ativos usados quando eles forem substituídos ou não forem mais necessários, por exemplo.

A importância de separar esses fluxos dos operacionais reside na possível confusão de fluxos com diferentes naturezas. Se uma empresa vender algum ativo de sua propriedade (um imóvel, por exemplo), a receita derivada dessa venda não deve ser considerada operacional, uma vez que sua atividade principal não é a venda de imóveis (salvo se a empresa for uma imobiliária). Caso não houvesse tal separação, a receita da venda do imóvel poderia ser considerada erroneamente operacional, quando ela é, de fato, não operacional. De maneira semelhante, quando a empresa desembolsa capital para adquirir algum ativo, tal desembolso não deve ser considerado despesa ou custo. Ele é, na verdade, um desembolso de natureza não operacional realizado para aquisição de um ativo produtivo ou financeiro.

Por fim, a última divisão do plano de contas abrange os fluxos de caixa originados a partir das atividades de financiamento. Para permitir sua estruturação e funcionamento, a empresa necessita realizar investimentos e reinvestimentos. Tais necessidades devem ser viabilizadas por meio da disponibilização de capital na forma de financiamento. De modo geral, o financiamento que a empresa pode recorrer pode ser originado de duas fontes distintas. A primeira fonte é o capital próprio, originado dos proprietários da empresa. A segunda, denominada capital de terceiros, é provida por credores, quando a empresa incorre em empréstimos.

De maneira semelhante às demais divisões sugeridas, os fluxos de caixa das atividades de financiamento também apresentam fluxos positivos (entrada de recursos) e negativos (saída de recursos). Os fluxos positivos são os aportes de recursos por parte dos proprietários e o recebimento de empréstimos. Como esses recursos disponibilizados à empresa devem ser remunerados, há a expectativa de realização dos fluxos negativos, na forma de distribuições de dividendos aos proprietários da empresa (remuneração do capital próprio) e de pagamentos de amortização e juros dos empréstimos (remuneração do capital de terceiros).

Esses grupos de diferentes naturezas podem ser orçados separadamente e depois agregados. Apesar dessa separação conceitual, eles mantêm uma relação forte entre si e os resultados de um influenciam os resultados dos outros, motivos pelos quais a coerência entre eles deve ser verificada ao consolidar o orçamento completo.

3.3.3 ESTABELECER OS CENTROS DE RESPONSABILIDADE

Para fins do planejamento orçamentário, é essencial determinar os centros ou áreas de responsabilidade na empresa. Eles são subunidades organizacionais que podem, em alguns casos, se confundir com os departamentos da empresa. Entretanto, também podem ser setores, filiais, unidades de negócio ou qualquer outra divisão que reflita algum tipo de similaridade e que tenha alguma lógica do ponto de vista orçamentário. Tal divisão serve tanto para permitir um melhor gerenciamento das atividades do processo orçamentário, por meio da atribuição de responsabilidades específicas, quanto para verificar os resultados setoriais, sobretudo em empresas de grande porte.

Normalmente, há muitas fontes de dados a serem consultadas na elaboração de um orçamento empresarial. Nesses casos, uma boa abordagem é elaborar orçamentos departamentais (em cada centro de responsabilidade), de modo que o processo seja facilitado pela visão mais próxima e realista de cada orçamento. No fim, os orçamentos parciais são agregados para formar o orçamento global da empresa, minimizando a possibilidade de perda de informação e aumentando o grau de qualidade da projeção.

A vantagem dessa abordagem está em proporcionar melhores condições aos colaboradores que farão as previsões orçamentárias. Como eles estão limitados às suas áreas de competência e de atuação e têm conhecimento mais aprofundado sobre as atividades desenvolvidas em seus departamentos, espera-se que a qualidade dos valores orçados seja melhor dessa forma. Sobretudo em empresas grandes, a quantidade de informações para o orçamento é igualmente grande, reforçando a necessidade de dividi-la por centros de responsabilidade.

Ressalta-se que, com tal estratégia, é fundamental que todas as áreas da empresa que participarão da projeção dos fluxos de caixa disponham de dados históricos financeiros e operacionais que servirão de subsídio à determinação das premissas e à projeção dos resultados setoriais. Como será observado mais adiante, é igualmente importante que os gestores dos centros de responsabilidade tenham conhecimento a respeito do planejamento estratégico da empresa de forma que tenham condições adequadas para projetar o orçamento setorial em consonância com o orçamento global.

O estabelecimento dos centros de responsabilidade também serve para que se elaborem orçamentos setoriais, permitindo, com isso, que cada setor seja avaliado individualmente. Ao dividir a empresa em unidades, cada qual com seu orçamento próprio, elas podem ser avaliadas e suas contribuições para o resultado global podem ser mensuradas.

Tais centros também podem ser categorizados em função dos tipos de fluxos financeiros que geram. Eles podem ser centros de custo (geradores de custos para a empresa pela execução de suas atividades), centros de lucro (pela geração de lucro decorrente de suas atividades) ou centros de investimento (caso suas atividades sejam direcionadas a investimentos).

3.3.4 DEFINIR OS PRAZOS PARA REALIZAÇÃO DE ATIVIDADES

Já deve ter ficado claro que o processo orçamentário é composto por muitas etapas (das quais o presente planejamento é só o início). Portanto, para o bom funcionamento e atendimento de seus objetivos, a execução orçamentária deve obedecer a algumas datas.

É sugerido que, antes do início de cada ciclo orçamentário, seja estabelecido um calendário específico de realização das atividades orçamentárias. Ele deve ser amplamente divulgado, e o seu cumprimento deve ser cobrado. O não cumprimento pode acarretar atrasos e problemas na execução orçamentária, repercutindo negativamente por toda a empresa.

O planejamento e controle orçamentários devem respeitar um ciclo de funcionamento periódico que se repete continuamente. Como será observado, o processo orçamentário não ocorre instantaneamente, pois existem várias etapas a serem cumpridas, cada qual demandando informações e esforços por toda a empresa durante o período orçamentário. Além disso, informações fluem de todos os centros de responsabilidade entre si e para a equipe responsável pelo orçamento, indicando que algumas áreas geram dados para outras poderem executar suas atividades. Sem um calendário formal, explicitamente estabelecido e amplamente comunicado, as atividades podem acontecer sem a devida sincronia, acarretando atrasos e projeções incompletas.

O exemplo a seguir permite visualizar esses pontos, ainda que não seja uma expressão única de um cronograma orçamentário. O próximo quadro apresenta um cronograma orçamentário estabelecido para uma empresa hipotética, na qual o horizonte temporal do orçamento é de um ano com revisões trimestrais.

QUADRO 8 - CRONOGRAMA ORÇAMENTÁRIO

Mês/Ano	Atividades
Agosto/XXX1	• Elaboração do cronograma de atividades orçamentárias • Levantamento dos centros de responsabilidade e responsáveis por cada atividade • Definição/revisão do plano de contas orçamentário • Levantamento de premissas orçamentárias para o ano seguinte • Preparação dos instrumentos de coleta de dados • Demais definições relacionadas ao processo orçamentário
Setembro/XXX1	• Treinamento dos centros de responsabilidade • Centros de responsabilidade orçam suas despesas para o ano seguinte
Outubro/XXX1	• Equipe do orçamento consolida e avalia os dados fornecidos pelos centros de responsabilidade • Apresentação do orçamento coletado ao comitê orçamentário • Revisão de premissas, dados e cenários para o ano seguinte • Comitê orçamentário faz considerações e solicita alterações nos orçamentos parciais
Novembro/XXX1	• Centros de responsabilidade refazem seus orçamentos • Equipe de orçamento consolida o orçamento global • Comitê orçamentário avalia orçamento global
Dezembro/XXX1	• Apresentação do orçamento consolidado para o ano seguinte
Abril/XXX2	• Análise a apresentação do resultado do trimestre anterior • Revisão do orçamento para o restante do ano
Julho/XXX2	• Análise a apresentação do resultado do trimestre anterior • Revisão do orçamento para o restante do ano
Outubro/XXX2	• Análise a apresentação do resultado do trimestre anterior • Revisão do orçamento para o restante do ano
Janeiro/XXX3	• Análise a apresentação do resultado do trimestre anterior • Análise a apresentação do resultado do ano anterior

A primeira coluna apresenta o período em que as atividades ocorrerão. A segunda coluna detalha as atividades a serem exercidas em cada período. No cronograma apresentado, as atividades de planejamento do orçamento do próximo ano (XXX2) iniciam em agosto do ano anterior (XXX1) e têm a última atividade em janeiro do ano posterior à execução orçamentária (XXX3).

Em agosto/XXX1, iniciam-se os preparativos básicos para o processo orçamentário. Nesse mês, são feitas todas as definições associadas ao planejamento, execução e controle orçamentário do ano seguinte (XXX2), dentre as quais algumas são citadas no quadro.

Em setembro/XXX1, os treinamentos previstos para capacitar os centros de responsabilidade para participar do processo orçamentário são realizados. Concluídos os treinamentos, são iniciados os processos de orçamentação por parte daquelas que preencherão os instrumentos de coleta de dados disponibilizados com esse propósito.

Em outubro/XXX1, a equipe responsável pelo orçamento consolida os orçamentos parciais e os avalia a fim de verificar eventuais discrepâncias ou inconsistências. O orçamento consolidado é então apresentado ao comitê orçamentário ou à alta administração para ser analisado. Nesse momento, é possível que algumas premissas possam ser revistas, à luz do que os centros de responsabilidade evidenciaram em seus orçamentos. Em seguida, o comitê orçamentário remete sugestões e solicitações de alterações aos orçamentos de cada centro de responsabilidade. Normalmente, tais direcionamentos visam à melhoria dos resultados previstos, tendo em vista as metas desejadas.

Em novembro/XXX1, os centros de responsabilidade refazem seus orçamentos de acordo com as orientações enviadas pelo comitê orçamentário. Finalizada essa revisão, o orçamento total é consolidado pela equipe de orçamento que remeterá novamente ao comitê orçamentário para nova avaliação. Caso o comitê não considere o orçamento adequado, o processo se repete até chegar ao ponto de aprovação. Em dezembro/XXX1, o orçamento global é concluído e divulgado.

Em janeiro de XXX2, inicia-se a execução orçamentária. Após a finalização de cada trimestre, serão realizadas as atividades de controle (apresentação e análise dos resultados do trimestre anterior) e de revisão (verificação das premissas para o restante do período orçamentário e indicação de ajustes e remanejamentos orçamentários aos centros de responsabilidade).

Essas atividades ocorrerão em abril/XXX2 (referente ao primeiro trimestre), em julho/XXX2 (referente ao segundo trimestre) e em outubro/XXX2 (referente ao terceiro trimestre). Para o último trimestre do ano, a última atividade está prevista para janeiro/XXX3, quando serão feitas as análises sobre os resultados do último trimestre de XXX2, bem como do ano completo.

Percebe-se que, em alguns meses do ano, atividades de planejamento e de execução ocorrerão paralelamente. Isso é necessário, visto que tais atividades são pertinentes a diferentes períodos orçamentários.

Por fim, registra-se que o exemplo ilustrativo apresentado não deve ser compreendido como uma forma única de conduzir as etapas de um orçamento. Para cada empresa, suas particularidades devem ser observadas, uma vez que podem impactar o estabelecimento do cronograma das atividades.

3.3.5 DEFINIR OS RESPONSÁVEIS POR CADA ATIVIDADE

Muitos colaboradores participam do processo orçamentário. Idealmente, pela sua complexidade e pela necessidade de uma ampla gama de informações, o orçamento é uma atividade eminentemente multidisciplinar, requerendo dados de muitas fontes e a participação dos vários centros de responsabilidade da empresa. Para tanto, é fundamental que todos os envolvidos conheçam explicitamente suas responsabilidades e o que se espera deles, a fim de evitar sobreposição ou falta de atividades.

Se, eventualmente, dois centros de responsabilidade orçam os mesmos elementos, eles certamente incorrerem em esforços desnecessários. Ainda, uma situação como essa pode gerar valores orçados em duplicidade, caso não tenha sido identificada. Por outro lado, se nenhum centro de responsabilidade realizar determinado orçamento, é possível que algumas contas orçamentárias não sejam completamente previstas. Nesse caso, quando da execução orçamentária, certamente serão percebidas necessidades não previstas anteriormente, o que pode gerar falta de recursos financeiros. Para evitar esses dois problemas extremos, deve ser assegurada uma boa comunicação entre os centros de responsabilidade. A comunicação tem papel central nesse contexto para garantir o pleno entendimento das responsabilidades e a qualidade dos produtos finais.

Igualmente importante, para que os colaboradores consigam realizar as suas atividades de maneira correta, eles devem ser treinados e capacitados. O treinamento em si deve ter um período previsto no cronograma de atividades do ciclo orçamentário e deve abordar uma visão geral de todo o processo orçamentário assim como as técnicas e os conceitos necessários para cada colaborador executar apropriadamente suas atividades.

Tipicamente, os participantes do processo orçamentário são os membros da alta administração, o comitê orçamentário, colaboradores dos centros de responsabilidade e a equipe responsável pelo orçamento. Cada uma dessas partes tem responsabilidades bem definidas para o bom funcionamento do processo orçamentário.

De modo geral, a alta administração tem suas atribuições indicadas no quadro a seguir:

QUADRO 9 - ATRIBUIÇÕES DA ALTA ADMINISTRAÇÃO

[
- Gerar comprometimento de todas as unidades da empresa
- Estabelecer premissas e políticas básicas para direcionar as regras e a execução orçamentária
- Aprovar os orçamentos e suas revisões e remanejamentos
]

A alta administração da empresa deve atuar como o principal patrocinador do orçamento. Suas ações e empenho devem sinalizar para toda a empresa que o orçamento tem importância central. Além disso, como a alta administração tem uma visão mais ampla da companhia, do contexto no qual está inserida e do seu direcionamento estratégico, ela pode contribuir de maneira bastante intensa com o estabelecimento de premissas e políticas para a execução orçamentária. Como em última instância a responsabilidade pelos resultados da empresa é da alta administração, também cabe a ela a aprovação do orçamento, das revisões e dos remanejamentos.

Em adição à alta administração, também pode ser formado um comitê orçamentário. Ele pode ser constituído com o fim específico de assumir essas funções da alta administração, deliberando sobre todos os assuntos relacionados ao orçamento, sobretudo no que se refere a decisões que impliquem novas necessidades de investimentos e financiamentos. Portanto, de forma a cumprir todas as suas funções de direcionamento e acompanhamento do orçamento, bem como tomar decisões pertinentes, o comitê deve ser composto por representantes das mais diversas áreas da empresa. Com esse caráter multidisciplinar, espera-se conferir a ele uma base de informações compatíveis com sua participação de destaque no processo orçamentário, além de evitar visões tendenciosas e negligência a pontos importantes.

Além disso, seus componentes devem ter, idealmente, uma visão ampla das decisões orçamentárias na empresa, o que sugere que eles sejam oriundos de altos níveis hierárquicos na estrutura empresarial. Isso, por outro lado, não invalida a participação de componentes de níveis hierárquicos médios, quando assim for entendido como relevante. Deste modo, o comitê orçamentário pode ter uma formação matricial, tendo seus componentes lotados em seus departamentos de origem e com atribuições específicas no comitê.

Tipicamente, os centros de responsabilidade têm as atribuições indicadas no quadro a seguir:

QUADRO 10 - ATRIBUIÇÕES DOS CENTROS DE RESPONSABILIDADES

- Projetar necessidades de recursos de sua área
- Projetar as contas orçamentárias sob sua responsabilidade e gerência (entradas e/ou desembolsos)
- Acompanhar a execução orçamentária
- Reportar alterações que indiquem revisões orçamentárias à equipe de orçamento

Espera-se, em princípio, que cada centro de responsabilidade tenha conhecimento mais aprofundado sobre as atividades exercidas em suas respectivas áreas. Logo, é de se esperar que os colaboradores desses centros de responsabilidade também tenham condições mais adequadas de orçar os recursos financeiros necessários às suas atividades, bem como demais contas orçamentárias que são geradas nelas. Assim, cabe a essas áreas a projeção dos valores orçamentários sob suas alçadas ao longo do período. De maneira semelhante, cada centro também pode fazer o acompanhamento da execução orçamentária, como reportar eventuais alterações em relação ao que foi projetado inicialmente.

À equipe responsável pelo orçamento, normalmente, cabe um grande leque de responsabilidades, as quais são listadas no quadro a seguir.

QUADRO 11 - ATRIBUIÇÕES DA EQUIPE RESPONSÁVEL PELO ORÇAMENTO

Conceber e revisar o processo orçamentário, de maneira a padronizá-lo e permitir sua recorrência periódica

Definir necessidades em termos de sistemas informatizados e processos organizacionais que tenham impacto direto ou indireto sobre o processo orçamentário

Capacitar os centros de responsabilidade no processo orçamentário, como forma de garantir a qualidade dos dados projetados

Conduzir as etapas de elaboração do orçamento junto aos centros de responsabilidade, dando suporte aos processos de coleta e projeção dos dados

Acompanhar a execução orçamentária, permitindo a alta administração tomar decisões ao longo do período orçamentário

Revisar a execução orçamentária, de modo a considerar eventuais mudanças ambientais e verificar alterações orçamentárias pertinentes

Comparar orçamentos projetados com os realizados, investigando as causas dos desvios observados

Pela amplitude das atividades e, considerando uma empresa suficientemente grande, isso pode indicar a necessidade de uma equipe voltada exclusivamente para o processo orçamentário. Em empresas de menor porte, cujas atividades orçamentárias não são tão intensas, talvez não seja requerida uma equipe exclusiva. Ainda assim, todas as atividades aqui descritas devem ser executadas, sob pena de o resultado final não ser adequado.

Percebe-se que as atividades da equipe de orçamento iniciam-se antes do ciclo orçamentário, estendendo-se até o seu fim. Antes de cada ciclo orçamentário, a equipe deve conceber o processo orçamentário (caso seja o primeiro a ser executado) ou revisar o existente. Tal tarefa é essencial para adequar o processo orçamentário a eventuais circunstâncias novas e permitir sua recorrência para outros períodos. A cada novo ciclo orçamentário, a equipe responsável pode incluir melhorias em relação ao ciclo anterior, transformando-o em um processo de melhoria contínua.

À equipe do orçamento também cabe a responsabilidade de verificar a adequação dos processos organizacionais para sua elaboração, bem como determinar os sistemas informatizados a serem usados para suportar o processo orçamentário. Esses tópicos serão detalhados mais adiante.

Outra atribuição de destaque, já registrada anteriormente, é o treinamento dos colaboradores dos centros de responsabilidade que terão atividades no processo orçamentário. Eles somente terão capacidade de realizar suas atividades se forem devidamente treinados para tal. Além disso, alguns centros que não tenham ligação direta com a área financeira provavelmente terão mais dificuldade em realizar suas atividades, principalmente no que se refere ao orçamento de valores. A equipe de orçamento deve identificar essas eventuais deficiências e reforçar o treinamento nos pontos de maior dificuldade, de forma a garantir qualidade nos produtos finais de cada centro.

O treinamento pode ser dividido em três partes: conceitual, processual e instrumental. A parte conceitual diz respeito aos conhecimentos básicos necessários ao pleno entendimento do processo orçamentário. Nessa etapa, a equipe que está realizando o treinamento deve destacar os conceitos relacionados a um orçamento empresarial, a fim de que todos compreendam os objetivos, as necessidades informacionais e o contexto organizacional no qual é realizado. Assim, haverá um alinhamento de conhecimentos por parte de todos os envolvidos, facilitando a comunicação e execução posteriores.

A segunda etapa objetiva apresentar os processos necessários para executar o orçamento na empresa. Essa etapa também tem a finalidade de apresentar, de maneira direta, o cronograma de atividades concebido para o próximo ciclo orçamentário. Com isso, os participantes podem trazer para a prática, de forma mais consistente, os conceitos demonstrados na etapa anterior do treinamento.

A última etapa sugerida para o treinamento consiste em apresentar os instrumentos que serão utilizados para realizar as atividades da execução orçamentária. É fundamental que os participantes conheçam e estejam confortáveis no uso de todos os instrumentos necessários à execução orçamentária. Tais instrumentos podem ser formulários de coleta de dados, planilhas eletrônicas e até mesmo o sistema informatizado em uso. Sempre que possível, é interessante providenciar manuais para esses instrumentos, de maneira que os usuários possam consultá-los no momento do uso.

Uma importante atribuição da equipe de orçamento é dar suporte às atividades dos centros de responsabilidade. O principal produto final dessas áreas é a projeção dos valores orçamentários. Portanto, a equipe de orçamento deve dar suporte à projeção dos valores por parte desses centros, principalmente se elas não detêm grande conhecimento prático para realizar tais estimativas.

Uma sugestão que pode ser seguida é a estruturação de uma equipe de suporte aos centros de responsabilidade, na forma de um *help desk*. Essa equipe ficará à disposição das áreas para tirar dúvidas e auxiliar no estabelecimento dos valores por meio de telefone, correio eletrônico, sistemas de mensagem instantânea ou outras formas de comunicação interna.

A equipe responsável pelo orçamento também deve acompanhar a execução orçamentária. Ela é responsável por monitorar os resultados e verificar se os fluxos de caixa estão sendo realizados dentro do que foi projetado. Além disso, deve fornecer informações à administração superior, quando solicitado, e deve verificar o funcionamento dos sistemas informatizados, tomando as devidas providências quando eventuais problemas surgirem.

O acompanhamento da execução orçamentária também envolve eventuais bloqueios de desembolsos. Eles podem surgir quando o desembolso com alguma conta é extrapolado, sendo instrumentos por meio dos quais se busca realizar os fluxos de caixa dentro dos limites orçamentários determinados. Nesses casos, para evitar possíveis resultados negativos, os excessos devem ser evitados utilizando bloqueios.

Como decorrência do acompanhamento da execução orçamentária, uma das funções da equipe de orçamento é realizar revisões sobre os valores orçados. Sob algumas circunstâncias, os valores inicialmente projetados podem se mostrar inadequados quando iniciar a execução orçamentária. Nesses casos, talvez seja imperativa uma revisão dos valores orçados, a fim de permitir que os fluxos de caixa sejam realizados.

Outra possibilidade é realizar remanejamentos das contas orçamentárias. Talvez o comportamento de uma conta orçamentária evidencie que o valor orçado para ela não será completamente realizado. Por outro lado, os valores realizados para outra conta orçamentária podem sugerir que seu valor projetado não será suficiente para sua real necessidade. Nesse caso, uma das contas foi superdimensionada, e a outra, subdimensionada. Uma solução que pode ser encaminhada pela equipe de orçamento é transferir saldo orçamentário da conta superavaliada para a subavaliada, permitindo, dessa forma, uma acomodação mais adequada e realista das movimentações financeiras.

Tanto o remanejamento quanto a revisão orçamentária são atribuições da equipe de orçamento. No entanto, tais alterações ao orçamento normalmente devem respeitar algum limite de alçada. Caso a equipe de orçamento não tenha esse limite ou caso ele tenha sido ultrapassado, os ajustes orçamentários deverão ser autorizados por um nível organizacional superior (comitê orçamentário ou alta administração).

Por fim, outra função da equipe de orçamento é analisar os resultados financeiros alcançados, comparando-os com os resultados projetados. Em princípio, não se deve ter uma expectativa realista de que os fluxos de caixa projetados serão exatamente iguais aos realizados. Em função de circunstâncias inesperadas e/ou de fatos novos, os fluxos de caixa realizados podem diferir do que foi projetado. O que se espera de uma boa projeção é que os valores realizados não sejam muito diferentes dos projetados. Quando há uma divergência acentuada, em tese, o processo de previsão não conseguiu captar todas as informações que impactam o fluxo de caixa, acarretando diferença. Uma das preocupações centrais da elaboração do orçamento é justamente assegurar todos os esforços para fazer uma projeção dos fluxos de caixa que se mostre próxima da sua realização.

Em todo caso, a fim de verificar a qualidade da projeção e permitir decisões tais quais as de revisão e/ou remanejamento, é fundamental que a equipe de orçamento faça comparações entre os valores realizados e os orçados.

3.3.6 VERIFICAR A ADEQUAÇÃO DOS PROCESSOS ORGANIZACIONAIS

Tanto a concepção quanto a execução do orçamento não são possíveis somente com treinamento e sistemas informatizados específicos. Tão importante quanto esses dois elementos, é a adequação organizacional para permitir que as atividades do orçamento tenham efeito.

Inicialmente, dentro do cronograma periódico de atividades da empresa, é fundamental que as atividades do ciclo orçamentário sejam formalmente inseridas. Afinal de contas, o orçamento não só influencia como também depende fortemente das demais atividades da empresa. Portanto, se a empresa negligenciar a formalização das atividades do orçamento no calendário institucional, possivelmente haverá algum prejuízo em sua execução.

Além disso, os colaboradores devem perceber que as atividades operacionais dos seus departamentos necessitam respaldo financeiro no orçamento. Sendo assim, os processos administrativos e produtivos devem ter interface com as limitações orçamentárias, principalmente nas ações de verificação de saldo para que as contas orçamentárias sejam realizadas.

3.3.7 DEFINIR O SISTEMA INFORMATIZADO

Dada a típica complexidade do processo orçamentário, principalmente em grandes empresas, há uma clara necessidade de utilizar sistemas informatizados para permitir a sua condução. Atualmente, não se concebe um processo orçamentário conduzido sem o auxílio da tecnologia de informação, seja na etapa de planejamento até na de reajustes orçamentários.

Em primeiro lugar, idealmente, o sistema deve ser aderente aos processos definidos pela empresa. Se ele não for compatível com os processos orçamentários ou não os contemplar completamente, parte deles deverá ser realizada fora do sistema, o que, certamente, conduzirá a inconsistências e ineficiências operacionais. Desse modo, ao escolher um sistema informatizado, deve-se evitar que informações, projeções ou controles sejam feitos e registrados fora dele.

De maneira a maximizar os resultados esperados, o sistema informatizado de orçamento deve ser integrado aos demais sistemas da empresa, sobretudo ao ERP (*enterprise resource planning* ou sistema de gestão integrado). Principalmente no controle orçamentário, a integração é fundamental a fim de, por exemplo, bloquear compras indevidas ou que superem o limite orçamentário para o departamento em determinado período.

Em função dessa desejada integração, o processo de controle orçamentário deve ocorrer, na maior parte do tempo, de modo transparente para o usuário. Quando ele realizar alguma função no sistema de gestão integrado e essa função tiver impacto financeiro, se o sistema de orçamento for integrado ao de gestão, internamente as análises sobre os limites orçamentários serão conduzidas sem que o usuário perceba.

A exceção a esse funcionamento despercebido ocorre quando a conta orçamentária extrapolar seu saldo remanescente para aquele período, o que induzirá o sistema a emitir um aviso ou, até mesmo, a bloquear a movimentação financeira. A verificação de eventuais ultrapassagens de limites orçamentários não seria viável se, para cada operação que implica movimentação financeira, fosse necessária a comparação manual com o saldo orçamentário disponível.

A responsabilidade maior de definir o sistema informatizado é, normalmente, da equipe de orçamento. Os aspectos de aderência ao processo orçamentário concebido e a qualidade das informações geradas são pontos de avaliação relevantes.

No entanto, caso seus colaboradores não tenham conhecimentos técnicos muito aprofundados sobre tecnologia de informação, sugere-se que busquem auxílio na área de informática, detentora de conhecimentos adequados sobre as integrações possíveis com os demais sistemas. Nesses casos, há uma possível indicação de formação de uma equipe multidisciplinar para verificação das alternativas de sistemas informatizados.

Uma decorrência direta do uso de um sistema informatizado, que não deve ser menosprezada, é a necessidade de treinamento. Os centros de responsabilidade, que deverão usar o sistema, precisam ser treinados adequadamente no seu uso, a fim de evitar contratempos ao longo do período de execução orçamentária.

3.3.8 DEFINIR OS MEIOS DE COMUNICAÇÃO

No decorrer dos itens anteriores, deve ter ficado clara a importância da comunicação interna no processo orçamentário. Em primeiro lugar, é fundamental comunicar a importância do orçamento para a empresa. Se possível, tal comunicação deve vir dos níveis hierárquicos mais altos, sinalizando a relevância do orçamento e o comprometimento do alto escalão.

Em seguida, os objetivos e metas organizacionais devem ser comunicados. Para que os centros de responsabilidade consigam elaborar seus orçamentos, é fundamental que eles tenham direcionamentos baseados nas metas da empresa. Em adição, isso permite que as áreas percebam de maneira clara sua importância no atingimento das metas.

Finalmente, comunicar os resultados alcançados é relevante no processo orçamentário. Os centros de responsabilidade devem ter um *feedback* sobre seus resultados, tenham sido eles positivos ou negativos. A partir disso, eles podem melhorar o processo de projeção para os ciclos orçamentários seguintes.

Portanto, deve ser estabelecida uma forma eficaz da alta administração comunicar-se com todos os níveis da empresa, permitindo a comunicação da equipe de orçamento com os centros de responsabilidade. Atualmente, há várias formas de comunicação ancoradas em tecnologia de informação e de comunicação. Correio eletrônico, sistemas de comunicação instantânea e uso de *smartphones* fazem parte de um amplo leque de tecnologias que agilizam a transmissão de informações. Além de a comunicação ser praticamente instantânea com a utilização dessas tecnologias, seu custo mostra-se cada vez mais acessível.

3.4 ESTABELECIMENTO DE PREMISSAS

Como o principal produto final do planejamento orçamentário é uma projeção dos valores das contas orçamentárias para o período desejado, é essencial que sejam estabelecidas premissas sobre as quais esses valores serão estimados. A função principal de seu estabelecimento é orientar as estimativas dos valores previstos. Ainda, a elaboração de premissas permite que todas as áreas de responsabilidade suportem suas projeções em uma base única e uniforme, reduzindo a possibilidade de valores projetados muito destoantes dos realizados.

Naturalmente, o próprio estabelecimento de premissas é uma atividade que incorpora certo nível de incerteza. Além de nem todas as variáveis, objeto de estabelecimento de premissas, serem influenciadas diretamente pela empresa, o alinhamento das expectativas sobre o comportamento de algumas variáveis pode variar entre os próprios responsáveis por estimá-las. Em função disso, possivelmente, haverá necessidade de um processo contínuo de refinamento das premissas até que se chegue a um consenso ou o mais próximo disso.

Sendo assim, o estabelecimento das premissas pode demandar várias rodadas de discussão para chegar a um ponto suficientemente convergente. Uma técnica que pode ser usada com esse intuito é o método Delphi.

A execução desse método requer a participação de um moderador que conduzirá o processo e de especialistas em áreas do conhecimento pertinentes ao assunto, a fim de conferir uma visão multidisciplinar ao processo. O método Delphi consiste em o moderador perguntar a especialistas questões relevantes sobre os pontos investigados, podendo empregar questionários ou até mesmo perguntas diretamente formuladas. No caso específico do orçamento, tais questões se referem às variáveis que influenciam o comportamento das contas orçamentárias a serem projetadas. Uma vez que os especialistas tenham respondido às questões, o moderador as consolida e as respostas obtidas são disponibilizadas aos especialistas. Em seguida, uma nova rodada de respostas às questões é iniciada pelo moderador, tomando por base as anteriores e gerando novas informações. Esse processo de retroalimentação de informações e novos questionamentos se repete até que se chegue a um ponto considerado suficientemente consensual entre os especialistas.

A ideia é refinar as respostas com mais informações, até que se estabeleça uma visão relativamente alinhada entre os especialistas do que se espera para o futuro. Ainda que não se crie um cenário plenamente alinhado entre todos os especialistas, em tese, esse processo recursivo de apuração das expectativas gera premissas mais consistentes.

De modo geral, as premissas básicas e os cenários para o ano seguinte serão definidos no âmbito da alta direção ou sob sua supervisão, em consonância com o planejamento estratégico. Elas devem ser divulgadas aos executores das atividades orçamentárias (centros de responsabilidade), de maneira a permitir um alinhamento entre a estratégia e o orçamento. Para permitir tal comunicação, é sugerida a elaboração de um documento que contenha as premissas. Evidentemente, esse documento deve ser divulgado antes que o processo de projeção dos valores seja iniciado. Nele, podem constar elementos tais como os listados no quadro a seguir.

QUADRO 12 - ELEMENTOS E PREMISSAS PARA FUNDAMENTAR AS PROJEÇÕES FINANCEIRAS

- Orçamento realizado dos períodos anteriores
- Indicadores financeiros sobre os orçamentos anteriores
- Metas e objetivos organizacionais
- Premissas relacionadas às receitas operacionais
- Premissas relacionadas aos desembolsos operacionais
- Premissas relacionadas às atividades de investimentos
- Premissas relacionadas às atividades de financiamentos

Todos esses pontos têm o objetivo de auxiliar os centros de responsabilidade na elaboração dos seus orçamentos. Eles oferecem um direcionamento para que sejam orçadas as contas dentro das possibilidades da empresa.

Disponibilizar o fluxo de caixa realizado do(s) período(s) anterior(es), por conta orçamentária, é importante para permitir que os gestores saibam o que foi executado (se já não souberem por outros meios, como relatórios do sistema de informações gerenciais). Sob certas circunstâncias, esses dados históricos podem servir de base para o próximo período orçamentário. Se houver uma suposição com razoável grau de confiabilidade de que o comportamento passado é um bom indicador do comportamento futuro de algumas contas orçamentárias, esse histórico tem um conteúdo informacional muito importante.

Uma forma interessante de apresentar esses dados aos colaboradores responsáveis pela previsão dos dados é usar uma planilha como a apresentada no quadro a seguir.

QUADRO 13 - DADOS HISTÓRICOS DE CONTAS ORÇAMENTÁRIAS

Conta Orçamentária	Jan	Fev	Mar	...	Dez	Total	Média	Desvio-padrão

Essa planilha apresenta os valores realizados de cada conta orçamentária em uma linha específica. A primeira coluna mostra a identificação da conta orçamentária. As colunas Jan até Dez mostram os valores realizados a cada mês (essa periodicidade pode ser alterada de acordo com as características do orçamento e/ou as necessidades de informação). As colunas Total e Média apresentam respectivamente a soma e a média de cada conta orçamentária. A última coluna mostra o desvio-padrão de cada conta, no intuito de evidenciar o quão relevante é a média para representar a conta.

Sobre essa última variável, é fundamental tecer alguns comentários. O desvio-padrão é uma variável estatística que evidencia a dispersão dos valores de uma série em relação ao valor médio. Quanto maior a dispersão, menos representativa desses valores é a média. Isso ocorre porque um alto desvio-padrão sugere valores muito distantes da média, tanto com valores menores quanto maiores. Um desvio-padrão menor sugere que os valores que compõem a série são mais próximos da média, e essa, portanto, representa melhor a conta orçamentária. Nesse último caso, a média pode ser usada como valor base para as projeções (com ajustes a serem comentados posteriormente).

Outro importante motivo para o cálculo do desvio-padrão é na hipótese de a projeção ser realizada utilizando métodos probabilísticos em vez de métodos determinísticos. Os métodos probabilísticos usam distribuições de probabilidade para representar as variáveis (contas orçamentárias, no caso) a serem projetadas em vez de valores estáticos. Nessa circunstância, não somente o desvio-padrão pode ser requerido. A depender da distribuição de probabilidade que melhor expressa o comportamento da variável, outras medidas podem ser necessárias. Todavia, espera-se que a distribuição normal, representada pela média e pelo desvio-padrão apresentados no quadro sugerido, seja adequada à maioria dos casos, motivo pelo qual tais variáveis foram incorporadas à planilha. Em uma situação mais apurada, sugere-se que os valores históricos sejam apresentados juntamente a uma indicação de distribuição de probabilidade mais aderente e os parâmetros que melhor a represente. Assim, essas informações poderão subsidiar mais adequadamente os valores a serem projetados.

Outro ponto importante da apresentação dos valores históricos por meio dessa planilha é a identificação de eventuais comportamentos sazonais ou atípicos das contas. Várias contas orçamentárias podem ter comportamentos que variam em função do período do ano, e a sua visualização ao longo do ano pode evidenciar tais flutuações. O décimo terceiro salário, por exemplo, tem um comportamento bem específico. Sua realização normalmente ocorre em dois períodos do ano (novembro e dezembro). Assim, não é razoável projetar esses fluxos de caixa de maneira uniforme ao longo do ano, uma vez que seus impactos financeiros (e consequentemente impactos nos resultados) se darão nos meses de sua realização. Outro exemplo é o próprio comportamento das receitas operacionais. Em certos segmentos, como o varejista, o período do ano pode impactar fortemente as receitas, principalmente em função de datas comemorativas (Dia das Mães, Dia dos Namorados, Dia das Crianças, Natal etc.).

Não obstante, a apresentação de valores históricos mediante gráficos também pode favorecer a observação da sazonalidade. Entretanto, é importante registrar que o emprego de dados numéricos pode evitar alguma conclusão inadequada, dada uma eventual percepção distorcida que o analista pode ter unicamente por meio de gráficos. Dependendo do formato ou do dimensionamento que se dê ao gráfico, diferentes conclusões podem ser tomadas e, por isso, o uso do gráfico deve ser feito com certo cuidado.

A disponibilização desses dados históricos, no entanto, não é consenso. Algumas linhas de estudo sobre orçamento argumentam que, ao basear as projeções em dados históricos, seus produtos finais podem ser influenciados por contextos passados, não mais válidos para o futuro. Ademais, conforme argumentam os defensores dessa posição, o uso de dados históricos pode favorecer um relaxamento no esforço de refletir sobre as reais necessidades futuras da empresa, uma vez que a atividade pode ser reduzida a apenas efetuar reajustes sobre os valores históricos, favorecendo projeções menos apuradas.

Esse posicionamento é associado diretamente ao chamado orçamento base zero (OBZ). Tal maneira de realizar o orçamento consiste em desconsiderar os dados históricos na projeção dos valores orçados para o próximo exercício orçamentário. Assim, os colaboradores farão a projeção, justificando completamente os fluxos de caixa, sem considerar os fluxos de caixa realizados no passado.

A estimativa dos fluxos de caixa se dá em função da descrição detalhada das atividades cujas execuções serão necessárias no futuro. Certamente, cada atividade exercida na empresa consome recursos financeiros e/ou gera fluxos de caixa. A fim de permitir essa análise, cada atividade dessas é apresentada juntamente com sua descrição, seus objetivos, os impactos da não execução e os fluxos de caixa decorrentes (positivos e/ou negativos). Com base nessas atividades, os orçamentos são montados.

Considerando a utilização de dados históricos, é pertinente apresentar os indicadores financeiros calculados sobre os orçamentos realizados anteriormente. Caso tais indicadores sejam apresentados no documento de premissas, as projeções podem ser elaboradas tomando por base a melhoria dos indicadores no próximo exercício orçamentário.

No documento, é essencial que se apresentem as metas estabelecidas para a empresa. Com a informação dessas metas, as unidades poderão elaborar as projeções em consonância com aquelas, evitando que os resultados estimados sejam muito divergentes do que se pretende. Além disso, a divulgação das metas permite que elas sejam utilizadas eventualmente como critério de recompensa, caso elas sejam atendidas.

Alguns centros de responsabilidade terão que estimar as receitas operacionais da empresa. Possivelmente, tal atribuição seja encaminhada para as áreas comercial e/ou de marketing da empresa. O estabelecimento de premissas associadas às receitas operacionais é fundamental para subsidiar essa projeção. Imagine, por exemplo, que a empresa industrialize e comercialize bens cuja demanda sugere relação direta com o nível de renda da população. Se assim for, é importante que o documento faça uma avaliação sobre o que se espera do nível de renda da população para que, com tal informação, a receita operacional seja estimada. Se, em outro exemplo, a empresa é exportadora, muito provavelmente seu desempenho comercial (entenda-se nível de receita operacional) será afetado pela taxa de câmbio. Uma valorização da moeda nacional pode comprometer a competitividade das exportações, ao passo que sua desvalorização tem efeito contrário. Portanto, levantar premissas sobre o câmbio, nesse caso, é fundamental para permitir a estimativa das receitas operacionais.

Com o objetivo de projetar os desembolsos operacionais, também é necessário o estabelecimento de premissas pertinentes ao comportamento deles. Se, por exemplo, a empresa necessita importar insumos produtivos ou tenha algumas despesas operacionais que sejam de alguma forma baseadas em moeda estrangeira, é fundamental levantar premissas em relação à taxa de câmbio.

Nesse contexto, é igualmente importante levantar estimativas sobre os indicadores de reajuste dos itens de desembolso operacional. Não é factível supor que tais desembolsos se mantenham inalterados ao longo do tempo. Muito provavelmente, eles estão sujeitos a aumentos de preços e, para permitir sua previsão, devem ser levantadas premissas sobre o comportamento dos seus reajustes esperados.

Para a maioria das contas operacionais, espera-se que algum indicador de inflação possa ser utilizado para exprimir as expectativas de reajuste. Algumas contas, no entanto, podem ter premissas específicas para o seu comportamento. Aluguel, por exemplo, geralmente é baseado na variação de um indicador determinado no contrato de locação. Os salários normalmente são baseados no salário-mínimo ou em acordos coletivos da classe laboral. Assim, é fundamental que sejam estimadas premissas sobre o comportamento esperado de indicadores de inflação e de indicadores que servem de reajustes contratuais para aquisições de serviços ou produtos.

A fim de estabelecer tais premissas, podem ser usadas informações passadas. Se, por exemplo, uma conta de desembolso operacional for reajustada com base no IGPM (Índice Geral de Preços do Mercado, calculado pela Fundação Getulio Vargas), uma forma de estimá-lo para permitir a projeção dessa conta é analisar seus comportamentos históricos. É possível calcular a média da variação desse índice ao longo de alguns períodos passados e utilizar esse valor para estimar a variação esperada no futuro.

Naturalmente, tal método implica decidir os períodos de tempo que serão usados para calcular a média. Um período muito curto talvez não permita um valor representativo, negligenciando informações importantes. Já um período muito longo talvez incorpore valores históricos não pertinentes à circunstância atual e, portanto, não devendo compor o valor para ser usado no futuro. Por si só, essa definição é muito importante.

Esse método também implica admitir que o comportamento passado do índice será repetido no futuro. Em outras palavras, espera-se que as circunstâncias se mantenham inalteradas, permitindo adotar a hipótese de continuidade sem sobressaltos. Evidentemente, nem sempre o comportamento passado prediz completamente o comportamento futuro da variável. Eventuais circunstâncias futuras podem fazer com que a expectativa de extrapolação do passado para o futuro não seja plena, sugerindo que outros fatores devam ser incorporados.

Uma fonte de dados para esse estabelecimento é consultar relatórios de órgãos oficiais do governo, de empresas de consultoria econômica ou de instituições financeiras. Alguns órgãos do governo podem elaborar relatórios oficiais de expectativas de inflação e de outras variáveis econômicas que afetem os fluxos de caixa operacionais da empresa. Consultorias econômicas e instituições financeiras também elaboram cenários futuros, como parte de suas atividades, os quais podem ser adquiridos pelos clientes. Não obstante, a própria empresa pode ter um setor responsável por elaborar análises econômicas. Ele pode ficar responsável pelo levantamento de premissas para balizar a elaboração do orçamento.

Os investimentos previstos na empresa certamente devem ter espaço no orçamento, considerando que consumirão recursos financeiros – normalmente vultosos. Logo, é fundamental que também sejam estabelecidas premissas sobre as quais as alocações de recursos para investimentos sejam feitas. Como exemplos de tais premissas, podem ser citadas: necessidade de aumento da capacidade produtiva, ampliação da área geográfica de atuação, criação de novos produtos/serviços, modernização do processo produtivo, substituição de bens de capital, entre outros.

Ressalta-se que muitos dos investimentos previstos na empresa decorrem de expectativas mercadológicas. Ao perceber oportunidades mercadológicas, pode haver uma indicação de investimentos para seu aproveitamento. Ao perceber ameaças, motivadas possivelmente pela ação de concorrentes, isso pode indicar a necessidade de realizar investimentos para defender-se delas. De toda forma, a indicação dos investimentos possivelmente estará explicitada no planejamento estratégico da empresa.

A última parte sugerida para compor o documento de premissas refere-se aos financiamentos necessários para incorporar ativos fixos e permitir o funcionamento da empresa durante o período orçamentário. Caso haja necessidade de financiamento adicional, utilizando fontes de recursos próprios e/ou de terceiros, é importante que sejam fornecidos direcionamentos a essas decisões.

As premissas poderiam apresentar informações como linhas de financiamento disponíveis, juntamente das suas condições de crédito (taxas de juros, método de amortização, prazo de carência, prazo de amortização e garantias). Também poderia apresentar circunstâncias e condições de financiamento com capital próprio.

Especificamente em relação a esses dois últimos tópicos (investimentos e financiamentos), nem todos os centros de responsabilidade terão que orçar fluxos de caixa pertinentes a eles. Possivelmente, centros de responsabilidade específicos terão tal atribuição.

Aqui, cabe registrar que a estrutura proposta desse documento pode sofrer alterações de acordo com a empresa. Diferentes empresas, com atividades diversas e, consequentemente, estruturas de fluxo de caixa específicas, podem requerer outros tipos de informação. Como comentado anteriormente, a empresa pode inclusive decidir que os dados do passado não são relevantes no documento.

Além disso, algumas premissas são específicas de determinadas unidades. As premissas de receitas são específicas para os centros de responsabilidade que têm influência sobre elas, por exemplo. Nesse caso, elas poderiam não ser informadas aos demais centros. Portanto, o documento recebido por centro de responsabilidade pode variar conforme suas atribuições individuais.

Por fim, percebe-se que o orçamento requer o estabelecimento de premissas e metas alinhadas aos objetivos do planejamento estratégico. Por um lado, metas inalcançáveis podem desmotivar a equipe. Por outro, metas muito conservadoras não incitam a melhora e a busca pela superação. Sendo assim, elas devem ser estabelecidas de uma forma realista e factível. Metas realistas são aquelas que, de fato, podem ser alcançadas pela empresa, considerando todas as restrições existentes.

As restrições ao atingimento de determinadas metas são de muitas naturezas. Podem ser citadas as restrições ambientais, quando a empresa depende de outras partes externas para conseguir seus objetivos. Há ainda as restrições financeiras, ligadas à capacidade de financiamento para adquirir os recursos necessários. Também podem ser citadas restrições tecnológicas, que impedem, por exemplo, alcançar maior nível de produtividade. Ademais, não podem ser negligenciadas restrições jurídicas, que podem limitar a amplitude de ação dos gestores.

Isso não impede, em contrapartida, que as metas e as premissas sejam desafiadoras. Na realidade, estabelecer metas um pouco ousadas pode ter um efeito benéfico na medida em que incentiva o esforço por parte dos colaboradores e exige deles uma melhor atuação.

3.5 COLETA DE DADOS

Uma vez estabelecido todo o planejamento envolvendo o processo orçamentário e definidas as premissas para orientar as projeções por parte das unidades, parte-se para a etapa de coleta de dados junto aos respectivos centros de responsabilidade.

Cada um desses centros deverá fazer a projeção das contas orçamentárias sob sua gerência. Justifica-se isso pelo maior conhecimento sobre os comportamentos históricos dessas contas e das suas necessidades futuras. À equipe responsável pelo orçamento, nessa etapa, cabe atuar como consultores do processo de previsão dos valores orçamentários, auxiliando os centros de responsabilidade, a fim de que o produto final tenha a melhor qualidade possível.

É fundamental para o sucesso dessa etapa que os centros de responsabilidade recebam capacitação adequada. Dentro da perspectiva anterior de treinamento, na qual foram sugeridas três etapas (conceitual, processos adotados e instrumentos), podem ser contemplados três tópicos específicos para a coleta dos dados.

O primeiro tópico é sobre a ferramenta de coleta dos dados projetados. Saber utilizá-la adequadamente, seja ela integrada ou não ao sistema informatizado, é essencial para sua execução. Como muitos colaboradores terão que realizar essa tarefa, deve-se assegurar que todos compreendam e saibam usar a ferramenta.

O segundo tópico é sobre os processos orçamentários. Além de ser essencial explicar os motivos e benefícios de um orçamento, torna-se premente a explicação de todo o processo e da relevância de cada participante para o pleno sucesso do esforço. Podem ser usados, por exemplo, fluxogramas para explicar as etapas detalhadas do processo e gráficos de Gantt para mostrar o cronograma de atividades ao longo do horizonte temporal definido.

O último tópico é mais técnico, voltado para capacitar os centros de responsabilidade para projetar as contas orçamentárias. Imagine, por exemplo, o departamento jurídico de uma organização tendo que projetar suas contas orçamentárias. O colaborador que deverá fazer essa projeção, provavelmente, tem uma formação jurídica, a qual não contempla técnicas de análise de dados históricos e projeção de fluxos de caixa. Portanto, a equipe de orçamento deve prover o treinamento adequado para que ele (e os demais na empresa) possa fazer essa atividade adequadamente e dentro das premissas estabelecidas.

Cabe ressaltar que a qualidade dos dados projetados é fundamental para o orçamento. Conforme explicitado anteriormente, valores projetados muito distantes dos realizados sugerem um processo orçamentário falho em algum ponto. Espera-se que os valores projetados sejam os mais próximos possíveis da realidade. A fim de garantir tal proximidade, é relevante o efetivo acompanhamento da equipe de orçamento nos centros de responsabilidade durante esse processo.

3.6 CONSOLIDAÇÃO DOS DADOS

Após o recebimento dos valores orçados de cada centro de responsabilidade, a equipe de orçamento deverá consolidá-los e criticá-los. Com isso, os dados isolados serão agregados e um primeiro esboço do orçamento global será gerado.

Nesse momento, a equipe de orçamento pode detectar eventuais discrepâncias nos valores projetados por centro de responsabilidade. Sendo assim, deverá ser realizada uma avaliação crítica, cujo objetivo é adequar os valores projetados às prioridades da empresa, listadas no seu planejamento estratégico.

Podem ser detectados, dentre outros, contas orçadas sem as atualizações esperadas, valores de pessoal incompatíveis com a quantidade de colaboradores do setor e falta de projeção de contas historicamente observadas para o centro. Nesses casos, a equipe de orçamento pode reconduzir a projeção para o centro responsável, apontando os possíveis problemas e solicitando reconsiderações antes de prosseguir para os próximos passos. Uma sugestão para esses passos é listada no quadro a seguir.

QUADRO 14 - ETAPAS PARA CONSOLIDAÇÃO DO ORÇAMENTO

A equipe de orçamento gera as planilhas que permitem a visualização da projeção para o período orçamentário seguinte, por centro de responsabilidade e de maneira consolidada

A equipe de orçamento elabora análises por meio de indicadores financeiros com os dados consolidados

A equipe de orçamento apresenta o fluxo de caixa projetado à alta administração (ou ao comitê orçamentário)

A alta administração (ou o comitê orçamentário) discute as informações disponíveis e, se necessário, sugere alterações

Caso haja necessidade de alteração em alguns orçamentos, esses são reencaminhados aos respectivos centros de responsabilidade para executarem os ajustes necessários e serem reenviados à equipe de orçamento para nova avaliação

A alta administração (ou o comitê orçamentário) aprova versão definitiva do orçamento

Os passos quatro e cinco podem ter recursividade até que se chegue a uma aprovação definitiva por parte da alta administração ou do comitê orçamentário. Não raro, são necessárias algumas iterações, pois cada uma delas pode impactar diferentes partes do fluxo de caixa, requerendo uma nova rodada de alteração.

Evidentemente, essas iterações, quando muito intensas, podem comprometer o cronograma estabelecido. Cada indicação de alteração requer um fluxo de informações substancial, além de envolver muitos colaboradores, a fim de que a projeção seja ajustada. Por outro lado, esses passos não podem ser negligenciados ou descartados, sob pena de ser gerada uma projeção orçamentária destoante da realidade ao longo da execução orçamentária. O ideal é executar tais reavaliações sem prejuízo do cronograma e com o intuito de fazer a projeção com a melhor qualidade possível.

3.7 EXECUÇÃO ORÇAMENTÁRIA

Após a aprovação do orçamento, pode-se partir para a execução das atividades que culminarão com a realização do orçamento ao longo do horizonte temporal estabelecido. Os centros de responsabilidade executarão suas atividades operacionais normalmente, e os fluxos de caixa realizados deverão ser lançados no sistema de controle orçamentário.

A situação ideal é que os valores realizados sejam lançados no sistema de controle orçamentário de maneira automática e transparente, sem que o usuário tenha que executar qualquer comando adicional. Com isso, a execução orçamentária ocorrerá, na maior parte das vezes, de maneira quase imperceptível na empresa (com exceção para a equipe responsável pelo orçamento que fará o seu acompanhamento). Por meio da integração entre os sistemas de gestão da empresa e o de controle orçamentário, a cada operação no sistema que indique alguma movimentação financeira, o sistema de controle orçamentário coleta essa informação para compor o fluxo de caixa realizado. Assim, o fluxo de caixa realizado é automaticamente preenchido, permitindo aos gestores financeiros o acompanhamento da situação de caixa em tempo real, bem como o desempenho de cada área de responsabilidade.

Nesse contexto, é importante verificar se o valor a ser realizado é compatível com o valor projetado pelo centro de responsabilidade. Sua relevância reside na função orçamentária de garantir o respeito aos limites dados no planejamento. Se o planejamento orçamentário não for respeitado, corre-se o risco de os resultados financeiros alcançados não serem satisfatórios.

Imagine, por exemplo, que um setor solicita a aquisição de um novo computador. Caso tenha sido feita a previsão orçamentária na etapa de planejamento e ainda haja saldo disponível na conta orçamentária específica para o setor naquele período, então a aquisição poderá ser realizada, seguindo normalmente os trâmites internos da empresa. No entanto, caso o saldo para essa conta orçamentária não seja suficiente para permitir a aquisição, então a previsão não foi adequada a essa necessidade. Se a empresa fizer tal aquisição, os resultados previstos não serão realizados conforme a expectativa inicial, sendo piores do que o previsto (mantidas as demais contas inalteradas).

Uma prática que pode ser empregada para garantir o respeito ao orçamento é o uso de bloqueios. Se determinado centro de responsabilidade, durante a execução de suas atividades, tentar realizar um desembolso financeiro que ultrapasse o valor orçado para ele, naquela conta orçamentária e naquele período, o sistema pode informar que essa ação ultrapassa o saldo orçamentário disponível, não permitindo sua concretização. Nesse exemplo, o usuário não poderá dar continuidade à ação que gera esse desembolso, pois o sistema a bloqueia.

Uma forma alternativa de implementar os bloqueios é fazê-los não necessariamente quando determinada conta está sendo quitada. Os bloqueios podem surgir quando do lançamento do movimento, ainda que não seja quitada nesse mesmo momento. Se um desembolso for lançado com vencimento em determinada data na qual o saldo orçamentário disponível já esteja comprometido, não havendo saldo remanescente suficiente para honrá-lo, nesse momento, o sistema já pode acusar essa situação, bloqueando a continuidade do seu cadastro.

Essa antecipação tem a vantagem de evitar bloqueios após o movimento já ter sido comprometido e muitas vezes assumido junto a fornecedores e/ou prestadores de serviços. Quando tal situação ocorre, normalmente há a necessidade de fazer algum remanejamento orçamentário, a fim de acomodar o desembolso. Ao realizar o bloqueio com antecedência, a necessidade de remanejamentos diminui.

Uma abordagem menos drástica seria não adotar o bloqueio da ação, com a forma alternativa de somente mostrar alertas de extrapolação do orçamento. No momento do cadastro ou pagamento do desembolso que ultrapassasse o limite orçamentário, um alerta seria mostrado, requerendo opcionalmente uma senha e justificativa de um superior para que a ação seja autorizada.

Cabe destacar um ponto em relação ao saldo disponível para ser utilizado na conta orçamentária. Admita, para fins de exemplo, que em um mês, em um centro de responsabilidade, o desembolso realizado da conta "material de expediente" tenha sido abaixo do orçado. No mês seguinte, ao realizar aquisições classificadas nessa conta, o valor da compra excede o saldo disponível. A empresa pode adotar uma de duas alternativas para considerar o saldo disponível a ser usado. A primeira é desprezar a realização dos períodos anteriores, no que se refere a eventuais saldos não utilizados. Se nos períodos anteriores, a conta foi realizada abaixo do projetado, o saldo remanescente não poderá ser usado em períodos posteriores. Em outras palavras, o centro de responsabilidade perde o direito de usar os recursos, ainda que não os tenha usado anteriormente. A segunda situação é permitir que saldos remanescentes do passado possam ser utilizados posteriormente. Nesse caso, os centros de responsabilidade podem usufruir de saldos não utilizados anteriormente.

Na primeira situação, supondo que o prazo do orçamento seja para um ano e que a cada mês seja realizada uma análise parcial, o controle é realizado de maneira mensal, sem permitir que saldos não utilizados sejam transferidos para os meses seguintes. Na segunda situação, o controle também é mensal, mas com eventuais saldos remanescentes dos meses anteriores. Em uma situação limite, ainda que pouco provável, o centro de responsabilidade poderia executar toda a realização das contas orçamentárias no último mês do ano, caso não tivesse realizado movimentos financeiros nos meses precedentes. Em ambos os casos, espera-se, de modo geral, que os saldos remanescentes das contas orçamentárias não sejam transferidos para o próximo exercício orçamentário.

Além dessas atividades, a execução orçamentária também deve permitir análises sobre os resultados realizados. Entre outras, podem ser citadas as análises horizontal e vertical, o cálculo da lucratividade e a determinação do ponto de equilíbrio, cujas explicações serão feitas mais adiante.

3.8 REVISÃO ORÇAMENTÁRIA

A capacidade de a empresa prever todas as situações que impactam seus resultados é limitada. Afinal, esses resultados dependem de inúmeros fatores, internos e externos, cujos desdobramentos não são completamente previsíveis. Sendo assim, o processo orçamentário não deve ser realizado de forma estritamente rígida, sem margem de alterações no fluxo de caixa projetado em decorrência de novas informações e/ou situações. Na realidade, se a empresa não considerar a possibilidade de ajustar suas projeções orçamentárias em decorrência de mudanças internas e/ou externas, há um risco não desprezível de se trabalhar com uma peça orçamentária inadequada às circunstâncias.

Além disso, como já comentado, a empresa não está isolada, sendo parte de um ambiente maior e mantendo relações externas com outras organizações. Nesse ambiente, muitos fatores podem influenciar os resultados, de modo que novos fatos, inicialmente não previstos, possam surgir a qualquer momento, como decorrência de inúmeras variáveis não controláveis pela empresa. À medida que esses fatos novos surgem, é importante que a empresa os perceba e incorpore seus possíveis impactos sobre o orçamento. Isso pode conduzir a revisões orçamentárias que acomodem as novas situações e sugere que o planejamento e a execução orçamentárias devam ser flexíveis de forma a aproveitar oportunidades ou responder a ameaças imprevistas inicialmente, já que mudanças tanto podem melhorar quanto piorar os resultados esperados.

Diante disso, há necessidade de revisões periódicas nos orçamentos projetados. Dessa forma, podem ser estabelecidos períodos específicos para a revisão orçamentária no cronograma orçamentário, nos quais será possível rever as projeções orçamentárias, permitindo a execução e o controle de acordo com as novas circunstâncias e dentro de certos limites de atuação.

Para um orçamento anual, por exemplo, podem ser estabelecidas revisões trimestrais. Sendo assim, ao longo do ano, serão realizadas três revisões: no fim do primeiro, do segundo e do terceiro trimestres. Cada uma dessas revisões permitirá que os trimestres posteriores tenham seus valores alterados, acomodando novos cenários. Essas revisões orçamentárias poderão adotar as etapas elencadas no quadro a seguir.

QUADRO 15 - ETAPAS DA REVISÃO ORÇAMENTÁRIA

Apresentação do resultado realizado do último período
Comparação do orçamento realizado com o projetado do último período
Investigação de causas dos desvios entre o realizado e o projetado

> Revisão das premissas para o restante do período orçamentário
> Revisão dos fluxos de caixa projetados para o restante do período orçamentário
> Aprovação das revisões e/ou remanejamentos pela alta administração ou pelo comitê orçamentário

Ao apresentar o resultado do período anterior, a equipe do orçamento pode calcular os desvios entre os fluxos de caixa realizado e o projetado pelos centros de responsabilidade. Sobre esses desvios, é fundamental investigar suas causas junto às respectivas unidades, com o objetivo de agregar conhecimento sobre o comportamento das suas atividades operacionais e das movimentações financeiras daquelas derivadas. Tal investigação costuma prover informações relevantes que poderão ser usadas nos demais exercícios orçamentários.

Após essa análise, a equipe responsável pelo orçamento pode perceber a necessidade de levantar novas premissas ou alterar algumas existentes. Sob novas circunstâncias, certas premissas levantadas inicialmente podem se mostrar inadequadas e, com isso, devem ser reconfiguradas para o restante do período orçamentário.

Com a modificação de algumas e/ou incorporação de novas premissas, os centros de responsabilidade podem revisar os valores projetados para o restante do período orçamentário. Os respectivos responsáveis em cada centro deverão verificar as mudanças nas premissas que o afetam e eventuais necessidades orçamentárias novas. A partir disso, eles podem submeter alterações orçamentárias à equipe responsável pelo orçamento, acompanhadas das justificativas.

Naturalmente, as revisões feitas pelos centros de responsabilidade devem passar pelo crivo da equipe responsável pelo orçamento, pela alta administração e/ou pelo comitê orçamentário. Deve ficar claro que a equipe de orçamento pode não ter poder decisório sobre algumas alterações orçamentárias, cabendo a ela tão somente coletar as novas projeções. Essa é, não raro, uma atribuição da alta administração ou do comitê orçamentário, a partir dos dados analisados e informados pela equipe de orçamento. Não obstante, em alguns casos, a equipe de orçamento pode ter um limite de alçada para decidir sobre tais alterações, além do qual a responsabilidade é levada para níveis hierárquicos superiores.

A fim de que a alta administração ou o comitê orçamentário avalie plenamente as solicitações de alterações orçamentárias, é fundamental que a equipe responsável pelo orçamento envie uma análise indicando os novos resultados financeiros decorrentes das alterações solicitadas. Dessa forma, o impacto pode ser observado, permitindo uma decisão em melhores condições de informação.

Ainda como parte dessa etapa, são possíveis cortes e remanejamentos orçamentários. Apesar de, muito provavelmente, os centros de responsabilidade não revisarem seus orçamentos para valores menores, limitando a capacidade de desembolso, uma avaliação mais ampla por parte da equipe de orçamento e da alta administração pode evidenciar a necessidade de decisões nesse sentido, de modo a buscar alcançar os resultados desejados.

Os cortes orçamentários decorrem de expectativas menores dos resultados financeiros. Com a finalidade de atingir resultados melhores, alguns cortes nos limites orçamentários podem ser realizados. Tais necessidades de cortes podem ser registradas nos documentos de premissas, de maneira que os centros de responsabilidade façam os ajustes adequados.

Outra possibilidade é fazer remanejamentos orçamentários. Nesse caso, saldos de algumas contas e/ou centros de responsabilidade são remanejados para outras contas e/ou centros. Com isso, a empresa reconhece que algumas contas não consumirão completamente os recursos previstos, ao passo que outras necessitarão mais recursos. Tais remanejamentos, inclusive, podem ser propostos dentro de um mesmo centro de responsabilidade, ao perceber essas inadequações.

Naturalmente, espera-se uma resistência à diminuição de recursos pelos centros de responsabilidade. Porém, tal diminuição pode ser necessária quando observada de um ponto de vista maior do que a perspectiva do próprio centro. Isso posto, a decisão de remanejamentos e cortes deve ser da alçada da diretoria, que detém informações mais completas para subsidiar essa decisão.

Uma última observação a esse respeito é feita em relação à extensão das revisões. Apesar de se perceber a importância das revisões orçamentárias para assegurar a eficácia do processo orçamentário e não o tornar engessado, naturalmente, revisões muito drásticas e recorrentes podem sugerir um processo inadequado de orçamentação das contas. Quando se percebe uma necessidade extremamente recorrente de revisões, inclusive fora dos seus períodos previstos, ou que elas, ainda que pouco frequentes, sejam muito fortes, deve-se atentar para a possibilidade de que a projeção não foi realizada de forma suficientemente apurada.

É possível que essas revisões drásticas sejam decorrência de certa negligência por parte dos setores responsáveis pela projeção. Ao ter certeza de que, nos momentos de revisão orçamentária, as contas sempre serão ajustadas de acordo com as novas necessidades, há uma possibilidade de que os centros responsáveis pelas projeções não tenham um incentivo para elaborar as previsões de maneira mais apurada. Uma vez que não são impostas sanções para revisões acima de determinado patamar, o que as caracterizaria como drásticas, ou não são negados os recursos financeiros adicionais solicitados, determinados colaboradores responsáveis pelas projeções podem fazê-las sem a atenção que deveriam prover.

Por outro lado, caso os centros de responsabilidade tenham parte dos seus desempenhos baseada na qualidade de suas projeções (medida, por exemplo, pela quantidade de revisões necessárias e pela diferença percentual necessária nas revisões – em ambos os casos, quanto menor, melhor), imagina-se que eles dediquem mais esforço para a previsão das contas orçamentárias. Assim, espera-se menos necessidade de revisões tanto em recorrência quanto em valores.

De toda forma, é fundamental que a equipe orçamentária perceba a situação na qual determinados centros de responsabilidade estejam fazendo as projeções sem o devido esmero. Esse comportamento, gerado pela falta de treinamento ou de comprometimento, deve ser evitado para preservar a qualidade das projeções e o atingimento dos objetivos do processo orçamentário.

3.8.1 EXEMPLO DE COMPARAÇÃO ENTRE REALIZADO E PROJETADO

É importante mostrar as diferentes formas de se comparar as contas orçamentárias realizada com a projetada. Tal comparação pode ser feita de maneira absoluta ou percentual.

Admita o exemplo da comparação entre valores projetados e realizados de algumas contas orçamentárias de despesas em um determinado mês, conforme a tabela a seguir:

TABELA 2 - ANÁLISE DO PROJETADO X REALIZADO

Contas	Valores projetados	Valores realizados	Realizado - projetado	Realizado / projetado
Combustível	R$ 400,00	R$ 385,00	(R$ 15,00)	-3,75%
Energia elétrica	R$ 1.500,00	R$ 1.650,00	R$ 150,00	10,00%
Material de expediente	R$ 200,00	R$ 190,00	(R$ 10,00)	-5,00%
Material de limpeza	R$ 150,00	R$ 170,00	R$ 20,00	13,33%
Manutenção do sistema informatizado	R$ 500,00	R$ 500,00	R$ 0,00	0,00%
Total	R$ 2.750,00	R$ 2.895,00	R$ 145,00	5,27%

A primeira coluna mostra as contas orçamentárias analisadas. A segunda apresenta os valores orçados para cada conta no período de um mês e a coluna seguinte mostra os valores efetivamente realizados dessas contas, coletados no fim do mês.

Em seguida, a quarta coluna apresenta a comparação entre os valores realizados e os projetados, em termos absolutos (unidades monetárias). Para isso, bastou diminuir o valor projetado do realizado. No caso de energia elétrica, por exemplo, o valor realizado foi de R$ 1.650,00, enquanto o projetado foi R$ 1.500,00. Assim, o desembolso com essa conta foi superior ao projetado em R$ 150,00. A conta material de expediente, por sua vez, teve valor projetado de R$ 200,00 e valor realizado de R$ 190,00, sendo o desembolso efetivo menor do que o projetado em R$ 10,00. Já a conta de manutenção do sistema informatizado não sofreu desvio do realizado em relação ao projetado. No cômputo geral, considerando o agregado dessas contas, a empresa desembolsou nesse período R$ 145,00 a mais do que o projetado inicialmente.

A mesma análise comparativa pode ser feita percentualmente, conforme disposta na última coluna. A coluna "Realizado/Projetado" mostra a diferença percentual, calculada pela divisão entre o valor realizado e o projetado, menos uma unidade. A conta de energia elétrica, por exemplo, teve uma variação positiva de 10% ([1.650/1.500]-1). A conta de material de expediente teve variação de -5% ([190/200]-1). Já a conta de manutenção do sistema de informação não teve variação ([500/500]-1).

No agregado de todas as contas, houve um desvio positivo de 5,27%, evidenciando um desembolso realizado maior do que o projetado. Essa análise permite ainda concluir que as contas responsáveis por esse desvio indesejado foram energia elétrica e material de limpeza, a primeira a de maior impacto monetário.

Essa diferença também pode ser apresentada graficamente, conforme a figura a seguir.

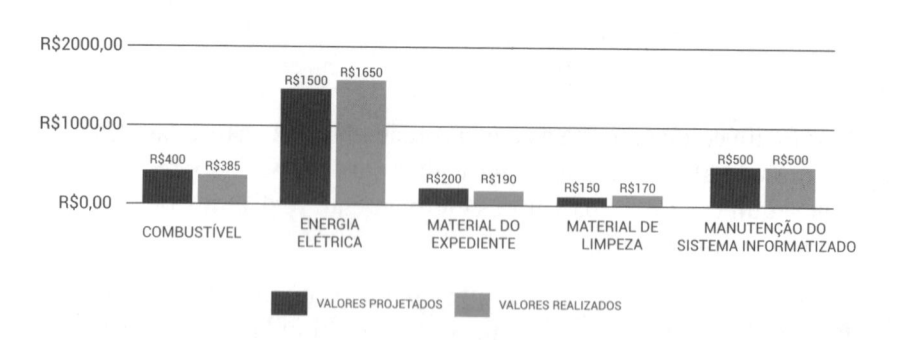

FIGURA 2- COMPARAÇÃO DO PROJETADO X REALIZADO

3.9 ORÇAMENTOS PARCIAIS

Fazer o orçamento de uma empresa requer muito esforço, coordenação de atividades em várias áreas e uma quantidade substancial de informações, como deve ter ficado claro até este ponto. As informações devem ser coletadas de várias áreas da empresa, cada qual sendo competente para colaborar com as informações sob sua responsabilidade. Em adição, também é necessário coletar dados externos à empresa, a fim de subsidiar adequadamente as projeções. Dessa forma, pela amplitude de um orçamento empresarial, faz-se necessária sua divisão em partes menores. Elas são complementares, gerando informações necessárias às demais, e refletem diferentes naturezas de fluxos de caixa.

Como maneira de facilitar (e, em alguns casos, viabilizar o processo), o orçamento pode ser percebido como a junção de vários orçamentos integrantes. A tentativa de elaborar um orçamento completo de maneira única, sem dividi-lo em partes e sem compartilhar responsabilidades, provavelmente o tornaria bastante difícil, se não impossível.

Nos capítulos que se seguem, serão apresentados os orçamentos parciais que comporão o orçamento completo. São eles: os orçamentos de receitas operacionais, de custos produtivos, de despesas operacionais, de investimentos e de financiamentos.

3.10 EXEMPLOS

Ao longo do livro, de maneira a ajudar o leitor a melhor fixar os conceitos apresentados, serão mostrados exemplos de três empresas. Cada um desses exemplos representa o orçamento de um tipo de empresa quanto ao seu setor de atividade, sendo das áreas de serviço, comércio e indústria. Doravante, em cada capítulo, serão apresentados os orçamentos parciais. No fim de cada um desses capítulos, a respectiva parte dos orçamentos dessas três empresas será elaborada, materializando os conceitos e técnicas apresentados. Além disso, em cada um dos exemplos, procurou-se estabelecer circunstâncias diferentes, de maneira a prover situações diversas de projeção dos fluxos de caixa.

Ressalta-se que tais exemplos serão centrados nas atividades de projeção dos fluxos de caixa para um período orçamentário de doze meses, todos iniciando em janeiro. Sendo assim, as atividades de revisão e controle orçamentários não serão incorporadas aos exemplos.

A seguir, são apresentados os dados básicos de cada empresa e alguns aspectos preliminares do seu planejamento orçamentário.

3.10.1 EMPRESA PRESTADORA DE SERVIÇOS

A empresa prestadora de serviços é uma clínica de pequeno porte. Além de prover atendimentos clínicos, também tem uma estrutura que permite a realização de pequenos procedimentos cirúrgicos.

Do ponto de vista didático, esse tipo de empresa é interessante porque, com o objetivo de permitir a prestação do serviço, é necessário o consumo de insumos variados. Portanto, os desembolsos associados à aquisição de tais insumos devem ser incorporados ao orçamento.

A clínica é tributada com base no lucro presumido, para fins de recolhimento de impostos federais. Como uma empresa de serviços, ela também deverá recolher impostos sobre serviços, do âmbito municipal.

Ela utiliza recursos de terceiros em sua estrutura de capital, o que implica o pagamento periódico de principal e juros, de forma a amortizar a dívida. Esses empréstimos servirão para financiar a aquisição de ativos fixos necessários à prestação do serviço.

3.10.2 EMPRESA COMERCIAL

A empresa comercial apresentada não especifica linhas de produto, sendo genericamente denominadas. Essa empresa será enquadrada como de lucro real, para fins de impostos federais. Isso, por si só, implicará algumas modificações no recolhimento e na projeção dos tributos federais incidentes sobre a operação e sobre o lucro auferido em relação aos demais exemplos apresentados.

Essa empresa é financiada somente por capital próprio, não implicando a amortização de dívidas. No entanto, o capital próprio será remunerado ao longo do período orçamentário, conforme regras a serem explicitadas oportunamente.

Uma particularidade desse exemplo é que a empresa é formada por quatro departamentos, os quais serão responsáveis por orçamentos específicos isoladamente e/ou conjuntamente.

3.10.3 EMPRESA INDUSTRIAL

A última empresa que servirá de exemplo será uma indústria de bolas de futebol. Será uma empresa de pequeno porte, o que permitirá que ela seja enquadrada no regime tributário simplificado (Simples Nacional).

Nesse exemplo, serão considerados fluxos de caixa remanescentes do período orçamentário anterior, como forma de compor parte dos fluxos de caixa projetados.

Também serão considerados investimentos em ativos fixos e vendas de ativos antigos ao longo do período orçamentário.

ORÇAMENTO DE RECEITAS OPERACIONAIS

4.1 INTRODUÇÃO

De modo geral, todo planejamento que envolva a projeção de fluxos de caixa tem início na estimativa das suas receitas operacionais. Esse orçamento é base para a formação de parte dos demais orçamentos em uma empresa, pois as receitas operacionais refletem, de certa forma, o nível de atividade da empresa. Quanto maior o nível de receitas operacionais, mais produtos ou serviços são fornecidos, mais colaboradores são necessários, mais clientes são atendidos e maior é o nível de produção.

Sendo assim, muitas decisões e reflexos financeiros nas empresas decorrem do volume de receitas operacionais. Os desembolsos operacionais de natureza variável, por exemplo, sejam eles categorizados como custos produtivos ou despesas, têm comportamentos diretamente proporcionais ao volume de receitas operacionais. Em vista disso, a previsão do comportamento desses decorre em parte da previsão do comportamento das receitas operacionais, a qual deve ser concluída previamente.

Ainda que os desembolsos de natureza fixa não dependam diretamente do comportamento das receitas operacionais, ainda há uma influência que requer sua estimativa prévia. Quanto mais receitas operacionais previstas, possivelmente maiores serão as estruturas administrativa e produtiva necessárias para dar suporte ao nível de atividade operacional. Para estruturas administrativas e produtivas mais robustas, certamente os desembolsos operacionais de natureza fixa (despesas e custos fixos) também serão maiores, mesmo não apresentando uma relação diretamente proporcional.

Portanto, de modo geral, a projeção das receitas operacionais precede as projeções dos demais orçamentos da empresa, inclusive aquelas de natureza não operacional (investimentos e financiamentos). Mesmo sendo possível projetar alguns fluxos de caixa de forma independente da projeção das receitas operacionais, espera-se que sua base proporcione melhor consistência aos demais orçamentos.

Este capítulo apresenta o orçamento das receitas operacionais, abordando seus objetivos, os centros de responsabilidade geralmente envolvidos, as fontes de dados usuais, os métodos usados para projetar os fluxos de caixa e os produtos finais desejados. O capítulo finaliza com a apresentação de exemplos ilustrativos.

4.2 OBJETIVOS

O objetivo do orçamento de receitas operacionais é elaborar uma projeção dos fluxos de caixa de receitas derivados da atividade principal da empresa ao longo do período orçamentário. Assim, o objeto de interesse é o fluxo de caixa projetado composto pelos recebimentos da empresa oriundos de sua prestação de serviços (empresa de serviços), revenda de mercadorias (empresa comercial) ou industrialização e comercialização de produtos acabados (empresa industrial), os quais representam as remunerações pelas suas atividades principais.

Em uma empresa privada, a receita operacional advém da exploração da atividade empresarial a qual ela se propõe. As receitas operacionais são geradas pelas vendas dos produtos/serviços aos seus clientes. Em organizações públicas, por outro lado, as receitas advêm também de sua atividade principal, a qual nem sempre é remunerada diretamente pelos clientes (usuários do serviço público). Em muitas situações, as organizações públicas recebem dotações orçamentárias previamente estabelecidas, que são destinadas ao custeio de suas operações e aos investimentos necessários.

Veja os exemplos comparativos de dois hospitais, um privado e um público. O hospital privado oferece seus serviços aos pacientes e, no fim do tratamento ou procedimento cirúrgico, recebe as contrapartidas financeiras diretamente do paciente ou do plano de saúde ao qual ele é conveniado. No caso de um hospital público, após a prestação do atendimento hospitalar, o Sistema Único de Saúde (SUS) ou o governo mantenedor do hospital efetua o repasse dos recursos financeiros despendidos com o serviço.

Em ambos os casos, seja no hospital privado ou no público, ele receberá recursos a partir de suas atividades operacionais. Portanto, estimar a quantidade de serviços prestados ao longo do período orçamentário faz parte do orçamento de receitas operacionais, uma vez que esse volume físico previsto é um indicativo direto do volume monetário a ser projetado.

Ressalta-se que as receitas operacionais são os fluxos de caixa positivos derivados exclusivamente da atividade principal da empresa. Quaisquer outros fluxos de caixa positivos, que não sejam gerados pela sua atividade principal, não devem ser considerados operacionais. Tendo isso em vista, as receitas operacionais evidenciam todo e qualquer fluxo de caixa positivo decorrente da atividade principal da empresa, não sendo impactados por atividades diversas daquela, ainda que sejam positivos.

Outro aspecto fundamental é entender o orçamento de receitas operacionais como metas mínimas a serem atingidas pela empresa. Ao elaborar a projeção da quantidade de serviços prestados e/ou de produtos vendidos, os demais orçamentos serão projetados tomando por base as estimativas de receitas operacionais derivadas das quantidades estimadas. Caso o patamar estabelecido de receita operacional não seja atingido, os resultados previstos também não serão alcançados conforme o planejado. Tal situação implicará revisões orçamentárias de forma a compatibilizar os desembolsos, objetos dos demais orçamentos, com as receitas operacionais em menor nível.

Dessa forma, outro objetivo do orçamento de receitas operacionais é sua utilização como meta mínima a ser atingida. Com isso, a atribuição das responsabilidades de gerar receitas operacionais pode ser baseada nesses fluxos de caixa projetados, e a comunicação dessas metas deve se basear nesses valores orçados, os quais podem ser distribuídos aos setores e/ou unidades geradoras de receitas operacionais. Para uma projeção das receitas operacionais, as metas podem ser divididas entre os vendedores, áreas geográficas, tipos de clientes ou grupos de produtos, a depender de como a empresa deseja gerenciá-las ou de como os valores foram orçados.

Um objetivo não menos importante é a utilização do orçamento de receitas operacionais para análises mercadológicas. Se as receitas operacionais forem projetadas, por exemplo, em função de grupos de produtos, é possível fazer análises do comportamento da demanda de cada um desses grupos, bem como suas participações relativas sobre o total, indicando grupos mais e menos importantes para a geração de receita. De outra forma, se as receitas operacionais forem projetadas tomando por base áreas geográficas, as análises mercadológicas podem ser elaboradas sob tal perspectiva, oferecendo informações sobre a demanda atendida em diferentes regiões.

4.3 CENTROS DE RESPONSABILIDADE ENVOLVIDOS

A área indicada para elaborar esse orçamento deve ser aquela que gera ou gerencia as receitas operacionais da empresa, e a pessoa indicada para conduzir sua elaboração é o executivo encarregado dessa área. No caso de uma empresa privada, possivelmente seria o(a) executivo(a) responsável pelo setor comercial. Já em uma organização pública, seria o(a) diretor(a) financeiro(a) ou o(a) responsável pelos convênios com os órgãos que cuidam dos repasses dos recursos financeiros, por exemplo.

Ele/ela deve ter conhecimento sobre os padrões históricos de receitas, bem como sobre as variáveis que as influenciam e determinam seu nível. De qualquer forma, é natural que, no esforço para elaborar essa projeção, eles contem com o auxílio de assessores, que podem consultar dados históricos das atividades desenvolvidas, perspectivas econômicas, dados demográficos, demanda populacional etc.

4.4 FONTES DE DADOS

Para conduzir a projeção das receitas operacionais, o centro de responsabilidade encarregado deve considerar tanto informações internas quanto externas. Tais informações são utilizadas para criar as premissas sobre as quais os fluxos de caixa serão estimados.

As informações internas são formadas predominantemente pelos dados históricos do faturamento e do recebimento da empresa. Em adição, podem ser consideradas outras variáveis internas que influenciem, em alguma medida, o nível esperado de receitas operacionais. Essas variáveis adicionais dependem das características de formação das receitas e, geralmente, variam de empresa para empresa, não sendo viável apresentar um grupo de variáveis universalmente aplicáveis a todas as empresas. Todavia, em cada uma delas, os gestores participantes desse processo devem identificar essas variáveis, assim como suas relações com a geração da receita operacional.

Ressalta-se que os dados históricos são úteis na perspectiva de que o comportamento passado da empresa seja um bom indicador do comportamento futuro. Caso seja entendido que o comportamento histórico não tem relação com o comportamento futuro das receitas operacionais, então esses dados não serão necessários, pelo menos diretamente, para estimar esses fluxos de caixa.

Naturalmente, não há uma regra geral única da qual se pode extrair um direcionamento sobre o horizonte temporal histórico que será utilizado como base para a criação das premissas. Em princípio, quanto maior a quantidade analisada de períodos históricos, mais apurados serão esses dados. No limite, analisar um histórico de poucos períodos não proporciona dados muito consistentes nem representativos de todas as circunstâncias que podem ocorrer sobre a variável, incluindo-se a sazonalidade. Portanto, por via de regra, quanto mais períodos históricos incluídos na análise, melhor será.

Por outro lado, se forem considerados dados de períodos muito longos, o que implica valer-se de dados distantes no tempo, como uma tentativa legítima de conferir confiabilidade às premissas, pode-se incorrer em um problema de utilizar dados não representativos do futuro. Dados históricos de períodos muito distantes podem evidenciar ambientes de negócio e circunstâncias incompatíveis com as que se projetam, tornando seus valores históricos inadequados para compor as premissas. Nesse caso, dados de um passado mais recente podem ser mais adequados para o futuro próximo, e dados mais distantes no tempo podem não ter representatividade para subsidiar as estimativas.

Isso posto, o responsável pela projeção deve determinar o horizonte temporal que será adotado para a análise dos dados históricos. Essa definição deve basear-se em sua experiência sobre os fatores de geração de receitas operacionais e no entendimento dos dados históricos e de suas circunstâncias. Portanto, cabe a ele definir que dados históricos são representativos dos dados futuros.

Como as receitas operacionais não dependem somente de aspectos internos da empresa, até mesmo porque elas derivam de relações externas mantidas com clientes e patrocinadores, é fundamental, na maioria dos casos, que sejam observadas informações externas para permitir orçar as receitas operacionais com mais propriedade.

Além disso, não são em todos os casos que os dados históricos estarão disponíveis. Isso admite, por exemplo, a situação de uma empresa em implantação, que não há dados históricos internos de faturamento e de recebimento. Nesses casos, o levantamento de premissas para subsidiar a projeção das receitas operacionais deverá se basear exclusivamente em dados de origem externa.

As informações externas são originadas de fontes além dos limites da empresa. São informações de variáveis que têm impacto sobre a receita operacional esperada e que, dessa maneira, devem ser consideradas no levantamento das premissas para subsidiar a sua projeção.

Se, por exemplo, a receita operacional apresentar uma relação com o comportamento da taxa de câmbio ou com o da renda da população, então é minimamente necessário coletar indicadores dessas variáveis, a fim de melhor projetar aquelas. Os indicadores podem ser estimados com base nos históricos ou podem ser coletados junto a instituições financeiras, órgãos governamentais ou analistas econômicos, que eventualmente realizem e disponibilizem, mediante pagamento ou não, tais projeções.

Além disso, algumas restrições internas e externas podem influenciar o nível de receitas operacionais da empresa. Logo, essas restrições devem ser consideradas, sob pena de as vendas gerarem fluxos de caixa realizados bastante dispersos em relação aos projetados.

As restrições internas são aquelas que decorrem de fatores próprios da empresa, sendo inerentes exclusivamente a ela. Como exemplos não exaustivos de tais restrições, são citadas a baixa capacidade produtiva, a ineficiência no processo produtivo e a dificuldade na captação de recursos financeiros.

As restrições externas, por sua vez, são originadas fora da empresa, podendo impactar outras empresas, ainda que em diferentes intensidades. São citados como exemplos a indisponibilidade de mão de obra e matérias-primas para produção, a força dos concorrentes no mercado e os altos níveis de inflação, de desemprego e das taxas de juros.

As condições que levam a essas restrições devem ser discutidas internamente, evitando a negligência na consideração de fatores que impactam direta ou indiretamente as receitas operacionais. Quanto mais esses fatores forem discutidos e incorporados à projeção, melhores resultados são esperados no que se refere à aderência entre os fluxos de caixa projetado e realizado.

4.5 MÉTODOS DE PROJEÇÃO

Uma vez estabelecidas as premissas relacionadas aos elementos que compõem as receitas operacionais, baseadas em informações coletadas internamente e externamente, a decorrência natural é a projeção desses fluxos. Elaborar as planilhas em si normalmente não é a parte mais difícil do processo. Muito provavelmente, a parte que requer mais energia da equipe e que tem impactos profundos sobre o orçamento final é a determinação das premissas para fundamentar os valores esperados.

Vários métodos podem ser empregados para estimar as receitas operacionais. Cada qual tem vantagens e desvantagens, além de diferentes requisitos para seus usos. Sendo assim, cada situação poderá indicar o uso de determinado método ou, em alguns casos, uma combinação deles. Aqui, são apresentados alguns métodos sem que haja a pretensão de esgotar o assunto. Quanto maior o leque de estratégias, mais alternativas o gestor terá à disposição para elaborar as projeções.

Os métodos apresentados são pesquisa de mercado, consulta a especialistas e análise de dados históricos.

4.5.1 PESQUISA DE MERCADO

A pesquisa de mercado requer que a equipe saia dos limites da empresa e colete dados externos. Essa atividade permite que a empresa agregue dados do ambiente no qual ela atua e, consequentemente, no qual estabelece as relações comerciais que, em última instância, geram suas receitas operacionais.

O objetivo da pesquisa de mercado é compreender os fatores que influenciam a demanda dos produtos/serviços da empresa, coletando esses dados diretamente dos seus clientes atuais e/ou potenciais. Naturalmente, além de coletar dados sobre características de produtos, benefícios esperados pelo seu uso ou consumo, condições comerciais desejadas e hábitos de compra, a pesquisa de mercado também pode buscar dados mais objetivos de quantidades consumidas periodicamente e preços médios praticados no mercado, os quais são componentes básicos da formação das receitas operacionais. Portanto, a pesquisa de mercado envolve consultar clientes atuais e/ou potenciais para verificar os fatores que os conduzem a consumir determinado produto/serviço, utilizando um método planejado e sistematizado.

Uma pesquisa de mercado segue algumas etapas relativamente comuns entre as várias referências bibliográficas disponíveis. Apesar de diferentes referências na literatura e de abordagens específicas apresentarem outras etapas e denominações, de modo geral, uma pesquisa de mercado pode ser dividida em planejamento, coleta dos dados, análise dos dados e apresentação dos resultados.

A etapa de planejamento da pesquisa de mercado envolve todas as definições necessárias à sua execução. Nessa fase, são estabelecidos o objetivo da pesquisa em termos informacionais, a melhor estratégica para conduzi-la, quem serão pesquisados, como será realizada, que tipos de instrumentos de coleta serão empregados, quais são as variáveis a serem investigadas, que métodos de análise serão utilizados de acordo com os tipos de variáveis e como os resultados serão apresentados.

Nessa etapa, é fundamental que todos os aspectos relacionados à pesquisa sejam considerados, de maneira a evitar inadequações posteriores, o que pode comprometer os resultados e sua efetividade para os propósitos almejados. No limite, em uma situação na qual a formatação da pesquisa não atende aos requisitos desejados, ela deverá ser refeita, comprometendo os prazos disponíveis e implicando desembolsos adicionais.

Uma abordagem que pode ser usada para evitar inconsistências dos instrumentos e dos resultados finais com os propósitos é a aplicação de um pré-teste. Com isso, é possível verificar se os instrumentos de coleta e os dados gerados por eles são compatíveis com os objetivos traçados. Caso não o sejam, é possível fazer os devidos ajustes antes de aplicar a pesquisa definitiva.

Concluída a fase de planejamento, a etapa de coleta dos dados pode iniciar. Nesse momento, a equipe envolvida na pesquisa entra em cena, enviando ou aplicando o instrumento de coleta aos pesquisados e colhendo os dados. Ao longo dessa etapa, devem ser envidados esforços para assegurar a qualidade dos dados coletados e a efetiva participação dos respondentes.

Caso os dados sejam oriundos de fontes documentais, esta etapa abrange o acesso a essas fontes pelos métodos apropriados ao tipo de dados. Podem estar disponíveis em bancos de dados, planilhas eletrônicas, websites, relatórios etc., o que vai requerer formas de acesso específicas.

Após os dados serem coletados, a etapa de análise sobre eles pode iniciar. Essas análises devem ser compatíveis com as naturezas dos dados e devem ter seus resultados aderentes ao intuito da pesquisa. Desse modo, a definição dos métodos de análise dos dados, feita na fase de planejamento, é fundamental para o resultado da pesquisa.

Por fim, após a conclusão das análises, os resultados podem ser disponibilizados. No caso específico, esses resultados serão utilizados para subsidiar a projeção das receitas operacionais ao longo do período orçamentário.

A vantagem de se elaborar uma pesquisa de mercado é ter a oportunidade de conhecer mais profundamente a parte que gerará a demanda e que efetivamente consumirá o produto/serviço ofertado. Esse conhecimento permitirá gerar premissas sobre a venda dos produtos ou a prestação dos serviços e estimar os fluxos de caixa das receitas operacionais, além de permitir conhecer melhor o comportamento dos clientes atuais e potenciais.

A desvantagem normalmente está associada ao custo de sua execução. Pesquisas bem estruturadas e executadas podem ser bastante onerosas. Isso pode inibir a realização delas, ainda que isso reduza a qualidade dos dados disponíveis para fazer as projeções de receitas operacionais.

Não obstante, a pesquisa de mercado pode envolver outros agentes além dos clientes. A pesquisa, por exemplo, pode ser realizada com parceiros comerciais ou elos na cadeia de suprimentos que, em algum momento da transação comercial, participam do processo de geração de receitas operacionais. Como eles detêm alguma informação e/ou realizam parte do processo, a consulta a eles é uma possibilidade a ser considerada na pesquisa de mercado, além dos clientes em si.

Outra possibilidade é a pesquisa com os concorrentes. Nesse caso, por motivos razoáveis, não se espera que a empresa tenha acesso direto a essas partes, principalmente quando atuam no mesmo mercado alvo. Uma alternativa plausível seria fazer a pesquisa com empresas similares, cujas áreas de atuação não se confundam. Isso diminuiria o problema de divulgação de dados para concorrentes diretos, aumentando as chances de conseguir elaborar a pesquisa, apesar das possíveis diferenças oriundas dos diferentes mercados consumidores.

4.5.2 CONSULTA A ESPECIALISTAS

A consulta a especialistas pode ser uma maneira interessante de auxílio à projeção das receitas operacionais. Espera-se que eles detenham conhecimento sobre o mercado específico, seu comportamento atual e suas tendências, contribuindo para um delineamento mais apurado do orçamento. Portanto, a partir de suas experiências, eles podem fazer inferências sobre o comportamento esperado do nível de atividade da empresa.

Tanto podem ser consultados especialistas de dentro quanto de fora da empresa. Porém, o ideal é consultar ambos, considerando que a riqueza de informações do método requer uma reflexão sob vários pontos de vista.

4.5.3 ANÁLISE DE DADOS HISTÓRICOS

A análise de regressão é uma técnica estatística que utiliza dados históricos para tentar prever o comportamento de determinada variável. No caso específico, dados historicamente coletados são usados para subsidiar a projeção das variáveis relacionadas à receita operacional (quantidade e preço, por exemplo).

A análise de regressão pode ser de várias formas, a depender das características das variáveis investigadas. A regressão de uso mais comum é a linear, representada por uma equação de primeiro grau ($y = a + bx$). No entanto, há outros tipos de regressão (logarítmica, exponencial etc.) que podem ser empregados.

Uma desvantagem desse método é a não consideração de novos fatos no futuro, que podem afetar a receita. Como a regressão somente incorpora dados históricos, esses foram realizados em um ambiente que não necessariamente se repetirá, o que não assegura que seus resultados serão plenamente adequados.

A análise de séries temporais também é uma maneira quantitativa de estimar o orçamento de receitas operacionais. De forma semelhante à análise de regressão, ela utiliza-se de dados históricos para identificar características determinantes. A partir de tais características, as projeções são feitas, contemplando tendência, ciclos, sazonalidade e eventuais fatores aleatórios.

4.6 PRODUTOS FINAIS

No fim do orçamento das receitas operacionais, deve-se ter uma projeção delas ao longo do período orçamentário. As estimativas podem ser apresentadas na forma de uma planilha, explicitando semanas, meses, anos ou em outro período conveniente à análise desejada.

Essa planilha pode ser elaborada por linhas de produtos, unidades de negócios, filiais ou algum outro critério de divisão. Tal critério pode ser definido pela empresa, de acordo com as necessidades de avaliação e com o método utilizado para realizar a projeção.

Caso os dados tenham sido projetados por competência, a planilha deverá ser ajustada pelo regime de caixa. A necessidade disso decorre da possibilidade de uso efetivo do recurso somente após seu recebimento. Se houver o registro de uma venda com prazo de trinta dias, por exemplo, a empresa somente poderá contar com esse recurso após os trinta dias.

De toda forma, a projeção das receitas operacionais por regime de competência deve ser realizada por dois motivos. Em primeiro lugar, ela é necessária à projeção dos recebimentos (regime de caixa), o que, por si só, já implica sua realização. Em segundo lugar, outros orçamentos podem requerer o cálculo do faturamento, conforme será observado em capítulos posteriores.

Além das projeções propriamente ditas, algumas informações devem ser agregadas como produtos finais do orçamento de receitas operacionais. Um primeiro elemento é a metodologia utilizada para fazer as projeções dos valores. Por meio dela, pode-se verificar se eventualmente houve alguma inconsistência nas etapas conduzidas que possa comprometer os valores projetados. Outro elemento a ser incorporado é o conjunto de premissas levantadas para suportar as projeções. Além delas, igualmente interessante é indicar os dados que foram utilizados para a elaboração das premissas e suas respectivas fontes. Isso também permite uma análise crítica relevante.

Por fim, igualmente pertinente, é o registro das memórias dos cálculos realizados, viabilizando verificações posteriores de consistência. Um exemplo dessa memória de cálculo é a transformação dos valores por regime de competência para regime de caixa.

Essas descrições são importantes para manter um registro formal dos passos realizados para a consecução da projeção das receitas operacionais. Além disso, subsidiam com informações as etapas de revisão do orçamento, as quais certamente farão uso delas.

4.7 EXEMPLOS

4.7.1 EMPRESA PRESTADORA DE SERVIÇOS

A primeira etapa para orçar as receitas operacionais da clínica é determinar os serviços prestados. São eles: atendimento clínico, cirurgia I, cirurgia II e cirurgia III. O atendimento clínico se dá por meio de consultas aos pacientes sem envolver intervenções cirúrgicas. Esses atendimentos, mesmo que de diferentes especialidades médicas, têm o mesmo custo e o mesmo preço, motivos pelos quais esse serviço é apresentado como único.

As cirurgias, por sua vez, foram segmentadas de acordo com seus portes e consequente uso de insumos e participação direta de pessoal. Em função disso, ao contrário das consultas, as cirurgias têm custos e preços diferentes, o que justifica tal separação.

Os preços dos serviços são apresentados a seguir. Eles foram estimados tomando por base os praticados pelo mercado em serviços similares.

TABELA 3 - PREÇOS DOS SERVIÇOS

Serviços	Preço
Atendimento clínico	R$ 80,00
Cirurgia I	R$ 650,00
Cirurgia II	R$ 850,00
Cirurgia III	R$ 1.050,00

Com relação à demanda, partiu-se inicialmente de uma estimativa baseada na média histórica de atendimentos e cirurgias, a qual decorre da estrutura de atendimento da clínica que não sofrerá alteração e, dessa forma, não apresenta expectativa de incremento. No entanto, a demanda por esses serviços tipicamente evidencia um comportamento sazonal em função da época do ano. Ela diminui acentuadamente nos meses de férias (julho e dezembro) e um pouco menos nos meses de março, abril e agosto. Assim, a demanda média esperada de cada serviço foi estimada na tabela a seguir.

TABELA 4 - DEMANDA MÉDIA ESPERADA DOS SERVIÇOS

Serviços	Quantidade
Atendimento clínico	1.000
Cirurgia I	50
Cirurgia II	25
Cirurgia III	20

Para considerar as sazonalidades indicadas, recorreu-se ao uso de índices de ajuste por tipo de serviço. Tais índices são multiplicados pela quantidade esperada média (tabela anterior), resultando na demanda esperada em cada mês. A seguir, é apresentada a estimativa desses índices e a demanda esperada dos serviços por mês ao longo do período orçamentário.

TABELA 5 - ÍNDICES MENSAIS DE SAZONALIDADE POR SERVIÇO

Serviços	JAN	FEV	MAR	ABR	MAI	JUN	JUL	AGO	SET	OUT	NOV	DEZ
Atendimento clínico	1,00	1,00	0,90	0,90	1,00	1,00	0,80	0,90	1,00	1,00	1,00	0,80
Cirurgia I	1,00	1,00	0,80	0,80	1,00	1,00	0,50	0,80	1,00	1,00	1,00	0,50
Cirurgia II	1,00	1,00	0,80	0,80	1,00	1,00	0,50	0,80	1,00	1,00	1,00	0,50
Cirurgia III	1,00	1,00	0,80	0,80	1,00	1,00	0,50	0,80	1,00	1,00	1,00	0,50

TABELA 6 - DEMANDA MENSAL ESPERADA POR SERVIÇO

Serviços	JAN	FEV	MAR	ABR	MAI	JUN	JUL	AGO	SET	OUT	NOV	DEZ
Atendimento clínico	1.000	1.000	900	900	1.000	1.000	800	900	1.000	1.000	1.000	800
Cirurgia I	50	50	40	40	50	50	25	40	50	50	50	25
Cirurgia II	25	25	20	20	25	25	13	20	25	25	25	13
Cirurgia III	20	20	16	16	20	20	10	16	20	20	20	10

Multiplicando os preços por cada quantidade estimada mensal dos serviços, é gerada a estimativa de faturamento mensal ao longo do período orçamentário.

ORÇAMENTO DE RECEITAS OPERACIONAIS

TABELA 7 - FATURAMENTO ESTIMADO

Serviços	JAN	FEV	MAR	ABR	MAI	JUN
Atendimento clínico	R$ 80.000	R$ 80.000	R$ 72.000	R$ 72.000	R$ 80.000	R$ 80.000
Cirurgia I	R$ 32.500	R$ 32.500	R$ 26.000	R$ 26.000	R$ 32.500	R$ 32.500
Cirurgia II	R$ 21.250	R$ 21.250	R$ 17.000	R$ 17.000	R$ 21.250	R$ 21.250
Cirurgia III	R$ 21.000	R$ 21.000	R$ 16.800	R$ 16.800	R$ 21.000	R$ 21.000
Total	R$ 154.750	R$ 154.750	R$ 131.800	R$ 131.800	R$ 154.750	R$ 154.750

Serviços	JUL	AGO	SET	OUT	NOV	DEZ	TOT
Atendimento clínico	R$ 64.000	R$ 72.000	R$ 80.000	R$ 80.000	R$ 80.000	R$ 64.000	R$ 904.000
Cirurgia I	R$ 16.250	R$ 26.000	R$ 32.500	R$ 32.500	R$ 32.500	R$ 16.250	R$ 338.000
Cirurgia II	R$ 11.050	R$ 17.000	R$ 21.250	R$ 21.250	R$ 21.250	R$ 11.050	R$ 221.850
Cirurgia III	R$ 10.500	R$ 16.800	R$ 21.000	R$ 21.000	R$ 21.000	R$ 10.500	R$ 218.400
Total	R$ 101.800	R$ 131.800	R$ 154.750	R$ 154.750	R$ 154.750	R$ 101.800	R$ 1.682.250

Nesse exemplo, admite-se que todo o faturamento é recebido no mesmo mês, tornando a estimativa de faturamento igual à estimativa de recebimento (regimes de competência e de caixa iguais).

Com esses dados, é possível gerar um gráfico de pizza, contendo a participação monetária e percentual de cada tipo de serviço na receita operacional da empresa durante o período orçamentário.

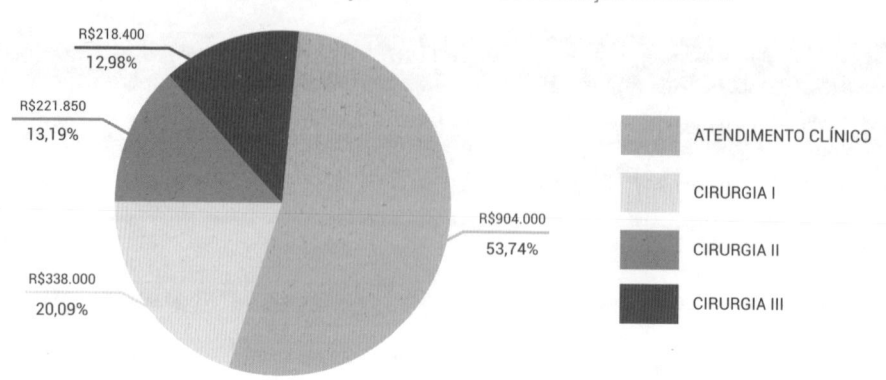

FIGURA 3 - PARTICIPAÇÃO PERCENTUAL DOS SERVIÇOS NA RECEITA

- R$218.400 — 12,98% — CIRURGIA III
- R$221.850 — 13,19% — CIRURGIA II
- R$338.000 — 20,09% — CIRURGIA I
- R$904.000 — 53,74% — ATENDIMENTO CLÍNICO

O atendimento clínico corresponde a pouco mais da metade (53,74%) da receita esperada para o ano. O segundo serviço com maior participação na receita operacional é a cirurgia I, com 20,09% do total. A parcela restante divide-se entre as cirurgias II e III, cada uma com aproximadamente 13,00% do total.

4.7.2 EMPRESA COMERCIAL

A empresa comercial conta com cinco linhas de produtos, cada uma delas abrangendo itens específicos. Para fins de orçamento, entretanto, os fluxos de caixa serão trabalhados por linha de produto. Isso se justifica pelo grande esforço inerente à projeção de valores por itens vendidos, o qual é reduzido quando se consideram linhas homogêneas de produtos.

Naturalmente, deve ser observado se a agregação por linhas não compromete a qualidade da projeção, dada uma eventual perda de informações. Idealmente, essas linhas devem ter seus produtos relativamente homogêneos no que se refere aos preços de venda e aos custos de produção ou aquisição (a homogeneidade dessa última variável é fundamental para o orçamento de custos produtivos).

O departamento comercial da empresa se encarregará de estimar o faturamento e o recebimento da empresa para o planejamento orçamentário. Para tanto, os responsáveis lançarão mão de informações históricas sobre o faturamento da empresa, coletadas no sistema de informação.

ORÇAMENTO DE RECEITAS OPERACIONAIS

A tabela a seguir mostra o faturamento dos doze meses do ano anterior. A primeira coluna apresenta as linhas de produtos e as demais colunas apresentam os faturamentos realizados em cada mês do ano anterior.

TABELA 8 - FATURAMENTO DO ANO ANTERIOR

Linha	JAN	FEV	MAR	ABR	MAI	JUN
Linha I	R$ 118.576	R$ 136.644	R$ 104.211	R$ 107.647	R$ 148.818	R$ 111.969
Linha II	R$ 120.098	R$ 134.713	R$ 137.612	R$ 130.795	R$ 132.016	R$ 123.560
Linha III	R$ 87.833	R$ 97.635	R$ 98.027	R$ 89.741	R$ 95.664	R$ 91.402
Linha IV	R$ 245.612	R$ 232.130	R$ 216.436	R$ 229.347	R$ 206.205	R$ 209.557
Linha V	R$ 60.856	R$ 60.479	R$ 52.511	R$ 64.678	R$ 64.326	R$ 50.794

Linha	JUL	AGO	SET	OUT	NOV	DEZ
Linha I	R$ 138.419,00	R$ 122.696,00	R$ 133.237,00	R$ 117.050,00	R$ 133.782,00	R$ 126.827,00
Linha II	R$ 129.682,00	R$ 138.569,00	R$ 135.871,00	R$ 135.455,00	R$ 131.164,00	R$ 132.477,00
Linha III	R$ 95.652,00	R$ 89.224,00	R$ 98.353,00	R$ 94.266,00	R$ 88.338,00	R$ 99.987,00
Linha IV	R$ 234.229,00	R$ 228.216,00	R$ 231.266,00	R$ 241.622,00	R$ 221.170,00	R$ 235.839,00
Linha V	R$ 53.505,00	R$ 54.052,00	R$ 63.388,00	R$ 63.913,00	R$ 68.612,00	R$ 67.559,00

A equipe comercial elaborou uma tabela resumo, apresentada a seguir, na qual são calculados alguns indicadores por linha de produtos referentes ao faturamento do ano anterior.

TABELA 9 - RESUMO POR LINHA DE PRODUTOS

Linha	Total	Média	Desvio-padrão	Coeficiente de variação
Linha I	R$ 1.499.876	R$ 124.990	R$ 13.052	10,44%
Linha II	R$ 1.582.012	R$ 131.834	R$ 5.238	3,97%

(CONTINUA)

				(CONTINUAÇÃO)
Linha III	R$ 1.126.122	R$ 93.844	R$ 4.156	4,43%
Linha IV	R$ 2.731.629	R$ 227.636	R$ 11.617	5,10%
Linha V	R$ 724.673	R$ 60.389	R$ 5.890	9,75%

A primeira coluna apresenta as linhas de produtos. As colunas dois e três mostram, respectivamente, a soma e a média dos valores faturados por linha de produtos ao longo do período analisado (ano anterior). Já a quarta coluna apresenta o desvio-padrão calculado sobre os valores históricos de cada linha de produtos, permitindo verificar a dispersão dos valores históricos e, consequentemente, o quão a média é representativa da série (quanto menor o desvio-padrão, menor é a dispersão e melhor a média representa os valores). A última coluna, por sua vez, apresenta o coeficiente de variação, que também é um indicador de dispersão dos valores históricos, porém apresentado de maneira relativa (percentual). Ele é calculado pela divisão do desvio-padrão (quarta coluna) pela média (terceira coluna).

Com esses dados, a equipe comercial estimou incrementos percentuais por linhas de produtos. Isso é justificado pelo diferente comportamento esperado de cada linha no mercado, dadas suas diferentes características em termos de competitividade e perspectivas de crescimento. Além disso, esses incrementos representam metas a serem atingidas pela equipe comercial, a qual deve direcionar os esforços para atingir tais resultados. Assim sendo, a tabela a seguir registra essas premissas de incremento do faturamento por linha de produtos.

TABELA 10 - PREMISSAS DE INCREMENTO DE FATURAMENTO

Linha	Média histórica mensal	Incremento	Meta mensal
Linha I	R$ 124.990	5,00%	R$ 131.239
Linha II	R$ 131.834	7,00%	R$ 141.063
Linha III	R$ 93.844	5,00%	R$ 98.536
Linha IV	R$ 227.636	5,00%	R$ 239.018
Linha V	R$ 60.389	10,00%	R$ 66.428
Total	**R$ 638.693**		**R$ 676.283**

A primeira coluna aponta as linhas de produtos. A segunda mostra a média de faturamento realizado no período histórico de dados coletados. A terceira coluna apresenta a estimativa de incremento do faturamento em relação ao ano anterior. A última coluna representa a meta mensal de faturamento por linha de produto, em média, calculadas a partir da média histórica e do incremento esperado. A linha I, por exemplo, tem meta mensal média de R$ 131.239, calculada por meio da média histórica (R$ 124.990) acrescida do seu incremento (5,00%).

Com esses dados, percebe-se que a média mensal do faturamento do ano anterior foi de R$ 638.693 (soma das médias históricas de todas as linhas de produtos). Igualmente, pode-se calcular o faturamento médio mensal estimado de R$ 676.283 para o período orçamentário em questão. Como esses dois valores, pode-se estimar o incremento percentual médio do faturamento total. A variação percentual de R$ 638.693 para R$ 676.283 é de 5,89% ([R$ 676.283 / R$ 638.693]-1).

Portanto, com essas estimativas por linha de produtos, pode-se projetar o faturamento para o período orçamentário. A fim de manter o comportamento sazonal do ano anterior, a forma utilizada pela área comercial da empresa foi coletar o faturamento de cada linha de produto em cada mês do histórico e incrementar com o respectivo percentual estimado para a linha de produtos na terceira coluna da tabela imediatamente anterior. O faturamento projetado com esse método é apresentado a seguir.

TABELA 11 - FATURAMENTO PROJETADO

Linha	JAN	FEV	MAR	ABR	MAI	JUN
Linha I	R$ 124.505	R$ 143.476	R$ 109.422	R$ 113.029	R$ 156.259	R$ 117.567
Linha II	R$ 128.505	R$ 144.143	R$ 147.245	R$ 139.951	R$ 141.257	R$ 132.209
Linha III	R$ 92.225	R$ 102.517	R$ 102.928	R$ 94.228	R$ 100.447	R$ 95.972
Linha IV	R$ 257.893	R$ 243.737	R$ 227.258	R$ 240.814	R$ 216.515	R$ 220.035
Linha V	R$ 66.942	R$ 66.527	R$ 57.762	R$ 71.146	R$ 70.759	R$ 55.873

(CONTINUA)

						(CONTINUAÇÃO)
Linha	JUL	AGO	SET	OUT	NOV	DEZ
Linha I	R$ 145.340	R$ 128.831	R$ 139.899	R$ 122.903	R$ 140.471	R$ 133.168
Linha II	R$ 138.760	R$ 148.269	R$ 145.382	R$ 144.937	R$ 140.345	R$ 141.750
Linha III	R$ 100.435	R$ 93.685	R$ 103.271	R$ 98.979	R$ 92.755	R$ 104.986
Linha IV	R$ 245.940	R$ 239.627	R$ 242.829	R$ 253.703	R$ 232.229	R$ 247.631
Linha V	R$ 58.856	R$ 59.457	R$ 69.727	R$ 70.304	R$ 75.473	R$ 74.315

Observe o faturamento da linha I de janeiro. Seu valor de R$ 124.505 foi calculado pela multiplicação do faturamento dessa linha em janeiro do ano anterior (R$ 118.576) por um mais 5,00% (multiplicar por 1+5,00% é equivalente a incrementar o valor em 5,00%). Os demais valores foram projetados da mesma forma, observando as respectivas premissas de incremento.

O total e a média de faturamento por linha de produtos no período orçamentário em análise são dados a seguir.

TABELA 12 - TOTAL E MÉDIA DE FATURAMENTO POR LINHA DE PRODUTO

Linha	Total	Média
Linha I	R$ 1.574.870	R$ 131.239
Linha II	R$ 1.692.753	R$ 141.063
Linha III	R$ 1.182.428	R$ 98.536
Linha IV	R$ 2.868.210	R$ 239.018
Linha V	R$ 797.140	R$ 66.428
Total	R$ 8.115.401	R$ 676.283

Note que tanto o total quanto a média representam incrementos de 5,89% em relação a esses respectivos valores do período orçamentário que serviu de base para a projeção.

ORÇAMENTO DE RECEITAS OPERACIONAIS

Projetado o faturamento, parte-se agora para a transformação dessa visão por regime de competência (faturamento) para a visão por regime de caixa (recebimento). Para tanto, devem-se identificar as regras de transformação do faturamento em recebimento. Tais regras, coletadas no setor comercial da empresa, são sumarizadas na tabela a seguir.

TABELA 13 - REGRAS DE RECEBIMENTO

Linha	À vista	30 dias	60 dias	90 dias
Linha I	50,00%	50,00%		
Linha II	100,00%			
Linha III		33,34%	33,33%	33,33%
Linha IV		100,00%		
Linha V		50,00%	50,00%	

Para cada linha de produtos (primeira coluna) são apresentados os percentuais do faturamento que são recebidos à vista (segunda coluna), em trinta dias (terceira coluna), em sessenta dias (quarta coluna) e em noventa dias (quinta coluna). A soma desses percentuais por linha de produtos necessariamente deve ser 100%. Ressalva a essa regra surge quando, por exemplo, projeta-se algum nível de inadimplência, acarretando um recebimento inferior ao faturamento.

A tabela a seguir ilustra o recebimento esperado da linha I, de acordo com sua regra específica de recebimento (metade à vista e metade em trinta dias).

TABELA 14 - RECEBIMENTO PROJETADO DA LINHA I

Linha I	JAN	FEV	MAR	ABR	MAI	JUN
À vista	R$ 62.252	R$ 71.738	R$ 54.711	R$ 56.515	R$ 78.129	R$ 58.784
30 dias		R$ 62.252	R$ 71.738	R$ 54.711	R$ 56.515	R$ 78.129
Total	R$ 62.252	R$ 133.991	R$ 126.449	R$ 111.225	R$ 134.644	R$ 136.913

(CONTINUA)

(CONTINUAÇÃO)

Linha I	JUL	AGO	SET	OUT	NOV	DEZ	JAN
À vista	R$ 72.670	R$ 64.415	R$ 69.949	R$ 61.451	R$ 70.236	R$ 66.584	
30 dias	R$ 58.784	R$ 72.670	R$ 64.415	R$ 69.949	R$ 61.451	R$ 70.236	R$ 66.584
Total	R$ 131.454	R$ 137.085	R$ 134.365	R$ 131.401	R$ 131.687	R$ 136.820	R$ 66.584

Em janeiro, seu faturamento projetado é de R$ 124.505. Como se espera receber metade no mesmo mês e metade no mês seguinte, o recebimento projetado dessa linha em janeiro é de R$ 62.252. Em fevereiro, por sua vez, espera-se faturar R$ 143.476 da linha I. Isso indica que, em fevereiro, seu recebimento será metade do faturamento deste mês (R$ 71.738) mais a metade a prazo do faturamento de janeiro (R$ 62.252), totalizando R$ 133.991. Nos demais meses, a composição do recebimento é similar.

Deve-se, no entanto, registrar que parte do recebimento gerado pelo faturamento do período orçamentário será projetada para o período seguinte. No caso da linha de produtos I, como o prazo de recebimento envolve um mês adiante, observe que a projeção apresentada inclui o mês de janeiro ao final, dado que metade do recebimento do que é projetado para ser faturado em dezembro, deve ser recebido no mês seguinte (janeiro do próximo período orçamentário). Sendo assim, ao se fazer o próximo orçamento, esses valores remanescentes devem ser considerados ao compor o recebimento projetado.

Considerando as demais regras apresentadas, o recebimento projetado de cada linha de produtos é mostrado a seguir.

TABELA 15 - RECEBIMENTO PROJETADO DAS LINHAS II, III, IV E V

Linha II	JAN	FEV	MAR	ABR	MAI	JUN	JUL	AGO	SET	OUT	NOV	DEZ	JAN	FEV	MAR
À vista	R$ 128.505	R$ 144.143	R$ 147.245	R$ 139.951	R$ 141.257	R$ 132.209	R$ 138.760	R$ 148.269	R$ 145.382	R$ 144.937	R$ 140.345	R$ 141.750			

Linha III	JAN	FEV	MAR	ABR	MAI	JUN	JUL	AGO	SET	OUT	NOV	DEZ	JAN	FEV	MAR
30 dias		R$ 30.748	R$ 34.179	R$ 34.316	R$ 31.416	R$ 33.489	R$ 31.997	R$ 33.485	R$ 31.235	R$ 34.430	R$ 33.000	R$ 30.924	R$ 35.002		
60 dias			R$ 30.738	R$ 34.169	R$ 34.306	R$ 31.406	R$ 33.479	R$ 31.988	R$ 33.475	R$ 31.225	R$ 34.420	R$ 32.990	R$ 30.915	R$ 34.992	
90 dias				R$ 30.738	R$ 34.169	R$ 34.306	R$ 31.406	R$ 33.479	R$ 31.988	R$ 33.475	R$ 31.225	R$ 34.420	R$ 32.990	R$ 30.915	R$ 34.992

Linha IV	JAN	FEV	MAR	ABR	MAI	JUN	JUL	AGO	SET	OUT	NOV	DEZ	JAN	FEV	MAR
30 dias		R$ 257.893	R$ 243.737	R$ 227.258	R$ 240.814	R$ 216.515	R$ 220.035	R$ 245.940	R$ 239.627	R$ 242.829	R$ 253.703	R$ 232.229	R$ 247.631		

Linha V	JAN	FEV	MAR	ABR	MAI	JUN	JUL	AGO	SET	OUT	NOV	DEZ	JAN	FEV	MAR
30 dias		R$ 33.471	R$ 33.263	R$ 28.881	R$ 35.573	R$ 35.379	R$ 27.937	R$ 29.428	R$ 29.729	R$ 34.863	R$ 35.152	R$ 37.737	R$ 37.157		
60 dias			R$ 33.471	R$ 33.263	R$ 28.881	R$ 35.573	R$ 35.379	R$ 27.937	R$ 29.428	R$ 29.729	R$ 34.863	R$ 35.152	R$ 37.737	R$ 37.157	

Com a projeção de recebimento das linhas isoladamente, pode-se estimar o recebimento global da empresa, agregando seus componentes. A tabela a seguir resulta dessa agregação, apresentando o total previsto de recebimento em cada mês do período orçamentário.

TABELA 16 - RECEBIMENTO TOTAL PROJETADO

Linhas	JAN	FEV	MAR	ABR	MAI	JUN
Linha I	R$ 62.252	R$ 133.991	R$ 126.449	R$ 111.225	R$ 134.644	R$ 136.913
Linha II	R$ 128.505	R$ 144.143	R$ 147.245	R$ 139.951	R$ 141.257	R$ 132.209
Linha III	R$ 0	R$ 30.748	R$ 64.918	R$ 99.224	R$ 99.890	R$ 99.201
Linha IV	R$ 0	R$ 257.893	R$ 243.737	R$ 227.258	R$ 240.814	R$ 216.515
Linha V	R$ 0	R$ 33.471	R$ 66.734	R$ 62.145	R$ 64.454	R$ 70.952
Total	R$ 190.757	R$ 600.245	R$ 649.082	R$ 639.802	R$ 681.060	R$ 655.791

Linhas	JUL	AGO	SET	OUT	NOV	DEZ
Linha I	R$ 131.454	R$ 137.085	R$ 134.365	R$ 131.401	R$ 131.687	R$ 136.820
Linha II	R$ 138.760	R$ 148.269	R$ 145.382	R$ 144.937	R$ 140.345	R$ 141.750
Linha III	R$ 96.882	R$ 98.951	R$ 96.697	R$ 99.131	R$ 98.645	R$ 98.334
Linha IV	R$ 220.035	R$ 245.940	R$ 239.627	R$ 242.829	R$ 253.703	R$ 232.229
Linha V	R$ 63.316	R$ 57.364	R$ 59.156	R$ 64.592	R$ 70.016	R$ 72.889
Total	R$ 650.447	R$ 687.611	R$ 675.227	R$ 682.889	R$ 694.396	R$ 682.022

Nesse exemplo, ainda restará parcela de recebimento que ficará remanescente para o período orçamentário seguinte ao projetado nesse momento. Isso ocorre em função dos prazos de recebimento concedidos aos clientes. A tabela a seguir mostra os recebimentos que ficarão nessa situação e que deverão ser considerados no exercício orçamentário do ano seguinte.

TABELA 17 - RECEBIMENTO PROJETADO PARA O EXERCÍCIO ORÇAMENTÁRIO SEGUINTE

Linhas	JAN	FEV	MAR
Linha I	R$ 66.584	R$ 0	R$ 0
Linha II	R$ 0	R$ 0	R$ 0
Linha III	R$ 98.907	R$ 65.907	R$ 34.992
Linha IV	R$ 247.631	R$ 0	R$ 0
Linha V	R$ 74.894	R$ 37.157	R$ 0
Total	R$ 488.017	R$ 103.065	R$ 34.992

Uma análise interessante seria apresentar as diferenças entre as projeções pelos regimes de competência (faturamento) e de caixa (recebimento). Nesse sentido, uma possibilidade seria usar um gráfico de barras, o que permitiria evidenciar o descasamento entre essas duas abordagens e o impacto da concessão de crédito na formação do fluxo de caixa.

FIGURA 4 - FATURAMENTO PROJETADO X RECEBIMENTO PROJETADO

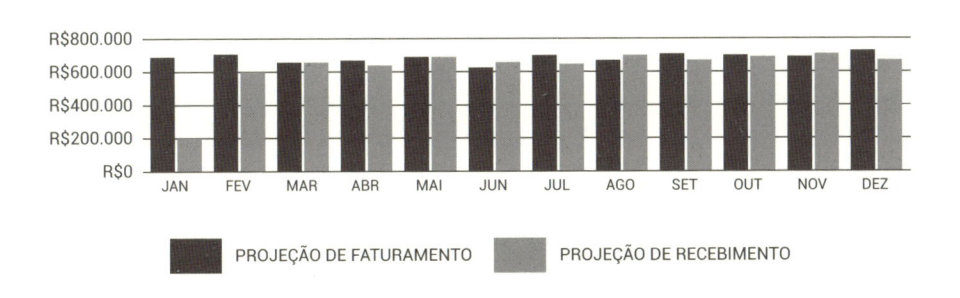

As diferenças mais substanciais ocorrem nos dois primeiros meses do período orçamentário. Isso porque parte dos recebimentos são previstos para os meses seguintes. Nos demais meses, as diferenças são menores.

4.7.3 EMPRESA INDUSTRIAL

O departamento comercial da empresa baseia suas estimativas de vendas na observação histórica e em certos períodos que indicam aumento na demanda. Historicamente, três meses são tipicamente de maior venda. São eles o mês de julho, em função das férias escolares, o mês de outubro, em decorrência do dia das crianças, e o mês de dezembro, consequência do Natal.

Sendo assim, o departamento comercial estabeleceu metas gerenciais de venda mensal compatíveis com o que se espera de atendimento ao mercado nos três segmentos de clientes (clubes de futebol, lojas varejistas de esporte e outros clientes não categorizados). Essas metas são destacadas na tabela a seguir.

TABELA 18 - METAS DE VENDAS

Meses	JAN	FEV	MAR	ABR	MAI	JUN	JUL	AGO	SET	OUT	NOV	DEZ
Quantidades estimadas	2.500	2.000	2.000	2.000	2.000	2.000	2.500	2.000	2.000	3.000	2.000	3.500

Admitindo que nesse período projetado a composição das vendas para os três segmentos de clientes manter-se-á a mesma observada historicamente (40% para clubes, 55% para lojas e 5% para outros), essa projeção tem a seguinte divisão.

TABELA 19 - QUANTIDADE VENDIDA PROJETADA POR TIPO DE CLIENTE

Tipo de cliente	JAN	FEV	MAR	ABR	MAI	JUN	JUL	AGO	SET	OUT	NOV	DEZ
Clubes de futebol	1000	800	800	800	800	800	1000	800	800	1200	800	1400
Lojas varejistas	1375	1100	1100	1100	1100	1100	1375	1100	1100	1650	1100	1925
Outros	125	100	100	100	100	100	125	100	100	150	100	175
Total	2500	2000	2000	2000	2000	2000	2500	2000	2000	3000	2000	3500

ORÇAMENTO DE RECEITAS OPERACIONAIS

Graficamente, essa projeção pode ser representada assim:

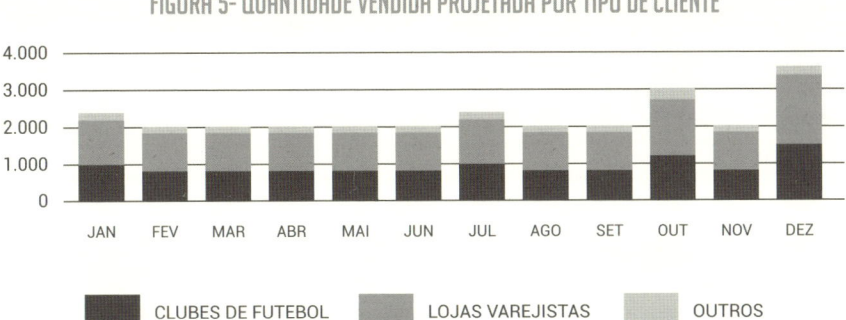

FIGURA 5- QUANTIDADE VENDIDA PROJETADA POR TIPO DE CLIENTE

■ CLUBES DE FUTEBOL   ■ LOJAS VAREJISTAS   ■ OUTROS

Estabelecidas as metas de vendas em termos de quantidades, o passo seguinte é estimá-las em termos monetários. Para isso, é necessária a informação do preço de venda do produto. O departamento comercial, baseado em uma pesquisa de mercado junto aos clientes, estabeleceu os preços de venda a serem praticados ao longo do período orçamentário. No intuito de evidenciar as diferenças existentes por categoria de clientes, os preços também foram segmentados, conforme apresentado na tabela seguinte.

TABELA 20 - PREÇOS DE VENDA

Tipo de cliente	Preço de Venda
Clubes de futebol	R$ 35,00
Lojas varejistas	R$ 33,00
Outros	R$ 49,00

Partindo desses preços e das metas de vendas para cada segmento de cliente, a projeção do faturamento pode ser estabelecida, conforme a tabela a seguir.

TABELA 21 - FATURAMENTO PROJETADO

Tipo de cliente	JAN	FEV	MAR	ABR	MAI	JUN
Clubes de futebol	R$ 35.000	R$ 28.000	R$ 28.000	R$ 28.000	R$ 28.000	R$ 28.000
Lojas varejistas	R$ 45.375	R$ 36.300	R$ 36.300	R$ 36.300	R$ 36.300	R$ 36.300
Outros	R$ 6.125	R$ 4.900	R$ 4.900	R$ 4.900	R$ 4.900	R$ 4.900
Total	R$ 86.500	R$ 69.200	R$ 69.200	R$ 69.200	R$ 69.200	R$ 69.200

Tipo de cliente	JUL	AGO	SET	OUT	NOV	DEZ
Clubes de futebol	R$ 35.000	R$ 28.000	R$ 28.000	R$ 42.000	R$ 28.000	R$ 49.000
Lojas varejistas	R$ 45.375	R$ 36.300	R$ 36.300	R$ 54.450	R$ 36.300	R$ 63.525
Outros	R$ 6.125	R$ 4.900	R$ 4.900	R$ 7.350	R$ 4.900	R$ 8.575
Total	R$ 86.500	R$ 69.200	R$ 69.200	R$ 103.800	R$ 69.200	R$ 121.100

Em seguida, deve-se estimar o recebimento efetivo por mês ao longo do período orçamentário, transformando os dados anteriormente gerados por competência para o regime de caixa. Para tanto, devem ser observadas as formas de recebimento concedidas aos clientes.

Conforme a política de crédito da empresa, são determinadas formas de recebimento diferentes por tipo de cliente. Os clubes de futebol podem fazer o pagamento com uma entrada de 50% da compra e o restante em trinta dias. As lojas varejistas têm prazo de pagamento para trinta dias. Os demais clientes não têm crédito, devendo pagar as compras integralmente à vista. Com esses dados, podem ser estimados os recebimentos ao longo do período orçamentário na tabela seguinte.

TABELA 22 - RECEBIMENTOS PROJETADOS

Tipo de cliente	JAN	FEV	MAR	ABR	MAI	JUN
Clubes de futebol	R$ 17.500	R$ 31.500	R$ 28.000	R$ 28.000	R$ 28.000	R$ 28.000
Lojas varejistas	R$ 0	R$ 45.375	R$ 36.300	R$ 36.300	R$ 36.300	R$ 36.300
Outros	R$ 6.125	R$ 4.900	R$ 4.900	R$ 4.900	R$ 4.900	R$ 4.900
Total	R$ 23.625	R$ 81.775	R$ 69.200	R$ 69.200	R$ 69.200	R$ 69.200

Tipo de cliente	JUL	AGO	SET	OUT	NOV	DEZ	JAN
Clubes de futebol	R$ 31.500	R$ 31.500	R$ 28.000	R$ 35.000	R$ 35.000	R$ 38.500	R$ 24.500
Lojas varejistas	R$ 36.300	R$ 45.375	R$ 36.300	R$ 36.300	R$ 54.450	R$ 36.300	R$ 63.525
Outros	R$ 6.125	R$ 4.900	R$ 4.900	R$ 7.350	R$ 4.900	R$ 8.575	R$ 0
Total	R$ 73.925	R$ 81.775	R$ 69.200	R$ 78.650	R$ 94.350	R$ 83.375	R$ 88.025

Observe dois aspectos relevantes. O primeiro é que no primeiro mês da projeção, o nível de recebimento é bem menor que nos demais meses. Isso decorre dos prazos concedidos para os pagamentos por parte dos clubes de futebol e das lojas varejistas, levando parte dos recebimentos para o mês seguinte. O segundo aspecto decorre do primeiro. Perceba que está projetado recebimento em janeiro do ano seguinte ao período orçamentário. Como há concessão de prazo nos recebimentos, parte deles ultrapassa o período orçamentário.

No que diz respeito ao segundo aspecto, os saldos remanescentes para o período orçamentário posterior ao que está sendo foco da análise deverá compor o orçamento pertinente. Afinal, há um ponto de corte para o orçamento que deve ser respeitado. Considerando isso, a empresa deve verificar se há recebimentos remanescentes do período orçamentário anterior. Caso haja, eles devem ser incorporados a esse orçamento. Ao observar o orçamento do período anterior, percebe-se que são previstos os seguintes recebimentos remanescentes:

TABELA 23 - RECEBIMENTOS REMANESCENTES DO PERÍODO ORÇAMENTÁRIO ANTERIOR

Tipo de cliente	Remanescente do orçamento anterior
Clubes de futebol	R$ 18.500
Lojas varejistas	R$ 49.000
Outros	R$ 0

Considerando que esses valores remanescentes são previstos para o primeiro mês desse período orçamentário, basta somá-los à projeção de recebimento elaborada anteriormente. A tabela seguinte registra essa incorporação e apresenta a projeção final das receitas operacionais por regime de caixa para o período orçamentário.

TABELA 24 - RECEBIMENTO TOTAL PROJETADO

Tipo de cliente	JAN	FEV	MAR	ABR	MAI	JUN
Clubes de futebol	R$ 36.000	R$ 31.500	R$ 28.000	R$ 28.000	R$ 28.000	R$ 28.000
Lojas varejistas	R$ 49.000	R$ 45.375	R$ 36.300	R$ 36.300	R$ 36.300	R$ 36.300
Outros	R$ 6.125	R$ 4.900	R$ 4.900	R$ 4.900	R$ 4.900	R$ 4.900
Total	R$ 91.125	R$ 81.775	R$ 69.200	R$ 69.200	R$ 69.200	R$ 69.200

Tipo de cliente	JUL	AGO	SET	OUT	NOV	DEZ
Clubes de futebol	R$ 31.500	R$ 31.500	R$ 28.000	R$ 35.000	R$ 35.000	R$ 38.500
Lojas varejistas	R$ 36.300	R$ 45.375	R$ 36.300	R$ 36.300	R$ 54.450	R$ 36.300
Outros	R$ 6.125	R$ 4.900	R$ 4.900	R$ 7.350	R$ 4.900	R$ 8.575
Total	R$ 73.925	R$ 81.775	R$ 69.200	R$ 78.650	R$ 94.350	R$ 83.375

ORÇAMENTO DE CUSTOS PRODUTIVOS

5.1 INTRODUÇÃO

Uma parte considerável das empresas executa atividades manufatureiras ou algum tipo de processo produtivo. Em tais empresas, são observados desembolsos financeiros associados às atividades de transformação ou aos esforços de disponibilização do produto ou serviço. Esses gastos incorridos no esforço produtivo são denominados custos produtivos.

O orçamento dos custos produtivos, objeto deste capítulo, é parte integrante de um orçamento empresarial. Os fluxos de caixa gerados a partir das atividades produtivas compõem a categoria de fluxo de caixa operacional, da qual também fazem parte os orçamentos de receitas operacionais e de despesas operacionais. Além disso, é bastante provável que os recursos financeiros comprometidos com as atividades produtivas sejam substanciais, o que reforça sua incorporação ao orçamento.

Para atender à demanda prevista no orçamento de receitas operacionais, a empresa manufatureira deve planejar a produção, de maneira que as quantidades produzidas dos bens sejam compatíveis com as quantidades que serão vendidas e que gerarão as receitas operacionais projetadas. Essa produção decorre de um plano que, por sua vez, deriva de uma série de decisões relacionadas aos níveis de estoque, ao emprego de mão de obra e ao uso e consumo de outros insumos que fazem parte dela.

Ao elaborar o plano de produção, a empresa se depara com a necessidade de incorrer em custos produtivos, os quais deverão ser orçados ao longo do período orçamentário. Tais custos tipicamente são divididos em diretos e indiretos, uma vez que as naturezas de suas formações são diferentes, implicando diferentes métodos para prever os fluxos de caixa.

Este capítulo apresenta o orçamento dos custos produtivos, dividindo-o em orçamentos de matérias-primas, de mão de obra direta e de custos indiretos.

5.2 OBJETIVOS

O objetivo de elaborar o orçamento de custos produtivos é projetar os desembolsos operacionais necessários para permitir que o processo produtivo seja plenamente executado ao longo do período orçamentário. Custos produtivos são gastos incorridos nas atividades operacionais que objetivam gerar algum produto ou prestar algum serviço. Sendo assim, sua existência está associada à obtenção de produtos ou serviços que serão posteriormente vendidos ou prestados aos clientes da empresa.

Em vista disso, essa parte do orçamento é pertinente predominantemente a empresas que executam algum tipo de processo produtivo em sua atividade principal. Nessas empresas do setor industrial, há uma série de custos derivados da execução do processo produtivo. Para fins de orçamento, eles podem ser divididos em matérias-primas, mão de obra direta e custos indiretos de produção, os quais representam os gastos operacionais categorizados como custos.

No entanto, é necessário registrar que esse conceito pode ultrapassar as empresas que têm processos manufatureiros classicamente entendidos como tal. Algumas empresas, ainda que não sejam eminentemente industriais, podem ter parte dos seus desembolsos operacionais considerados como custos, o que requer sua projeção dentro desse contexto.

Tome o exemplo de uma empresa que oferece treinamentos empresariais. Apesar de não ser uma empresa que tenha um típico processo manufatureiro, no qual há uma transformação de matérias-primas em produtos acabados, na prestação do seu serviço, ela incorre em gastos categorizados como custos, uma vez que são sacrifícios financeiros operacionais necessários. Exemplos desses custos seriam o pagamento dos salários dos professores, os materiais gráficos disponibilizados aos alunos, aluguel de equipamentos tais como projetores e demais desembolsos inerentes à prestação do serviço.

Em uma empresa comercial, os desembolsos associados à aquisição das mercadorias para revenda também podem ser compreendidos como custos. Desembolsos com o pagamento aos fornecedores da mercadoria para revenda, fretes e tributos cobrados sobre essas compras, como IPI, ICMS antecipado, ICMS por substituição tributária, são exemplos de desembolsos classificados como custos.

5.3 CENTROS DE RESPONSABILIDADE ENVOLVIDOS

O centro de responsabilidade envolvido na elaboração do orçamento dos custos produtivos é aquele que tem suas atividades principais ligadas à obtenção dos produtos a serem manufaturados ou à geração dos serviços a serem prestados aos clientes. Essa responsabilidade normalmente recai sobre o executivo responsável pela produção ou pela prestação de serviço, o qual detém informações sobre as etapas do processo produtivo e os recursos consumidos. Em empresas comerciais, tal responsabilidade é usualmente do executivo responsável pelas compras de mercadorias para revenda.

Em alguns casos, a depender da complexidade do processo produtivo, possivelmente será necessário o envolvimento de outras áreas, como as de engenharia, manutenção, recursos humanos, almoxarifado e demais que tenham algum tipo de contribuição e/ou participação que gere, direta ou indiretamente, custos produtivos.

É importante registrar que a programação dos custos deve manter coerência com a expectativa de venda da empresa. Portanto, os dados gerados no orçamento de receitas operacionais certamente têm influência sobre o orçamento de custos produtivos.

5.4 FONTES DE DADOS

O processo produtivo de uma empresa pode agregar um nível de complexidade bastante expressivo, requerendo subsídios informacionais de várias áreas. Em princípio, uma fonte de dados relevante para o orçamento de custos produtivos é a projeção das receitas operacionais elaborada na primeira etapa do orçamento. Perceba que grande parte dos esforços produtivos depende do que se espera do atendimento aos clientes. Dessa forma, o esforço produtivo deve manter coerência com o que se espera em termos de quantidades vendidas. Quanto maior a projeção das receitas operacionais, mais esforço será necessário para suportá-las e mais desembolsos com custos produtivos serão precisos. De forma análoga, para um menor nível de receitas operacionais, menos esforço produtivo será necessário e, consequentemente, menos desembolsos com os custos produtivos serão requeridos.

Essa relação evidencia um comportamento proporcional que ocorre entre as receitas operacionais e parte dos custos produtivos. Apesar disso, nem todos os custos produtivos apresentam uma relação de proporcionalidade direta com as receitas geradas na empresa. Parte deles decorre da própria estrutura instalada para permitir a execução das atividades produtivas, o que implica a existência de alguns custos independentemente do nível de produção.

Deve-se destacar que a relação observada entre receitas operacionais e parte dos custos produtivos pode ser estabelecida com ligeiras diferenças. Tal relacionamento pode ser estruturado, tomando-se por base fluxos apropriados pelo regime de competência ou pelo regime de caixa. Isso depende das características específicas do elemento de custo que está sendo analisado, o que impõe projetar tanto as receitas pelo regime de competência (faturamento) quanto pelo de caixa (recebimento).

Outra fonte de dados imperativa para esse orçamento é o plano de produção concebido para a empresa. Como foi exposto, deve-se considerar a demanda estimada dos produtos/serviços a fim de quantificar todos os fatores necessários ao seu atendimento, sejam eles diretos ou indiretos. Para suportar essa demanda, a produção deve ser compatível, provendo os produtos e serviços de acordo com o demandado pelos clientes. Sendo assim, o plano de produção evidencia como serão conduzidas as etapas de produção, predominantemente no que se refere à disponibilização de matérias-primas e demais insumos produtivos.

De forma geral, podem ser elencados três tipos de planos de produção: constante, cíclico e proporcional à demanda.

A produção constante é aquela que prevê uma quantidade fixa produzida periodicamente. Essa abordagem é adequada a negócios cuja demanda também seja relativamente constante ao longo do período orçamentário ou que não tenham flexibilidade para alterar as quantidades produzidas. Em meses cuja demanda fique abaixo da produção, haverá formação de estoque (produção excedente). Em meses de demanda superior à produção, serão consumidas unidades produzidas anteriormente e disponíveis em estoque.

A produção cíclica é caracterizada por ocorrer apenas em determinadas épocas do período orçamentário total. Ela pode ser observada em decorrência de alguns casos específicos, como safras de produtos agrícolas, no caso de agroindústrias, ou restrições de escala, quando são imperativos pedidos em grande volume para ter acesso a preços razoáveis de aquisição. Em ambos os casos, há normalmente uma grande formação de estoques que serão consumidos ao longo dos demais períodos do ano.

Finalmente, a produção proporcional busca, como o nome sugere, manter um nível de produção diretamente proporcional à demanda dos produtos/serviços. O plano de produção é baseado nas expectativas periódicas de demanda, sendo ajustado a elas.

Algumas empresas têm demandas bastante voláteis ao longo do horizonte temporal do orçamento. Nesses casos, se ela optar por uma produção constante, incorrerá em custos excessivos de compra e estocagem nos períodos de demanda baixa. Além disso, quando houver pico na demanda, a empresa pode incorrer em um problema de falta de produto para o seu pleno atendimento. Apesar de não haver custos excessivos de manutenção de estoques, há custos indiretos de não atendimento dos pedidos, gerando perdas de receita operacional e insatisfação dos clientes.

Do ponto de vista financeiro, via de regra, a abordagem que permite utilizar melhor os recursos financeiros é manter o nível de produção próximo ao nível da demanda (produção proporcional à demanda). Com tal perspectiva, evitam-se estoques excessivos de matérias-primas, insumos e produtos acabados. Com isso, os recursos financeiros são comprometidos somente quando requeridos, podendo ter usos alternativos enquanto o momento de comprar os insumos não chega.

Acompanhe o exemplo a seguir. Considere que uma empresa fez a projeção de demanda do seu produto para o período de doze meses, apresentada na tabela seguinte. A primeira linha contém os meses do ano, e a segunda, as vendas mensais projetadas. Admita também que essa empresa espera iniciar esse período anual com estoque de 1.500 unidades de produtos acabados.

TABELA 25 - QUANTIDADE VENDIDA PROJETADA

Mês	JAN	FEV	MAR	ABR	MAI	JUN	JUL	AGO	SET	OUT	NOV	DEZ
Vendas	1500	1750	2250	1500	1350	2500	1450	1450	1350	1350	1750	2550

A primeira abordagem para executar o plano de produção seria o tipo constante. Considerando-se que a demanda total ao longo do ano será de 20.750 unidades (soma das quantidades vendidas mensalmente nos doze meses do ano) e se admitindo o saldo inicial de 1.500 unidades, a empresa decide produzir mensalmente, de maneira uniforme, 1.643 unidades. Tal quantidade foi calculada como 95% da demanda total do ano dividida por doze meses (resultado aproximado, considerados os arredondamentos).

A partir dessa decisão, a produção mensal é estimada na tabela a seguir. A primeira linha mostra os meses do ano. A segunda mostra os saldos iniciais, e a terceira, as vendas mensais. A quarta apresenta a quantidade produzida a cada mês, evidenciando a uniformidade ao longo dos meses. A última linha apresenta os estoques finais projetados, tomando por base o estoque inicial do ano (1.500 unidades).

TABELA 26 - PRODUÇÃO MENSAL PROJETADA

Mês	JAN	FEV	MAR	ABR	MAI	JUN	JUL	AGO	SET	OUT	NOV	DEZ
Saldo Inicial	1500	1643	1536	929	1072	1365	508	701	894	1187	1480	1373
Vendas	1500	1750	2250	1500	1350	2500	1450	1450	1350	1350	1750	2550
Produção Constante	1643	1643	1643	1643	1643	1643	1643	1643	1643	1643	1643	1643
Estoque Final	1643	1536	929	1072	1365	508	701	894	1187	1480	1373	466

É igualmente importante destacar que, em alguns meses, a produção será menor do que a quantidade vendida. De forma semelhante, dada a volatilidade da demanda estimada, em alguns meses serão produzidos mais bens do que serão consumidos. O gráfico seguinte evidencia esse comportamento.

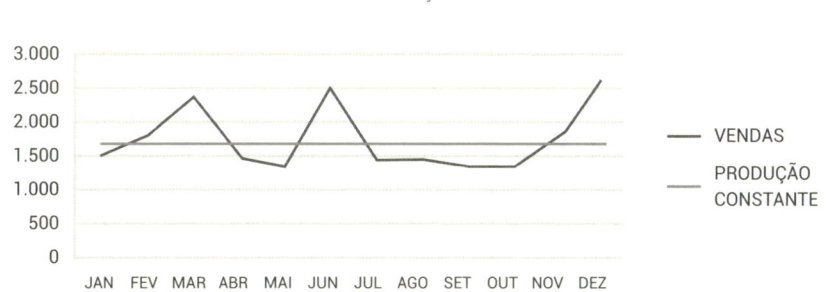

FIGURA 6- PRODUÇÃO CONSTANTE

Naturalmente, nos meses em que a produção é menor do que o consumo, o atendimento desse último é viabilizado pela disponibilidade prévia de estoque, sem o qual os clientes não seriam plenamente satisfeitos.

A outra forma de planejamento da produção poderia ser cíclica. Admita que, no caso apresentado, haja uma restrição de disponibilidade de matérias-primas para a produção. Elas estariam disponíveis apenas nos primeiros cinco meses do ano. Nos demais meses, não haveria disponibilidade de matérias-primas, inviabilizando a aquisição nesse período. Tal circunstância faria com que a empresa concentrasse a produção que atenderia a demanda completa do ano nos cinco primeiros meses.

Considerando-se a mesma hipótese da primeira circunstância, de produzir aproximadamente 95% da quantidade estimada a ser vendida, poderiam ser produzidas 3.943 unidades por mês ao longo dos primeiros cinco meses do ano (20.750 x 0,95 / 5). Com isso, o programa de produção e os saldos finais seriam dados na seguinte tabela.

TABELA 27 - PROGRAMA DE PRODUÇÃO

Mês	JAN	FEV	MAR	ABR	MAI	JUN	JUL	AGO	SET	OUT	NOV	DEZ
Saldo Inicial	1.500	3.943	6.136	7.830	10.273	12.866	10.366	8.916	7.466	6.116	4.766	3.016
Vendas	1.500	1.750	2.250	1.500	1.350	2.500	1.450	1.450	1.350	1.350	1.750	2.550
Produção Cíclica	3.943	3.943	3.943	3.943	3.943	0	0	0	0	0	0	0
Estoque Final	3.943	6.136	7.830	10.273	12.866	10.366	8.916	7.466	6.116	4.766	3.016	466

Verifique que, nessa hipótese, haveria uma necessidade de manutenção de estoques mais altos nos meses iniciais, de maneira a assegurar o atendimento da demanda nos meses em que não seria possível a produção (junho a dezembro). Ao longo dos cinco primeiros meses (janeiro a maio), a empresa teria produção suficiente para atender à sua demanda corrente, bem como formaria estoque adequado para atender à demanda até o fim do ano. Sistematicamente, nos primeiros cinco meses do ano, a produção seria superior à demanda dos clientes, conforme pode ser observado no gráfico a seguir.

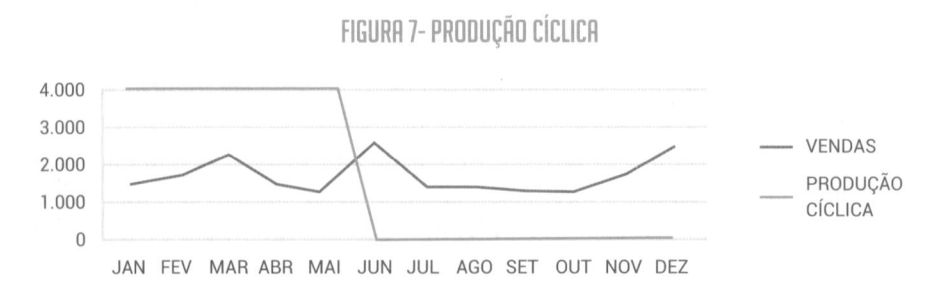

FIGURA 7- PRODUÇÃO CÍCLICA

ORÇAMENTO DE CUSTOS PRODUTIVOS

A última alternativa de plano de produção seria a abordagem proporcional à demanda. Também considerando o mesmo patamar de produção nas situações anteriores, em cada mês do ano, multiplica-se a quantidade vendida estimada por 95%. Isso leva à montagem da seguinte tabela de quantidades produzidas e saldos finais.

TABELA 28 - PROGRAMA DE PRODUÇÃO

Mês	JAN	FEV	MAR	ABR	MAI	JUN	JUL	AGO	SET	OUT	NOV	DEZ
Saldo Inicial	1.500	1.425	1.338	1.226	1.151	1.084	959	887	815	748	681	594
Vendas	1.500	1.750	2.250	1.500	1.350	2.500	1.450	1.450	1.350	1.350	1.750	2.550
Produção Proporcional à Demanda	1.425	1.663	2.138	1.425	1.283	2.375	1.378	1.378	1.283	1.283	1.663	2.423
Estoque Final	1.425	1.338	1.226	1.151	1.084	959	887	815	748	681	594	467

Perceba que não haveria formação excessiva de estoques, conforme pode ser observado na última linha da tabela anterior. Além disso, em nenhum dos meses do ano, haveria produção superior à demanda do mesmo mês, conforme pode ser observado no gráfico a seguir.

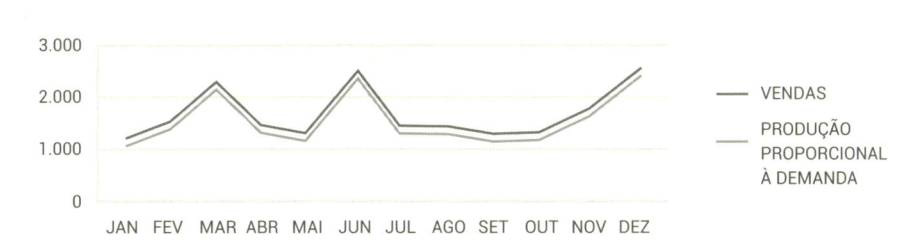

FIGURA 8- PRODUÇÃO PROPORCIONAL À DEMANDA

Uma constatação interessante desse exemplo pode ser sumarizada na seguinte tabela.

TABELA 29 - RESUMO POR TIPO DE PRODUÇÃO

Tipo de produção	Quantidade produzida anual	Produção média mensal	Estoque médio
Constante	19.716	1.643	1.096
Cíclica	19.716	1.643	6.847
Proporcional à Demanda	19.717	1.643	948

Observe que as quantidades produzidas anualmente são praticamente idênticas, assim como as médias mensais de produção. Isso decorre da mesma premissa de produzir 95% da quantidade demandada ao longo do ano. No entanto, o estoque médio mensal varia de acordo com o plano de produção adotado. Observa-se que a produção proporcional à demanda conduziu ao menor nível mensal de estoque médio. Por outro lado, na abordagem cíclica, o estoque médio ficou sensivelmente mais alto, enquanto a abordagem constante apresentou um resultado intermediário, ainda que mais próximo da abordagem proporcional.

As diferenças extremas são explicadas por dois fatores inter-relacionados. O primeiro é que, na abordagem proporcional à demanda, não é necessária a formação de estoques excessivos ao longo de vários períodos. Por outro lado, na produção cíclica, a empresa é forçada a manter estoques em excesso para atendimentos posteriores. O segundo fator é a gestão mais eficiente dos estoques na produção proporcional à demanda, pois somente são produzidos produtos cuja demanda está garantida, evitando demasiado comprometimento de recursos financeiros na forma de matérias-primas e produtos acabados.

Essa última condição, de comprometimento excessivo de recursos financeiros, imputa à empresa custos operacional e financeiro exorbitantes. Recursos comprometidos em ativos circulantes (estoques, no caso específico) que ficam ociosos ao longo de determinado período apresentam custos financeiros derivados da manutenção de maiores níveis de capital de giro. Logo, ser mais eficiente em termos de produção implica reduzir ao mínimo possível a quantidade disponível de estoques, sem que isso leve à falta de matérias-primas e produtos acabados para atendimento aos clientes.

Nesse contexto, deve-se atentar para o *trade-off* (expressão que designa uma situação conflituosa em termos de resultado, implicando a necessidade de se tomar uma decisão) que existe entre retorno e risco. Ao decidir pela manutenção de níveis elevados de estoque, a empresa reduz o risco de falta de produtos acabados para o atendimento dos clientes. Contudo, essa situação de conforto e risco reduzido acarreta redução do retorno operacional, decorrente do aumento do custo de manutenção de níveis excedentes de estoque. Sob outra perspectiva, a manutenção de baixos níveis de estoques leva a resultados operacionais maiores, uma vez que os custos de manutenção do capital de giro são reduzidos. No entanto, a despeito dessa vantagem, o risco da operação aumenta, tendo em vista a possibilidade de não atendimento pleno das demandas dos clientes, acarretando perdas de receita operacional. Assim, tais quais outras decisões no âmbito dos ativos circulantes, o plano de produção deve considerar um equilíbrio saudável entre risco e retorno, expresso objetivamente na manutenção adequada dos níveis de estoques.

Um direcionador básico é que as decisões de compra e de produção devem minimizar os custos produtivos dentro do possível. Deve-se primar por uma gestão eficiente dos estoques de matérias-primas e de produtos acabados, balanceando situações opostas e indesejadas (excesso ou falta de estoques). O excesso gera custos financeiros, e a falta ocasiona o não atendimento da demanda. Portanto, o propósito é minimizar os estoques, sem comprometer o atendimento da demanda.

Naturalmente, em qualquer das circunstâncias adotadas, é sugerida a manutenção de um estoque regulador como forma de precaução à falta de produtos. Quanto mais incerta for a demanda projetada, mais importante será a manutenção desse estoque regulador. Caso a demanda seja razoavelmente previsível, sem possibilidade de picos e/ou quedas muito bruscas em relação aos patamares previstos, o nível do estoque regulador poderá ser menor. Ainda assim, como se trata de projeções de comportamento futuro de demanda, a manutenção de estoque regulador na produção é recomendada, mesmo que isso implique o aumento do custo produtivo, refletido no orçamento.

5.5 MÉTODOS DE PROJEÇÃO

Não é demais novamente ressaltar a relevância de utilizar critérios de projeção compatíveis com o comportamento esperado das contas orçamentárias que são objeto de análise. Tão importante quanto uma estruturação adequada das contas e a utilização de softwares aderentes às particularidades da empresa, é o adequado estabelecimento das premissas de forma mais próxima possível à maneira como as variáveis se comportarão no futuro.

Essencialmente, os métodos de projeção empregados nessa parte do orçamento dependem dos tipos de custos considerados. Isso ocorre porque, a depender do tipo de custo, os métodos de formação dos fluxos de caixa podem variar, indicando, com isso, que o modelo elaborado deve refletir essas diferenças.

De modo geral, os custos totais em uma empresa podem ser classificados quanto à forma de apropriação aos produtos vendidos e/ou serviços prestados. Sendo assim, eles podem ser divididos em diretos e indiretos. Os custos produtivos diretos são aqueles diretamente atribuíveis aos bens produzidos ou aos serviços prestados. Para cada unidade ou lote produzido, podem-se identificar os custos que são incorridos ou incorporados ao bem de maneira direta, sem que haja qualquer necessidade de realização de rateios para essa apropriação. Os custos produtivos indiretos, por sua vez, são associados à produção do bem ou à prestação do serviço, mas sem que haja um uso ou consumo direto na geração de cada unidade ou lote. Individualmente, os bens ou serviços não apresentam uma apropriação desse tipo de custo de forma direta, requerendo o emprego de algum critério de rateio.

Essas diferenças, portanto, evidenciam que os custos diretos são próprios dos bens produzidos ou serviços prestados, enquanto os custos indiretos são próprios da empresa, especificamente da estrutura necessária às atividades ligadas à produção. Por isso, os métodos de projeção divergem em função da categoria de custo, pois a forma como serão realizados também varia.

Se os custos diretos são próprios de cada unidade produzida, então para uma produção maior, maiores serão os custos diretos quando considerados de forma agregada. Conclusão semelhante pode surgir na hipótese de que menores quantidades produzidas implicam menos custos diretos agregados. Desse modo, observa-se uma relação de proporcionalidade direta entre a quantidade produzida de bens e o montante desembolsado com custos de características diretas.

Já com os custos indiretos, por não apresentarem essa correspondência direta com os bens produzidos, não se espera essa relação de proporcionalidade. Naturalmente, para uma maior quantidade produzida de bens, os custos indiretos apresentam uma tendência de aumento, e vice-versa. No entanto, tal aumento, ou diminuição, não ocorre de maneira diretamente proporcional, tal qual é observado nos elementos de custos diretos. Os custos indiretos totais tendem a se manter em patamares estáveis dentro de certas faixas de quantidades produzidas, além dos quais há uma alteração de patamar não diretamente proporcional.

Assim, considerando-se essas características dos comportamentos esperados dos custos produtivos de acordo com suas classificações, os critérios usados serão diferentes. Os custos diretos, como decorrem de cada unidade produzida, podem ser estimados tomando-se por base as quantidades projetadas de produção ou venda. Para cada unidade marginal produzida ou vendida, conforme o parâmetro usado, incorre-se em certo valor monetário marginal referente aos elementos que fazem parte do bem ou serviço.

Os custos indiretos serão estimados tomando-se por base a estrutura montada para permitir o processo produtivo. Esses custos decorrem dos esforços financeiros para manter e operar a estrutura produtiva montada, de maneira que todo o processo produtivo ocorra sem interrupções e respeitando o plano de produção adotado.

5.6 PRODUTOS FINAIS

O produto final desejado é a projeção dos fluxos de caixa derivados das atividades operacionais ligadas à produção de bens para comercialização ou de serviços a serem prestados aos clientes.

Tal qual a classificação apresentada de custos produtivos, o orçamento completo desses custos também é segmentado para permitir um melhor processo de elaboração, bem como uma análise mais apropriada do ponto de vista gerencial. Os custos produtivos classificados em diretos e indiretos também direcionam a divisão do orçamento de custos em diretos e indiretos, sendo o primeiro subdividido em orçamentos de matérias-primas e de mão de obra direta.

Como esse orçamento é formado por partes complementares, as seções seguintes são dedicadas a lhes explorar isoladamente, e a última, a lhe consolidar.

5.6.1 ORÇAMENTO DE MATÉRIAS-PRIMAS

O processo produtivo em uma empresa requer esforços direcionados à geração de produtos ou serviços que serão vendidos ou prestados aos clientes. Logo, esse esforço implica o comprometimento de recursos financeiros na forma de custos. De modo geral, parte desses desembolsos é associada à aquisição de matérias-primas, materiais secundários e insumos. Esses elementos são utilizados para compor o produto final ou são consumidos durante o processo produtivo, a fim de viabilizar sua disponibilização final.

Dessa forma, o orçamento de matérias-primas objetiva estimar especificamente os desembolsos com a aquisição das matérias-primas e insumos necessários para compor os produtos/serviços ou para serem consumidos durante o processo produtivo. Dada essa atribuição, é fácil perceber que esse orçamento será um espelho financeiro do plano de produção determinado pela empresa. Os desembolsos financeiros esperados com as matérias-primas e os insumos decorrem de como a empresa gerenciará a aquisição e manutenção desses itens.

De modo geral, abstraindo eventuais particularidades que podem ser imperativas em algumas empresas, as etapas para sua elaboração são dadas no quadro a seguir.

QUADRO 16 - ETAPAS PARA ELABORAÇÃO DO ORÇAMENTO DE MATÉRIAS-PRIMAS

[
Determinar a quantidade de matérias-primas exigidas para a produção
Estabelecer a política de estocagem de matérias-primas
Programar as aquisições de matérias-primas
Determinar os custos de aquisição das matérias-primas
Projetar os fluxos de caixa relacionados às matérias-primas
]

Para a empresa conseguir disponibilizar cada produto ou serviço no mercado, devem ser determinadas as quantidades de matérias-primas e insumos necessários à sua concretização. A partir da demanda projetada do produto ou serviço, informação essa oriunda do orçamento de receitas operacionais, podem ser estimadas as quantidades de matérias-primas e insumos requeridas para suportar aquela demanda.

Uma maneira de fazer essa estimativa é estabelecer uma quantidade padrão de matérias-primas e insumos necessários por unidade produzida. A quantidade padrão pode ser definida mediante fichas técnicas do produto, nas quais são normatizados os componentes do produto final, bem como informações sobre suas etapas de produção.

Essa determinação é igualmente importante para controlar o processo produtivo e para evitar desperdícios. Um processo produtivo bem estruturado e conduzido permite que os produtos finais sejam gerados dentro do estabelecido na ficha técnica, com pouca dispersão em relação ao padrão. Assim, a ficha técnica proporciona uma padronização dos processos que é refletida na uniformização dos custos incorridos.

Uma vez estabelecidos os componentes dos produtos/serviços, o passo seguinte é estipular a política de estocagem. Devem ser determinados o nível desejado dos estoques, a forma de tratamento de certos produtos e se haverá estoques excedentes desses materiais.

Como foi discutido anteriormente, do ponto de vista estritamente financeiro, quanto menos estoque for mantido, melhor serão os resultados em termos de retorno sobre o investimento no estoque. Porém, níveis muito baixos de estoque podem comprometer a capacidade de atendimento da empresa, acarretando, em situações extremas, indisponibilidade de matérias-primas para permitir a produção. Em decorrência, os gestores devem buscar um equilíbrio entre retorno e risco na manutenção dos estoques de matérias-primas e insumos.

Além disso, cada categoria de materiais pode ter diferentes políticas de aquisição, a depender de suas características de armazenagem e de validade, da sua importância no processo produtivo, do tempo de entrega por parte dos fornecedores e da escala mínima de compra. Essas variáveis direcionam as decisões sobre a frequência e as quantidades dos pedidos de compra.

A programação de aquisições de matérias-primas e insumos será montada em seguida, a partir da demanda estimada, das quantidades padrão estipuladas nas fichas técnicas e da política de estocagem por produto/serviço.

Uma vez estimadas as quantidades a serem adquiridas por período, deverão ser atribuídos preços a esses itens, permitindo-se a posterior formação do fluxo de desembolso financeiro com as matérias-primas.

Por fim, é realizada a projeção do fluxo de caixa derivado das aquisições de matérias-primas e insumos, a qual comporá o orçamento dos custos produtivos.

Este fluxo talvez não esteja ajustado pelo regime de caixa, visto que pode haver prazos para pagamento desses materiais. Sendo assim, faz-se necessário o ajuste dos fluxos para o regime de caixa, refletindo os momentos adequados da saída dos recursos financeiros.

5.6.2 ORÇAMENTO DE MÃO DE OBRA DIRETA

Disponibilizados os insumos e as matérias-primas, outro elemento essencial ao processo produtivo é a mão de obra direta necessária à sua consecução. A mão de obra direta é composta pela força de trabalho necessária à produção e tem atuação diretamente ligada a ela. Portanto, nem todos os colaboradores lotados no setor produtivo serão considerados parte da mão de obra direta. Colaboradores da área de vigilância, por exemplo, não seriam considerados como mão de obra direta, ainda que estejam lotados no setor produtivo.

No orçamento de mão de obra direta, além dos salários pagos aos colaboradores que participam do processo produtivo, também é fundamental contabilizar os encargos sociais e os benefícios concedidos.

As etapas comumente indicadas nesse orçamento são dadas no quadro a seguir.

QUADRO 17 - ETAPAS PARA ORÇAR A MÃO DE OBRA DIRETA

Estimar a quantidade de mão de obra direta necessária à produção

Projetar a taxa horária utilizada por tipo de mão de obra

> Calcular do custo total de mão de obra direta, incluindo os encargos sociais e benefícios
>
> Projetar os fluxos de caixa relacionados à mão de obra direta

A primeira etapa consiste em estimar a quantidade de pessoas necessárias à realização do processo produtivo durante o período orçamentário. Para isso, devem ser listadas as categorias funcionais de todas as pessoas necessárias ao processo produtivo, bem como suas respectivas atribuições e atividades a serem desenvolvidas. A cada categoria, deve ser determinada sua remuneração em termos salariais, assim como os encargos sociais e os benefícios.

Em seguida, deve-se estimar a quantidade de horas necessárias de mão de obra direta para disponibilizar cada produto ou serviço no mercado. Essa determinação auxilia a atribuição de custos aos produtos, quando for necessário fazer algum tipo de apropriação de custos (custeio para fins gerenciais, por exemplo).

Alguns métodos podem ser empregados com esse propósito. O primeiro é o registro de tempo padrão para cada atividade, sendo feitas medições dos tempos necessários em cada etapa do processo produtivo, por tipo de mão de obra. O resultado dessa medição torna-se um padrão, sendo utilizado como parâmetro para o custeio.

Outro método é o baseado em estimativas técnicas ou gerenciais. Esse método é mais apropriado para empresas cujos produtos ou serviços não sejam padronizados, nas quais, normalmente, a cada pedido dos clientes, as configurações dos produtos ou serviços são específicas, não permitindo, dessa forma, nem sua padronização nem a utilização de fichas técnicas e custos uniformes. A cada pedido, então, são feitas estimativas individuais de mão de obra direta.

Um último método é baseado em análises de dados históricos. Ao analisar a relação entre o volume produzido e as horas necessárias de pessoal, pode ser calculada uma estimativa de uso de mão de obra direta. Caso o processo produtivo não tenha qualquer alteração, essa relação deve se manter inalterada, permitindo utilizá-la para fins de projeção.

Posteriormente, o custo total de mão de obra direta pode ser estimado em qualquer período. Para tanto, é necessário estimar as remunerações de cada categoria de função de mão de obra direta. Tais estimativas podem se basear, por exemplo, em uma pesquisa salarial no mercado, buscando identificar o quanto, em média, outras empresas remuneram funções similares. Essa verificação externa é importante, na medida em que eventuais salários defasados em relação a concorrentes podem prejudicar a retenção de funcionários na empresa, gerando alto *turnover* (rotatividade de funcionários).

De outra forma, quando há convenções coletivas de trabalho, devem-se observar os salários da categoria. Caso isso não seja contemplado, corre-se o risco de a empresa estimar salários abaixo do piso estabelecido, podendo lhe fazer incorrer em multas trabalhistas.

Após o estabelecimento dos salários, deve-se verificar quais são os encargos sociais pertinentes à empresa e aos cargos estipulados. Tipicamente, os encargos sociais são desembolsos relevantes e, portanto, devem compor o orçamento de mão de obra direta. Normalmente, os encargos sociais são representados por meio de taxas percentuais, cujas alíquotas são estabelecidas pelo poder público. As alíquotas serão multiplicadas pelas bases de cálculo, normalmente a remuneração dos colaboradores, a fim de gerar os recolhimentos pertinentes.

Nesse ponto, é fundamental ter uma assessoria para indicar os encargos sociais pertinentes. A falha na previsão desses encargos trará contratempos posteriores, seja na falta de recolhimento de encargos devidos, acarretando multas, seja no nível de desembolso realizado maior do que o previsto.

Caso a empresa proporcione benefícios aos colaboradores, ainda que não sejam estabelecidos pela legislação pertinente, esses deverão ser incorporados na projeção. Benefícios como planos de saúde, seguros de vida, auxílios diversos, treinamentos, dentre outros, devem ser contemplados nesse orçamento.

Em seguida, para cada função determinada, deve-se calcular o seu custo horário. Tal cálculo é basicamente realizado compondo o desembolso mensal por função (salários, encargos sociais e benefícios) dividido pela quantidade de horas no mês.

Por fim, baseado nas estimativas anteriores, um fluxo de caixa deve ser montado ao considerar os custos de cada categoria da mão de obra direta. As taxas horárias devem ser multiplicadas pelos custos horários, ao longo do período orçamentário, projetando-se o fluxo de caixa da mão de obra direta.

Em alguns casos, opcionalmente, a projeção não precisa usar valores horários. Em processos produtivos razoavelmente estáveis, as estimativas de mão de obra direta, bem como suas remunerações, podem ser estimadas em bases mensais.

Ademais, do ponto de vista pragmático, a mão de obra direta pode não ter um comportamento tão variável como a sua denominação faz parecer. Não é razoável supor que, para uma duplicação da produção, os desembolsos com mão de obra direta terão uma variação de cem por cento, derivados de uma duplicação do pessoal. Também, é pouco razoável esperar que, para uma queda da produção à metade, o desembolso com mão de obra direta também cairá à metade, pelo desligamento de metade da mão de obra direta disponível. Além do mais, não é comum haver admissões e demissões abruptas em função de alterações abruptas nas quantidades produzidas. Em função disso, normalmente, não se espera uma variação de curto prazo muito intensa nos desembolsos com mão de obra direta, o que permite sua projeção, em alguns casos, sem o emprego do conceito de taxas horárias.

5.6.3 ORÇAMENTO DE CUSTOS INDIRETOS DE PRODUÇÃO

Os custos indiretos de produção são aqueles necessários à produção, com exceção de matérias-primas e mão de obra direta. Normalmente, não são atribuíveis diretamente aos produtos, sendo comparáveis a desembolsos de natureza fixa, uma vez que independem do nível de atividade da empresa. Portanto, quer a empresa produza mais ou menos quantidade, espera-se que, ainda assim, ela incorra em custos indiretos de produção de maneira não proporcional àquele nível.

O responsável pelo orçamento de custos produtivos deve estimar esse orçamento baseado nas atividades que envolvam ou sustentem o processo produtivo. Tipicamente, as etapas para sua elaboração são indicadas no quadro a seguir.

QUADRO 18 - ETAPAS PARA ELABORAÇÃO DO ORÇAMENTO DE CUSTOS INDIRETOS DE PRODUÇÃO

[
Identificar o nível desejado de produção
Obter e analisar os dados históricos
Estimar as premissas de subsídio à projeção
Fazer a projeção dos fluxos de caixa
]

O primeiro passo da elaboração do orçamento de custos indiretos de produção é identificar a escala da produção. Geralmente, essa escala se define pela quantidade a ser produzida no período, já determinada no plano de produção. Tal estimativa serve para indicar uma expectativa dos custos indiretos de produção.

Apesar de não se esperar uma variação dos custos indiretos de produção de maneira diretamente proporcional à variação da escala de produção, para níveis de produção além de certos limites até os quais a estrutura atual da empresa suporta, os custos indiretos sofrem um aumento de patamar. Em função disso, é importante considerar a escala de produção esperada de forma a direcionar as expectativas de estrutura produtiva mínima para proporcionar o devido suporte.

Verificadas as escalas de produção estimadas, deve-se obter e analisar os dados históricos dos custos indiretos de produção anteriormente incorridos. Caso tenha a expectativa de o processo produtivo se manter inalterado no futuro em relação ao passado, os valores históricos funcionarão de base para as estimativas de seus comportamentos futuros.

Os dados históricos podem ser coletados por intermédio de relatórios gerenciais de desembolsos, filtrados pelos custos indiretos de produção. De modo a considerar as escalas de produção da época, também é importante contar com relatórios históricos de produção, os quais permitirão verificar a relação entre esse nível e os custos indiretos incorridos.

Por outro lado, o comportamento passado não ocorrerá no futuro da mesma forma caso diferentes escalas de demanda e/ou novos processos produtivos sejam usados, podendo indicar, em decorrência, diferentes níveis de custos. Além disso, em empresas iniciantes, não há disponibilidade de histórico de custos indiretos de produção. Ambas as situações desaconselham ou inviabilizam o uso de dados históricos, conduzindo os participantes do orçamento a basearem suas premissas unicamente nas expectativas de comportamento futuro.

O passo seguinte é estabelecer premissas de desembolso de cada conta orçamentária categorizada como custos indiretos. Tais premissas podem se basear nos dados históricos, os quais servirão de base para seus estabelecimentos, e/ou se basear em expectativas levantadas pela equipe de produção, tomando por parâmetro novas necessidades de atividades operacionais.

Por fim, após as análises sobre os dados históricos, a geração de expectativas sobre as condições futuras de produção e o levantamento das premissas, a projeção do orçamento pode ser elaborada, gerando-se uma planilha com esses fluxos de caixa previstos.

5.6.4 ORÇAMENTO CONSOLIDADO DE CUSTOS PRODUTIVOS

Ao finalizar a projeção dos orçamentos de custos diretos e indiretos, eles devem ser consolidados em um só orçamento de custos produtivos. Com isso, ter-se-á um único fluxo de caixa projetado, o qual consolidará todas essas informações e poderá ser agregado ao orçamento completo.

5.7 EXEMPLOS

5.7.1 EMPRESA PRESTADORA DE SERVIÇOS

Voltando ao exemplo da clínica, apesar de não ser uma empresa que tenha um processo produtivo típico, ela incorre em custos para prestar seus serviços. Esses custos são de matérias-primas, mão de obra direta e custos indiretos, todos descritos a seguir.

Para cada procedimento cirúrgico apresentado, Cirurgia I, II e III, foi estimada a quantidade de produtos utilizados diretamente. A tabela a seguir mostra essas estimativas, juntamente dos respectivos preços de aquisição de cada item, o que permite apropriar o custo de insumos (matérias-primas) usados em cada um desses procedimentos. A composição de materiais de cada procedimento cirúrgico foi coletada junto aos cirurgiões e enfermeiros, e os preços de aquisição junto aos respectivos fornecedores.

TABELA 30 - COMPOSIÇÃO DE MATERIAIS POR TIPO DE PROCEDIMENTO

Cirurgia I				
Item	Quantidade	Unidade	Preço de Custo	Preço Total
Avental descartável cirurgião	1	UND	R$ 9,50	R$ 9,50
Avental descartável instrumentador	1	UND	R$ 9,50	R$ 9,50
Fios cirúrgicos	5	UND	R$ 4,50	R$ 22,50
Gazes	5	ENV	R$ 0,90	R$ 4,50
Luvas	2	PAR	R$ 1,00	R$ 2,00
Gorro/propé	2	UND	R$ 0,20	R$ 0,40
Campo cirúrgico	2	UND	R$ 3,50	R$ 7,00
Soro fisiológico	1	LIT	R$ 4,00	R$ 4,00
Fita microporosa	1	ROL	R$ 1,90	R$ 1,90
Total				R$ 61,30

Cirurgia II				
Item	Quantidade	Unidade	Preço de Custo	Preço Total
Avental descartável cirurgião	2	UND	R$ 9,50	R$ 19,00
Avental descartável instrumentador	1	UND	R$ 9,50	R$ 9,50
Avental descartável enfermeira	1	UND	R$ 9,50	R$ 9,50

(CONTINUA)

				(CONTINUAÇÃO)
Avental descartável anestesista	1	UND	R$ 13,00	R$ 13,00
Fios cirúrgicos	5	UND	R$ 4,50	R$ 22,50
Gazes	5	ENV	R$ 0,90	R$ 4,50
Luvas	5	PAR	R$ 1,00	R$ 5,00
Gorro/propé	5	UND	R$ 0,20	R$ 1,00
Campo cirúrgico	2	UND	R$ 3,50	R$ 7,00
Soro fisiológico	1	LIT	R$ 2,00	R$ 2,00
Fita microporosa	1	ROL	R$ 1,90	R$ 1,90
Placa descartável para eletrocirurgia	1	UND	R$ 14,00	R$ 14,00
Total				**R$ 108,90**

Cirurgia III				
Item	Quantidade	Unidade	Preço de Custo	Preço Total
Avental descartável cirurgião	3	UND	R$ 9,50	R$ 28,50
Avental descartável instrumentador	1	UND	R$ 9,50	R$ 9,50
Avental descartável enfermeira	1	UND	R$ 9,50	R$ 9,50
Avental descartável anestesista	1	UND	R$ 9,50	R$ 9,50
Fios cirúrgicos	5	UND	R$ 4,50	R$ 22,50
Gazes	10	ENV	R$ 0,90	R$ 9,00
Luvas	6	PAR	R$ 1,00	R$ 6,00
Gorro/propé	6	UND	R$ 0,20	R$ 1,20
Campo cirúrgico	3	UND	R$ 3,50	R$ 10,50

(CONTINUA)

				(CONTINUAÇÃO)
Soro fisiológico	1	LIT	R$ 2,00	R$ 2,00
Fita microporosa	1	ROL	R$ 1,90	R$ 1,90
Placa descartável para eletrocirurgia	1	UND	R$ 14,00	R$ 14,00
Órtese	1	UND	R$ 35,00	R$ 35,00
Total				**R$ 159,10**

Para cada procedimento, verificou-se seu custo com materiais. Os custos, quando multiplicados pela quantidade prevista de procedimentos em cada mês, permitem estimar os desembolsos diretos com os materiais a seguir.

TABELA 31 - DESEMBOLSOS DIRETOS PROJETADOS

Serviços	JAN	FEV	MAR	ABR	MAI	JUN
Cirurgia I	R$ 61.300	R$ 61.300	R$ 55.170	R$ 55.170	R$ 61.300	R$ 61.300
Cirurgia II	R$ 5.445	R$ 5.445	R$ 4.356	R$ 4.356	R$ 5.445	R$ 5.445
Cirurgia III	R$ 3.978	R$ 3.978	R$ 3.182	R$ 3.182	R$ 3.978	R$ 3.978
Total	R$ 70.723	R$ 70.723	R$ 62.708	R$ 62.708	R$ 70.723	R$ 70.723

Serviços	JUL	AGO	SET	OUT	NOV	DEZ
Cirurgia I	R$ 49.040	R$ 55.170	R$ 61.300	R$ 61.300	R$ 61.300	R$ 49.040
Cirurgia II	R$ 2.723	R$ 4.356	R$ 5.445	R$ 5.445	R$ 5.445	R$ 2.723
Cirurgia III	R$ 2.068	R$ 3.182	R$ 3.978	R$ 3.978	R$ 3.978	R$ 2.068
Total	R$ 53.831	R$ 62.708	R$ 70.723	R$ 70.723	R$ 70.723	R$ 53.831

O passo seguinte é listar as funções envolvidas diretamente em cada serviço prestado e suas remunerações. Com essas informações, será possível estimar os desembolsos de mão de obra com os serviços a serem prestados. A tabela a seguir registra as informações pertinentes, coletadas junto à empresa de contabilidade, responsável pela folha de pagamento da clínica. Sua formação considera que há 160 horas de trabalho por mês (8 horas diárias x 5 dias na semana x 4 semanas = 160 horas) e que os encargos sociais da empresa correspondem a 40,00% do salário bruto.

TABELA 32 - INFORMAÇÕES PARA PROJETAR DESEMBOLSOS COM MÃO DE OBRA

Pessoal	Salário mensal	Encargos sociais	Remuneração total	Remuneração/hora
Cirurgião	R$ 5.000,00	R$ 2.000,00	R$ 7.000,00	R$ 43,75
Clínico Geral	R$ 4.500,00	R$ 1.800,00	R$ 6.300,00	R$ 39,38
Anestesista	R$ 4.000,00	R$ 1.600,00	R$ 5.600,00	R$ 35,00
Enfermeiro	R$ 1.500,00	R$ 600,00	R$ 2.100,00	R$ 13,13
Instrumentador	R$ 1.000,00	R$ 400,00	R$ 1.400,00	R$ 8,75

A primeira coluna descreve a função. As duas colunas seguintes descrevem os respectivos salários mensais e encargos sociais, calculados multiplicando-se o percentual informado pelo salário. A coluna seguinte é a soma das colunas de salário mensal e de encargos sociais, gerando a remuneração mensal total. A última coluna coleta a remuneração total (coluna anterior) e a divide pelo total de horas em um mês (160 horas), indicando o custo horário da mão de obra direta.

Uma vez calculado o custo horário da mão de obra direta, deve-se verificar quanto tempo cada serviço requer de cada profissional envolvido. A tabela a seguir indica a mão de obra direta estimada em horas para cada serviço.

TABELA 33 - MÃO DE OBRA DIRETA (HORAS)

Serviços	Cirurgião	Clínico Geral	Anestesista	Enfermeiro	Instrumentador
Atendimento clínico		0,50			
Cirurgia I	1,00				1,00
Cirurgia II	2,00		1,00	1,00	1,00
Cirurgia III	3,00		1,00	1,00	1,00

Cada atendimento clínico requer meia hora de um clínico geral. Uma cirurgia I requer um cirurgião e um instrumentador, durante uma hora. A cirurgia II necessita dois cirurgiões, um anestesista, um enfermeiro e um instrumentador, durante uma hora. Já a cirurgia III, em relação à cirurgia II, demanda um cirurgião adicional, também ao longo de uma hora. Multiplicando-se os respectivos tempos pela remuneração horária de cada colaborador, estima-se o custo da mão de obra direta em cada serviço na próxima tabela.

TABELA 34 - CUSTO DA MÃO DE OBRA DIRETA POR SERVIÇO

Serviços	Mão de obra direta
Atendimento clínico	R$ 19,69
Cirurgia I	R$ 52,50
Cirurgia II	R$ 144,38
Cirurgia III	R$ 188,13

Por fim, o orçamento da mão de obra direta é estimado mediante a multiplicação do custo de cada serviço pela respectiva quantidade estimada mensal, gerando a projeção a seguir.

ORÇAMENTO DE CUSTOS PRODUTIVOS

TABELA 35 - DESEMBOLSO PROJETADO COM MÃO DE OBRA DIRETA

Serviços	JAN	FEV	MAR	ABR	MAI	JUN
Atendimento clínico	R$ 19.688	R$ 19.688	R$ 17.719	R$ 17.719	R$ 19.688	R$ 19.688
Cirurgia I	R$ 2.625	R$ 2.625	R$ 2.100	R$ 2.100	R$ 2.625	R$ 2.625
Cirurgia II	R$ 3.609	R$ 3.609	R$ 2.888	R$ 2.888	R$ 3.609	R$ 3.609
Cirurgia III	R$ 3.763	R$ 3.763	R$ 3.010	R$ 3.010	R$ 3.763	R$ 3.763
Total	R$ 29.684	R$ 29.684	R$ 25.716	R$ 25.716	R$ 29.684	R$ 29.684

Serviços	JUL	AGO	SET	OUT	NOV	DEZ
Atendimento clínico	R$ 15.750	R$ 17.719	R$ 19.688	R$ 19.688	R$ 19.688	R$ 15.750
Cirurgia I	R$ 1.313	R$ 2.100	R$ 2.625	R$ 2.625	R$ 2.625	R$ 1.313
Cirurgia II	R$ 1.877	R$ 2.888	R$ 3.609	R$ 3.609	R$ 3.609	R$ 1.877
Cirurgia III	R$ 1.881	R$ 3.010	R$ 3.763	R$ 3.763	R$ 3.763	R$ 1.881
Total	R$ 20.821	R$ 25.716	R$ 29.684	R$ 29.684	R$ 29.684	R$ 20.821

Pode-se passar nesse momento para a projeção dos custos indiretos de produção. Utilizando-se dados históricos coletados no sistema informatizado da clínica, foram estimados os desembolsos com os custos indiretos relacionados aos serviços prestados. A tabela seguinte apresenta os custos históricos médios ao longo do período orçamentário anterior.

TABELA 36 - VALORES MENSAIS HISTÓRICOS

Itens	Valores mensais históricos
Energia centro cirúrgico	R$ 650,00
Limpeza terceirizada	R$ 750,00
Manutenção equipamentos	R$ 350,00

Como os dados históricos foram observados em uma circunstância parecida à esperada nos próximos meses, esses valores são bons indicadores do que se espera no próximo período orçamentário. Logo, a administração adotou esses valores como os orçados para os próximos meses, sem qualquer reajuste de valores, conforme tabela a seguir.

TABELA 37 - CUSTOS INDIRETOS DE PRODUÇÃO PROJETADOS

Meses	JAN	FEV	MAR	ABR	MAI	JUN
CIPs	R$ 1.750,00	R$ 1.750,00	R$ 1.750,00	R$ 1.750,00	R$ 1.750,00	R$ 1.750,00

Meses	JUL	AGO	SET	OUT	NOV	DEZ
CIPs	R$ 1.750,00	R$ 1.750,00	R$ 1.750,00	R$ 1.750,00	R$ 1.750,00	R$ 1.750,00

O orçamento completo dos custos produtivos da clínica equivale à agregação dos seus orçamentos de custos componentes (matérias-primas, mão de obra direta e custos indiretos de produção). A tabela a seguir apresenta essa estimativa completa.

TABELA 38 - CUSTOS PRODUTIVOS PROJETADOS

Contas	JAN	FEV	MAR	ABR	MAI	JUN
Matérias-primas	R$ 70.723	R$ 70.723	R$ 62.708	R$ 62.708	R$ 70.723	R$ 70.723
Mão de obra Direta	R$ 29.684	R$ 29.684	R$ 25.716	R$ 25.716	R$ 29.684	R$ 29.684
Custos Indiretos de Produção	R$ 1.750	R$ 1.750	R$ 1.750	R$ 1.750	R$ 1.750	R$ 1.750
Total	R$ 102.157	R$ 102.157	R$ 90.174	R$ 90.174	R$ 102.157	R$ 102.157

Contas	JUL	AGO	SET	OUT	NOV	DEZ
Matérias-primas	R$ 53.831	R$ 62.708	R$ 70.723	R$ 70.723	R$ 70.723	R$ 53.831
Mão de obra Direta	R$ 20.821	R$ 25.716	R$ 29.684	R$ 29.684	R$ 29.684	R$ 20.821
Custos Indiretos de Produção	R$ 1.750	R$ 1.750	R$ 1.750	R$ 1.750	R$ 1.750	R$ 1.750
Total	R$ 76.401	R$ 90.174	R$ 102.157	R$ 102.157	R$ 102.157	R$ 76.401

5.7.2 EMPRESA COMERCIAL

Na empresa comercial, os custos estão associados aos desembolsos derivados da aquisição das mercadorias para revenda. No intuito de estimar esses desembolsos, a área de compras da empresa analisou a relação percentual histórica entre compra e venda por linha de produtos. Por exemplo, se a venda total de uma linha de produtos foi R$ 100,00 e a compra nesse mesmo período foi de R$ 77,00, a relação que se busca é o quanto a compra equivale percentualmente à venda. No caso, R$ 77,00 equivale a 77,00% de R$ 100,00 (R$ 77,00/R$ 100,00).

Naturalmente, quanto menor essa relação, do ponto de vista financeiro, melhor será para a empresa. Essa relação percentual menor sugere maior margem de contribuição do produto ou grupo de produtos, além de apontar melhor gestão dos estoques. Ambas as circunstâncias são desejadas na perspectiva financeira.

O estabelecimento de tal relação percentual também pode servir aos propósitos de se estipular uma meta a ser perseguida pela área de compras. Esses indicadores permitem que a área de compras verifique se está comprando demasiadamente, o que pode comprometer os resultados financeiros esperados.

Na empresa, historicamente, as relações percentuais por linhas de produtos observadas pela área de compras foram resumidas na tabela a seguir.

TABELA 39 - RELAÇÃO PERCENTUAL COM O FATURAMENTO

Linha	Percentual do Faturamento
Linha I	65,00%
Linha II	70,00%
Linha III	65,00%
Linha IV	70,00%
Linha V	55,00%

As relações percentuais entre compra e venda, apresentadas na segunda coluna da tabela anterior, não são iguais entre os diferentes grupos de produtos. Isso é perfeitamente observável na prática, pois reflete diferentes margens de contribuição e critérios para estabelecimento dos preços de venda entre as linhas de produtos.

Admitindo que as compras são decorrentes das vendas, a área de compras da empresa elaborou a projeção de compras tomando por base as relações históricas e as vendas projetadas anteriormente pela área comercial por linha de produtos (explicada no capítulo anterior). Para cada linha de produtos, em cada mês, multiplicou-se a relação percentual da linha de produtos pela venda estimada. O resultado é apresentado na seguinte tabela.

TABELA 40 - CUSTO PROJETADO

Linha	JAN	FEV	MAR	ABR	MAI	JUN
Linha I	R$ 80.928	R$ 93.260	R$ 71.124	R$ 73.469	R$ 101.568	R$ 76.419
Linha II	R$ 89.953	R$ 100.900	R$ 103.071	R$ 97.965	R$ 98.880	R$ 92.546
Linha III	R$ 59.946	R$ 66.636	R$ 66.903	R$ 61.248	R$ 65.291	R$ 62.382
Linha IV	R$ 180.525	R$ 170.616	R$ 159.080	R$ 168.570	R$ 151.561	R$ 154.024
Linha V	R$ 36.818	R$ 36.590	R$ 31.769	R$ 39.130	R$ 38.917	R$ 30.730
Total	R$ 448.170	R$ 468.001	R$ 431.948	R$ 440.383	R$ 456.217	R$ 416.102

Linha	JUL	AGO	SET	OUT	NOV	DEZ
Linha I	R$ 94.471	R$ 83.740	R$ 90.934	R$ 79.887	R$ 91.306	R$ 86.559
Linha II	R$ 97.132	R$ 103.788	R$ 101.767	R$ 101.456	R$ 98.242	R$ 99.225
Linha III	R$ 65.282	R$ 60.895	R$ 67.126	R$ 64.337	R$ 60.291	R$ 68.241
Linha IV	R$ 172.158	R$ 167.739	R$ 169.981	R$ 177.592	R$ 162.560	R$ 173.342
Linha V	R$ 32.371	R$ 32.701	R$ 38.350	R$ 38.667	R$ 41.510	R$ 40.873
Total	R$ 461.414	R$ 448.864	R$ 468.158	R$ 461.939	R$ 453.909	R$ 468.241

Essa etapa pressupõs duas circunstâncias. A primeira é que as relações percentuais históricas entre compra e venda manter-se-ão inalteradas no próximo período orçamentário, motivo pelo qual foram utilizadas para estimar os montantes de compras dos fornecedores. Caso haja expectativa de alteração dessa relação, em função, por exemplo, de uma política de estoque mais restritiva ou uma mudança na política de estabelecimento de preços de venda, os percentuais devem ser revistos de maneira a acomodar tais modificações. A segunda circunstância é que as compras são realizadas no mesmo mês das vendas. Isso faz com que não haja descasamento temporal entre a venda e a compra, indicando que a reposição dos estoques é feita dentro do mesmo mês. Se a compra for realizada antecipadamente ou posteriormente à venda, isso deve ser refletido na projeção.

O passo seguinte é transformar a informação de regime de competência para regime de caixa. Para isso, o procedimento será semelhante ao adotado na projeção do recebimento a partir da projeção do faturamento. A tabela a seguir apresenta as regras de pagamento por linha de produtos. As fontes de dados consultadas para estruturar essa tabela foram os fornecedores das mercadorias.

TABELA 41 - FORMAS DE PAGAMENTO POR LINHA DE PRODUTO

Linha	Linha I	Linha II	Linha III	Linha IV	Linha V
À vista	50,00%			25,00%	
30 dias	50,00%	100,00%	50,00%	25,00%	50,00%
60 dias			50,00%	25,00%	25,00%
90 dias				25,00%	25,00%

Para cada linha de produtos, adotando-se os percentuais de distribuição do pagamento aos fornecedores, são montadas as projeções por linha de produtos a seguir.

TABELA 42 - PAGAMENTOS PROJETADOS A FORNECEDORES POR LINHA DE PRODUTO

Linha I	JAN	FEV	MAR	ABR	MAI	JUN	JUL	AGO	SET	OUT	NOV	DEZ	JAN	FEV	MAR
À vista	R$ 40.464	R$ 46.630	R$ 35.562	R$ 36.735	R$ 50.784	R$ 38.209	R$ 47.235	R$ 41.870	R$ 45.467	R$ 39.943	R$ 45.653	R$ 43.280			
30 dias		R$ 40.464	R$ 46.630	R$ 35.562	R$ 36.735	R$ 50.784	R$ 38.209	R$ 47.235	R$ 41.870	R$ 45.467	R$ 39.943	R$ 45.653	R$ 43.280		

Linha II	JAN	FEV	MAR	ABR	MAI	JUN	JUL	AGO	SET	OUT	NOV	DEZ	JAN	FEV	MAR
30 dias		R$ 89.953	R$ 100.900	R$ 103.071	R$ 97.965	R$ 98.880	R$ 92.546	R$ 97.132	R$ 103.788	R$ 101.767	R$ 101.456	R$ 98.242	R$ 99.225		

Linha III	JAN	FEV	MAR	ABR	MAI	JUN	JUL	AGO	SET	OUT	NOV	DEZ	JAN	FEV	MAR
30 dias	R$ 29.973	R$ 33.318	R$ 33.452	R$ 30.624	R$ 32.645	R$ 31.191	R$ 32.641	R$ 30.448	R$ 33.563	R$ 32.168	R$ 30.145	R$ 34.121			
60 dias		R$ 29.973	R$ 33.318	R$ 33.452	R$ 30.624	R$ 32.645	R$ 31.191	R$ 32.641	R$ 30.448	R$ 33.563	R$ 32.168	R$ 30.145	R$ 34.121		

Linha IV	JAN	FEV	MAR	ABR	MAI	JUN	JUL	AGO	SET	OUT	NOV	DEZ	JAN	FEV	MAR
À vista	R$ 45.131	R$ 42.654	R$ 39.770	R$ 42.143	R$ 37.890	R$ 38.506	R$ 43.040	R$ 41.935	R$ 42.495	R$ 44.398	R$ 40.640	R$ 43.335			
30 dias		R$ 45.131	R$ 42.654	R$ 39.770	R$ 42.143	R$ 37.890	R$ 38.506	R$ 43.040	R$ 41.935	R$ 42.495	R$ 44.398	R$ 40.640	R$ 43.335		
60 dias			R$ 45.131	R$ 42.654	R$ 39.770	R$ 42.143	R$ 37.890	R$ 38.506	R$ 43.040	R$ 41.935	R$ 42.495	R$ 44.398	R$ 40.640	R$ 43.335	
90 dias				R$ 45.131	R$ 42.654	R$ 39.770	R$ 42.143	R$ 37.890	R$ 38.506	R$ 43.040	R$ 41.935	R$ 42.495	R$ 44.398	R$ 40.640	R$ 43.335

Linha V	JAN	FEV	MAR	ABR	MAI	JUN	JUL	AGO	SET	OUT	NOV	DEZ	JAN	FEV	MAR
30 dias		R$ 18.409	R$ 18.295	R$ 15.885	R$ 19.565	R$ 19.459	R$ 15.365	R$ 16.185	R$ 16.351	R$ 19.175	R$ 19.334	R$ 20.755	R$ 20.437		
60 dias			R$ 9.204	R$ 9.147	R$ 7.942	R$ 9.783	R$ 9.729	R$ 7.683	R$ 8.093	R$ 8.175	R$ 9.587	R$ 9.667	R$ 10.378	R$ 10.218	
90 dias				R$ 9.204	R$ 9.147	R$ 7.942	R$ 9.783	R$ 9.729	R$ 7.683	R$ 8.093	R$ 8.175	R$ 9.587	R$ 9.667	R$ 10.378	R$ 10.218

ORÇAMENTO DE CUSTOS PRODUTIVOS

Agregando-se o pagamento de todas as linhas de produtos, chega-se à seguinte projeção completa dos desembolsos com mercadorias para revenda por regime de caixa.

TABELA 43 - PAGAMENTOS TOTAIS AOS FORNECEDORES PROJETADOS

Linhas	JAN	FEV	MAR	ABR	MAI	JUN	JUL
Linha I	R$ 40.464	R$ 87.094	R$ 82.192	R$ 72.297	R$ 87.519	R$ 88.994	R$ 85.445
Linha II	R$ 0	R$ 89.953	R$ 100.900	R$ 103.071	R$ 97.965	R$ 98.880	R$ 92.546
Linha III	R$ 0	R$ 29.973	R$ 63.291	R$ 66.770	R$ 64.076	R$ 63.269	R$ 63.836
Linha IV	R$ 45.131	R$ 87.785	R$ 127.555	R$ 169.698	R$ 162.457	R$ 158.309	R$ 161.578
Linha V	R$ 0	R$ 18.409	R$ 27.499	R$ 34.236	R$ 36.655	R$ 37.183	R$ 34.877
Total	R$ 85.595	R$ 313.214	R$ 401.437	R$ 446.072	R$ 448.671	R$ 446.635	R$ 438.283

Linhas	AGO	SET	OUT	NOV	DEZ	JAN	FEV	MAR
Linha I	R$ 89.105	R$ 87.337	R$ 85.410	R$ 85.596	R$ 88.933	R$ 43.280	R$ 0	R$ 0
Linha II	R$ 97.132	R$ 103.788	R$ 101.767	R$ 101.456	R$ 98.242	R$ 99.225	R$ 0	R$ 0
Linha III	R$ 63.832	R$ 63.089	R$ 64.011	R$ 65.731	R$ 62.314	R$ 64.266	R$ 34.121	R$ 0
Linha IV	R$ 161.371	R$ 165.975	R$ 171.867	R$ 169.468	R$ 170.869	R$ 128.373	R$ 83.975	R$ 43.335
Linha V	R$ 33.597	R$ 32.126	R$ 35.443	R$ 37.096	R$ 40.009	R$ 40.481	R$ 20.596	R$ 10.218
Total	R$ 445.037	R$ 452.316	R$ 458.499	R$ 459.348	R$ 460.366	R$ 375.625	R$ 138.692	R$ 53.554

5.7.3 EMPRESA INDUSTRIAL

A empresa industrial incorrerá em custos associados ao processo produtivo das bolas de futebol, compostos pelos desembolsos com matérias-primas, mão de obra direta e gastos indiretos.

Iniciando pelos custos associados às matérias-primas, a empresa utilizou informações oriundas da ficha técnica do produto e do plano de produção. A ficha técnica da bola produzida é apresentada na tabela a seguir.

TABELA 44 - FICHA TÉCNICA DA BOLA

Descrição do insumo	Tipo	Und.	Qtd.
Painel de couro sintético	Matéria-prima	und	32,00
Linha	Matéria-prima	cm	120,00
Borracha inflável	Matéria-prima	und	1,00
Válvula	Matéria-prima	und	1,00
Poliéster (4 camadas)	Matéria-prima	cm2	100,00
Saco plástico	Embalagem	und	1,00
Tinta para silkscreen	Matéria-prima	ml	50,00
Adesivo látex	Matéria-prima	ml	100,00
Energia elétrica	Outros custos diretos	KWh	0,05

A primeira coluna descreve cada insumo que compõe a bola ou é consumido na sua produção. A segunda classifica esses insumos em três tipos: matéria-prima, embalagem e outros custos diretos. A terceira coluna apresenta a unidade de medida de cada insumo, e a última mostra o quanto é usado/consumido de cada insumo na produção de uma unidade de bola.

Partindo da ficha técnica da bola, pode-se calcular seu custo direto de produção a partir dos preços de aquisição de cada insumo. Sendo assim, complementando-se a tabela anterior com os preços de aquisição, tem-se o seguinte resultado.

ORÇAMENTO DE CUSTOS PRODUTIVOS

TABELA 45 - CUSTO DIRETO DE PRODUÇÃO

Descrição do insumo	Tipo	Und.	Qtd.	Preço	Total	AV %
Painel de couro sintético	Matéria-prima	und	32,00	R$ 0,15	R$ 4,80	34,85%
Linha	Matéria-prima	cm	120,00	R$ 0,01	R$ 1,20	8,71%
Borracha inflável	Matéria-prima	und	1,00	R$ 1,85	R$ 1,85	13,43%
Válvula	Matéria-prima	und	1,00	R$ 0,75	R$ 0,75	5,45%
Poliéster (4 camadas)	Matéria-prima	cm2	100,00	R$ 0,05	R$ 4,50	32,67%
Saco plástico	Embalagem	und	1,00	R$ 0,10	R$ 0,10	0,73%
Tinta para silkscreen	Matéria-prima	ml	50,00	R$ 0,01	R$ 0,25	1,82%
Adesivo látex	Matéria-prima	ml	100,00	R$ 0,00	R$ 0,30	2,18%
Energia elétrica	Outros custos diretos	KWh	0,05	R$ 0,45	R$ 0,02	0,16%
					R$ 13,77	100,00%

Com a informação do custo unitário de produção da bola, parte-se para o plano de produção durante o período orçamentário. Nele, serão indicadas as quantidades produzidas mensalmente, a fim de atender a demanda estimada no orçamento de receitas operacionais.

Sabe-se, a princípio, que o estoque inicial do período orçamentário será de 1.000 unidades prontas. Ao longo do período orçamentário, foi prevista a venda de 27.500 unidades, de acordo com o orçamento de receitas operacionais. Portanto, esses dados indicam que, durante o período orçamentário, devem ser produzidas 26.500 bolas (quantidades previstas de vendas menos o estoque inicial de produtos acabados). Sendo assim, a relação que se tem entre a quantidade a ser produzida e a quantidade a ser vendida, considerando o estoque inicial, é de 96,36% (26.500/27.500).

Observe, entretanto, que se o plano de produção for elaborado para produzir exatamente 26.500 unidades, qualquer eventualidade que impacte as quantidades vendidas ou produzidas poderá acarretar algum descasamento entre a venda e a produção, implicando interrupção temporária do atendimento aos clientes. Para evitar essa situação, pode-se lançar mão de uma margem de erro, o que impõe produzir um pouco mais do que exatamente foi analisado anteriormente, de forma a conferir uma faixa de segurança contra faltas de produtos acabados. Tal decisão, apesar de trazer o benefício de reduzir a possibilidade de falta de produto acabado, implica o aumento de custos produtivos. Quanto maior essa margem de erro, mais recursos serão empregados na produção.

Essa situação evidencia uma decisão conflitante, expressa pela dicotomia segurança x custo. Quanto mais segurança se deseja contra quebra nas vendas, maiores serão os custos produtivos. Quanto menos segurança contra falta de produtos disponíveis para vender, menores serão os custos produtivos. À empresa cabe a decisão que indique a melhor relação entre segurança e custo.

Na empresa analisada, historicamente se adota uma margem de erro de 2,50% sobre as quantidades produzidas. Assim, para uma produção estimada de 26.500 unidades, essa margem de erro leva a produzir adicionalmente 663 unidades (26.500 x 2,50%).

Determinada a quantidade a ser produzida no período, a próxima decisão pertinente ao plano de produção é como distribuir essa produção ao longo do período orçamentário. Admitindo-se uma produção proporcional à demanda, pode-se calcular mensalmente o quanto será necessário produzir, partindo-se da relação entre quantidades a serem produzidas e a serem vendidas, bem como da margem de erro estabelecida gerencialmente. O plano de produção mensal é estimado na tabela a seguir (quantidades arredondadas).

TABELA 46 - PLANO DE PRODUÇÃO MENSAL PROJETADO

Meses	JAN	FEV	MAR	ABR	MAI	JUN	JUL	AGO	SET	OUT	NOV	DEZ
Quantidades	2.469	1.975	1.975	1.975	1.975	1.975	2.469	1.975	1.975	2.963	1.975	3.457

ORÇAMENTO DE CUSTOS PRODUTIVOS

A quantidade estimada de produção em janeiro é 2.469 bolas. Essa quantidade foi calculada multiplicando-se a quantidade estimada de vendas nesse mês pela relação entre produção e venda (2.500 x 96,36%), acrescida da margem de erro de 2,50% (2409 x 1,025). Esse raciocínio é repetido para os demais meses do período orçamentário. Perceba que, ao fim do período orçamentário, a quantidade produzida total foi de 27.163 unidades e o saldo final será de 662 unidades – valores compatíveis com o que foi descrito anteriormente. Além disso, com esse plano de produção, não é esperada a falta de produtos acabados para o atendimento aos clientes em quaisquer dos meses do período orçamentário. Observe a tabela a seguir (quantidades arredondadas).

TABELA 47 - PLANO DE PRODUÇÃO MENSAL PROJETADO

Meses	JAN	FEV	MAR	ABR	MAI	JUN	JUL	AGO	SET	OUT	NOV	DEZ
Estoque inicial	1.000	969	945	920	896	871	847	816	791	767	730	705
Produção	2.469	1.975	1.975	1.975	1.975	1.975	2.469	1.975	1.975	2.963	1.975	3.457
Venda	2.500	2.000	2.000	2.000	2.000	2.000	2.500	2.000	2.000	3.000	2.000	3.500
Estoque final	969	945	920	896	871	847	816	791	767	730	705	662

A primeira linha apresenta os saldos iniciais em cada mês. No mês de janeiro, conforme informação anteriormente cedida, o saldo inicial é de 1.000 bolas. Nos demais meses, os saldos iniciais são iguais aos saldos finais dos meses imediatamente anteriores. A segunda linha apresenta as quantidades estimadas de produção, de acordo com o plano de produção. A terceira linha, por sua vez, apresenta as vendas em termos de quantidades estimadas no orçamento de receitas operacionais. Por fim, a última linha calcula os saldos finais previstos no fim de cada mês. Suas quantidades são calculadas pela soma da quantidade produzida com o saldo inicial do mês subtraídas da venda estimada no mesmo mês. O saldo final de janeiro (969), por exemplo, é igual ao saldo inicial (1.000) mais a produção

(2.469) menos a venda (2.500). Em fevereiro, tem-se o saldo inicial (969) somado à produção do período (1.975) menos as vendas do período (2.000), gerando o saldo final de 945 unidades. Assim, procede-se até o fim do ano.

Estimadas as quantidades de produção do produto acabado, pode ser feita uma projeção das quantidades de cada insumo necessário para sua fabricação. Para tanto, basta multiplicar a quantidade necessária de cada insumo pela quantidade produzida de bolas mensalmente, conforme tabela a seguir (quantidades arredondadas).

TABELA 48 - QUANTIDADES PROJETADAS DE INSUMOS (QUANTIDADES ARREDONDADAS)

Insumos	JAN	FEV	MAR	ABR	MAI	JUN	JUL	AGO	SET	OUT	NOV	DEZ
Painel de couro sintético	79.018	63.215	63.215	63.215	63.215	63.215	79.018	63.215	63.215	94.822	63.215	110.625
Linha	296.318	237.055	237.055	237.055	237.055	237.055	296.318	237.055	237.055	355.582	237.055	414.845
Borracha inflável	2.469	1.975	1.975	1.975	1.975	1.975	2.469	1.975	1.975	2.963	1.975	3.457
Válvula	2.469	1.975	1.975	1.975	1.975	1.975	2.469	1.975	1.975	2.963	1.975	3.457
Poliéster (4 camadas)	246.932	197.545	197.545	197.545	197.545	197.545	246.932	197.545	197.545	296.318	197.545	345.705
Saco plástico	2.469	1.975	1.975	1.975	1.975	1.975	2.469	1.975	1.975	2.963	1.975	3.457
Tinta para silkscreen	123.466	98.773	98.773	98.773	98.773	98.773	123.466	98.773	98.773	148.159	98.773	172.852
Adesivo látex	246.932	197.545	197.545	197.545	197.545	197.545	246.932	197.545	197.545	296.318	197.545	345.705
Energia elétrica	123	99	99	99	99	99	123	99	99	148	99	173

Em janeiro, por exemplo, a quantidade consumida prevista de painel de couro sintético é de 79.018 unidades. Tal quantidade foi resultante da multiplicação da quantidade de painéis necessários em cada bola (32) pela quantidade de bolas a serem produzidas segundo o respectivo plano (2.469).

Com essa estimativa de consumo físico de matérias-primas, podem-se aferir os desembolsos para aquisição delas. A tabela a seguir apresenta a estimativa de desembolso financeiro para a aquisição de cada matéria-prima, ao multiplicar a quantidade projetada mensalmente pelo respectivo preço estimado de aquisição.

TABELA 49 – DESEMBOLSOS PROJETADOS COM MATÉRIAS-PRIMAS (REGIME DE COMPETÊNCIA)

Insumos	JAN	FEV	MAR	ABR	MAI	JUN
Painel de couro sintético	R$ 11.853	R$ 9.482	R$ 9.482	R$ 9.482	R$ 9.482	R$ 9.482
Linha	R$ 2.963	R$ 2.371	R$ 2.371	R$ 2.371	R$ 2.371	R$ 2.371
Borracha inflável	R$ 4.568	R$ 3.655	R$ 3.655	R$ 3.655	R$ 3.655	R$ 3.655
Válvula	R$ 1.852	R$ 1.482	R$ 1.482	R$ 1.482	R$ 1.482	R$ 1.482
Poliéster (4 camadas)	R$ 11.112	R$ 8.890	R$ 8.890	R$ 8.890	R$ 8.890	R$ 8.890
Saco plástico	R$ 247	R$ 198	R$ 198	R$ 198	R$ 198	R$ 198
Tinta para silkscreen	R$ 617	R$ 494	R$ 494	R$ 494	R$ 494	R$ 494
Adesivo látex	R$ 741	R$ 593	R$ 593	R$ 593	R$ 593	R$ 593
Energia elétrica	R$ 56	R$ 44	R$ 44	R$ 44	R$ 44	R$ 44
Total	R$ 34.009	R$ 27.207	R$ 27.207	R$ 27.207	R$ 27.207	R$ 27.207

Insumos	JUL	AGO	SET	OUT	NOV	DEZ
Painel de couro sintético	R$ 11.853	R$ 9.482	R$ 9.482	R$ 14.223	R$ 9.482	R$ 16.594
Linha	R$ 2.963	R$ 2.371	R$ 2.371	R$ 3.556	R$ 2.371	R$ 4.148
Borracha inflável	R$ 4.568	R$ 3.655	R$ 3.655	R$ 5.482	R$ 3.655	R$ 6.396
Válvula	R$ 1.852	R$ 1.482	R$ 1.482	R$ 2.222	R$ 1.482	R$ 2.593
Poliéster (4 camadas)	R$ 11.112	R$ 8.890	R$ 8.890	R$ 13.334	R$ 8.890	R$ 15.557

(CONTINUA)

						(CONTINUAÇÃO)
Saco plástico	R$ 247	R$ 198	R$ 198	R$ 296	R$ 198	R$ 346
Tinta para silkscreen	R$ 617	R$ 494	R$ 494	R$ 741	R$ 494	R$ 864
Adesivo látex	R$ 741	R$ 593	R$ 593	R$ 889	R$ 593	R$ 1.037
Energia elétrica	R$ 56	R$ 44	R$ 44	R$ 67	R$ 44	R$ 78
Total	R$ 34.009	R$ 27.207	R$ 27.207	R$ 40.810	R$ 27.207	R$ 47.612

Tomando-se como exemplo os painéis de couro sintéticos necessários em janeiro, o valor desembolsado previsto é R$ 11.853, sendo calculado pela multiplicação da quantidade estimada de consumo (79.018) pelo preço de aquisição (R$ 0,15).

Além disso, há duas variáveis a serem consideradas. A primeira é que há pagamentos de matérias-primas residuais do exercício orçamentário anterior, os quais devem ser considerados no presente. Esses valores são previstos para serem pagos integralmente em janeiro, conforme tabela a seguir.

TABELA 50 - DESEMBOLSO PROJETADO COM MATÉRIAS-PRIMAS VINDAS DO EXERCÍCIO ORÇAMENTÁRIO ANTERIOR

Insumos	JAN
Painel de couro sintético	R$ 13.500
Linha	R$ 2.750
Borracha inflável	R$ 4.700
Válvula	R$ 2.000
Poliéster (4 camadas)	R$ 11.900
Saco plástico	R$ 350
Tinta para silkscreen	R$ 750
Adesivo látex	R$ 900
Energia elétrica	R$ 20

A outra variável a ser considerada é o prazo que os fornecedores concedem para o pagamento dessas compras. Em média, os fornecedores de todos os insumos concedem prazo de pagamento de trinta dias. Portanto, com o objetivo de estimar o desembolso com o pagamento de matérias-primas pelo regime de caixa, há de se ajustar os fluxos de caixa estimados anteriormente pelo regime de competência. Sendo assim, considerando-se os pagamentos remanescentes do ano anterior e deslocando-se os fluxos de caixa de compra de matérias-primas um mês adiante, tem-se a seguinte estimativa por regime de caixa.

TABELA 51 - DESEMBOLSOS PROJETADOS COM MATÉRIAS-PRIMAS (REGIME DE CAIXA)

Insumos	JAN	FEV	MAR	ABR	MAI	JUN
Painel de couro sintético	R$ 13.500	R$ 11.853	R$ 9.482	R$ 9.482	R$ 9.482	R$ 9.482
Linha	R$ 2.750	R$ 2.963	R$ 2.371	R$ 2.371	R$ 2.371	R$ 2.371
Borracha inflável	R$ 4.700	R$ 4.568	R$ 3.655	R$ 3.655	R$ 3.655	R$ 3.655
Válvula	R$ 2.000	R$ 1.852	R$ 1.482	R$ 1.482	R$ 1.482	R$ 1.482
Poliéster (4 camadas)	R$ 11.900	R$ 11.112	R$ 8.890	R$ 8.890	R$ 8.890	R$ 8.890
Saco plástico	R$ 350	R$ 247	R$ 198	R$ 198	R$ 198	R$ 198
Tinta para silkscreen	R$ 750	R$ 617	R$ 494	R$ 494	R$ 494	R$ 494
Adesivo látex	R$ 900	R$ 741	R$ 593	R$ 593	R$ 593	R$ 593
Energia elétrica	R$ 20	R$ 56	R$ 44	R$ 44	R$ 44	R$ 44
Total	R$ 36.870	R$ 34.009	R$ 27.207	R$ 27.207	R$ 27.207	R$ 27.207

Insumos	JUL	AGO	SET	OUT	NOV	DEZ	JAN
Painel de couro sintético	R$ 9.482	R$ 11.853	R$ 9.482	R$ 9.482	R$ 14.223	R$ 9.482	R$ 16.594
Linha	R$ 2.371	R$ 2.963	R$ 2.371	R$ 2.371	R$ 3.556	R$ 2.371	R$ 4.148
Borracha inflável	R$ 3.655	R$ 4.568	R$ 3.655	R$ 3.655	R$ 5.482	R$ 3.655	R$ 6.396

(CONTINUA)

							(CONTINUAÇÃO)
Válvula	R$ 1.482	R$ 1.852	R$ 1.482	R$ 1.482	R$ 2.222	R$ 1.482	R$ 2.593
Poliéster (4 camadas)	R$ 8.890	R$ 11.112	R$ 8.890	R$ 8.890	R$ 13.334	R$ 8.890	R$ 15.557
Saco plástico	R$ 198	R$ 247	R$ 198	R$ 198	R$ 296	R$ 198	R$ 346
Tinta para silkscreen	R$ 494	R$ 617	R$ 494	R$ 494	R$ 741	R$ 494	R$ 864
Adesivo látex	R$ 593	R$ 741	R$ 593	R$ 593	R$ 889	R$ 593	R$ 1.037
Energia elétrica	R$ 44	R$ 56	R$ 44	R$ 44	R$ 67	R$ 44	R$ 78
Total	R$ 27.207	R$ 34.009	R$ 27.207	R$ 27.207	R$ 40.810	R$ 27.207	R$ 47.612

Observe que o primeiro mês foi composto pelos pagamentos remanescentes do exercício orçamentário anterior. Não há impactos do exercício orçamentário que está sendo projetado, uma vez que os pagamentos têm prazos de trinta dias. Como consequência, há a projeção de pagamentos que ficarão remanescentes para o exercício orçamentário posterior ao que está sendo projetado no valor de R$ 47.612 (última coluna), já que extrapola o período em análise.

Concluída a projeção dos desembolsos com matérias-primas, parte-se para a projeção dos desembolsos com mão de obra direta, a qual será necessária para permitir o processo produtivo. Em princípio, são coletadas informações básicas sobre os cargos envolvidos diretamente com a produção. Algumas dessas informações são sumarizadas na seguinte tabela.

TABELA 52 - INFORMAÇÕES SOBRE CARGOS DO PROCESSO PRODUTIVO

Cargos da Produção	Salário	Vale Transporte	Vale Refeição
Diretor industrial	R$ 3.000,00	R$ 0,00	R$ 0,00
Costureira	R$ 1.300,00	R$ 6,00	R$ 9,50
Silkscreen	R$ 1.250,00	R$ 6,00	R$ 9,50
Almoxarife	R$ 1.200,00	R$ 6,00	R$ 9,50

Ao longo do período orçamentário, pode-se fazer uma estimativa de quantos colaboradores serão necessários para permitir a realização plena do processo produtivo. A tabela seguinte registra isso.

TABELA 53 - QUANTIDADE ESTIMADA DE COLABORADORES

Meses	JAN	FEV	MAR	ABR	MAI	JUN	JUL	AGO	SET	OUT	NOV	DEZ
Diretor industrial	1	1	1	1	1	1	1	1	1	1	1	1
Costureira	3	3	3	3	3	3	3	3	3	4	4	4
Silkscreen	2	2	2	2	2	2	2	2	2	3	3	3
Almoxarife	1	1	1	1	1	1	1	1	1	1	1	1

Observe que, ao longo do ano, há uma uniformidade no pessoal necessário à produção. No entanto, no último trimestre, em função da necessidade de aumentar a produção, são feitas contratações temporárias de mais uma costureira e um funcionário do *silkscreen*. Para os colaboradores permanentes, o cronograma de férias é dado na tabela que segue.

TABELA 54 - CRONOGRAMA DE FÉRIAS

Meses	JAN	FEV	MAR
Diretor industrial	1		
Costureira	1	1	1
Silkscreen	1	1	
Almoxarife	1		

Outra informação básica para permitir as projeções dos desembolsos de caixa com mão de obra direta é a quantidade de dias úteis de cada mês. Tal informação, sumarizada na tabela a seguir, é requerida para o cálculo dos desembolsos com vales-transporte e vales-refeição.

TABELA 55 - QUANTIDADE DE DIAS ÚTEIS POR MÊS

Meses	JAN	FEV	MAR	ABR	MAI	JUN	JUL	AGO	SET	OUT	NOV	DEZ
Dias úteis	21	17	20	20	19	21	19	19	20	20	20	18

Com esses dados, podem-se estimar os desembolsos com os salários na tabela a seguir.

TABELA 56 - DESEMBOLSOS PROJETADOS COM SALÁRIOS

Meses	JAN	FEV	MAR	ABR	MAI	JUN
Diretor industrial	R$ 3.000,00	R$ 3.000,00	R$ 3.000,00	R$ 3.000,00	R$ 3.000,00	R$ 3.000,00
Costureira	R$ 3.900,00	R$ 3.900,00	R$ 3.900,00	R$ 3.900,00	R$ 3.900,00	R$ 3.900,00
Silkscreen	R$ 2.500,00	R$ 2.500,00	R$ 2.500,00	R$ 2.500,00	R$ 2.500,00	R$ 2.500,00
Almoxarife	R$ 1.200,00	R$ 1.200,00	R$ 1.200,00	R$ 1.200,00	R$ 1.200,00	R$ 1.200,00
Total	R$ 10.600,00	R$ 10.600,00	R$ 10.600,00	R$ 10.600,00	R$ 10.600,00	R$ 10.600,00

Meses	JUL	AGO	SET	OUT	NOV	DEZ
Diretor industrial	R$ 3.000,00	R$ 3.000,00	R$ 3.000,00	R$ 3.000,00	R$ 3.000,00	R$ 3.000,00
Costureira	R$ 3.900,00	R$ 3.900,00	R$ 3.900,00	R$ 5.200,00	R$ 5.200,00	R$ 5.200,00
Silkscreen	R$ 2.500,00	R$ 2.500,00	R$ 2.500,00	R$ 3.750,00	R$ 3.750,00	R$ 3.750,00
Almoxarife	R$ 1.200,00	R$ 1.200,00	R$ 1.200,00	R$ 1.200,00	R$ 1.200,00	R$ 1.200,00
Total	R$ 10.600,00	R$ 10.600,00	R$ 10.600,00	R$ 13.150,00	R$ 13.150,00	R$ 13.150,00

As férias são calculadas a partir da sua programação feita anteriormente. A projeção dos desembolsos com o 1/3 das férias é dada na tabela a seguir.

TABELA 57 - DESEMBOLSOS PROJETADOS COM FÉRIAS

Meses	JAN	FEV	MAR	ABR	MAI	JUN	JUL	AGO	SET	OUT	NOV	DEZ
Diretor industrial	R$ 990,00	R$ 0	R$ 0	R$ 0	R$ 0	R$ 0	R$ 0	R$ 0	R$ 0	R$ 0	R$ 0	R$ 0
Costureira	R$ 429,00	R$ 429,00	R$ 429,00	R$ 0	R$ 0	R$ 0	R$ 0	R$ 0	R$ 0	R$ 0	R$ 0	R$ 0
Silkscreen	R$ 412,50	R$ 412,50	R$ 0	R$ 0	R$ 0	R$ 0	R$ 0	R$ 0	R$ 0	R$ 0	R$ 0	R$ 0
Almoxarife	R$ 396,00	R$ 0	R$ 0	R$ 0	R$ 0	R$ 0	R$ 0	R$ 0	R$ 0	R$ 0	R$ 0	R$ 0
Total	R$ 2.227,50	R$ 841,50	R$ 429,00	R$ 0	R$ 0	R$ 0	R$ 0	R$ 0	R$ 0	R$ 0	R$ 0	R$ 0

O próximo elemento a ser considerado é o cálculo do décimo terceiro salário. Seu pagamento é feito nos meses de novembro e dezembro, conforme a legislação pertinente. A tabela a seguir registra essa expectativa nos referidos meses.

TABELA 58 - DÉCIMO TERCEIRO SALÁRIO PROJETADO

Meses	NOV	DEZ
Diretor industrial	R$ 1.500,00	R$ 1.500,00
Costureira	R$ 2.600,00	R$ 2.600,00
Silkscreen	R$ 1.875,00	R$ 1.875,00
Almoxarife	R$ 600,00	R$ 600,00
Total	R$ 6.575,00	R$ 6.575,00

O item subsequente relacionado à mão de obra direta é o recolhimento do FGTS sobre a remuneração total dos colaboradores (salário, férias e décimo terceiro salário). Admitindo-se a alíquota de 8,00%, tem-se a seguinte estimativa ao longo do período orçamentário.

TABELA 59 - RECOLHIMENTO PROJETADO DE FGTS

Meses	JAN	FEV	MAR	ABR	MAI	JUN
FGTS	R$ 1.026,20	R$ 915,32	R$ 882,32	R$ 848,00	R$ 848,00	R$ 848,00

Meses	JUL	AGO	SET	OUT	NOV	DEZ
FGTS	R$ 848,00	R$ 848,00	R$ 848,00	R$ 1.052,00	R$ 1.578,00	R$ 1.578,00

Finalmente, devem ser calculados os desembolsos com os vales-transporte e refeição. Eles dependem da quantidade de dias úteis dos respectivos meses e da quantidade de colaboradores que farão uso deles, considerando-se, inclusive, os que estarão de férias.

TABELA 60 - DESEMBOLSOS PROJETADOS COM VALES-TRANSPORTE E REFEIÇÃO

Meses	JAN	FEV	MAR	ABR	MAI	JUN
Diretor industrial	R$ 0,00	R$ 0,00	R$ 0,00	R$ 0,00	R$ 0,00	R$ 0,00
Costureira	R$ 651,00	R$ 527,00	R$ 620,00	R$ 930,00	R$ 883,50	R$ 976,50
Silkscreen	R$ 325,50	R$ 263,50	R$ 620,00	R$ 620,00	R$ 589,00	R$ 651,00
Almoxarife	R$ 0,00	R$ 263,50	R$ 310,00	R$ 310,00	R$ 294,50	R$ 325,50
Total	R$ 976,50	R$ 1.054,00	R$ 1.550,00	R$ 1.860,00	R$ 1.767,00	R$ 1.953,00

(CONTINUA)

						(CONTINUAÇÃO)
Meses	JUL	AGO	SET	OUT	NOV	DEZ
Diretor industrial	R$ 0,00	R$ 0,00	R$ 0,00	R$ 0,00	R$ 0,00	R$ 0,00
Costureira	R$ 883,50	R$ 883,50	R$ 930,00	R$ 1.240,00	R$ 1.240,00	R$ 1.116,00
Silkscreen	R$ 589,00	R$ 589,00	R$ 620,00	R$ 930,00	R$ 930,00	R$ 837,00
Almoxarife	R$ 294,50	R$ 294,50	R$ 310,00	R$ 310,00	R$ 310,00	R$ 279,00
Total	R$ 1.767,00	R$ 1.767,00	R$ 1.860,00	R$ 2.480,00	R$ 2.480,00	R$ 2.232,00

Admita, para fins de ilustração, o pagamento dos vales-transporte e refeição para as costureiras no mês de janeiro. Cada uma delas tem direito a R$ 6,00 de vale-transporte e R$ 9,50 de vale-refeição por dia útil trabalhado. Como em janeiro são 21 dias úteis, cada costureira terá direito a R$ 325,50 (R$ 15,50 x 21). Como serão duas costureiras trabalhando em janeiro (uma estará de férias, conforme o cronograma), o desembolso de vale-transporte e vale-refeição com elas em janeiro será R$ 651,00 (R$ 325,50 x 2). Sendo assim, o fluxo de caixa projetado referente à mão de obra direta ao longo do período orçamentário é consolidado na tabela a seguir.

TABELA 61 - DESEMBOLSO PROJETADO COM MÃO DE OBRA DIRETA

Contas	JAN	FEV	MAR	ABR	MAI	JUN
Salários da Produção	R$ 10.600,00	R$ 10.600,00	R$ 10.600,00	R$ 10.600,00	R$ 10.600,00	R$ 10.600,00
Décimo Terceiro Salário	R$ 0,00	R$ 0,00	R$ 0,00	R$ 0,00	R$ 0,00	R$ 0,00
FGTS	R$ 1.026,20	R$ 915,32	R$ 882,32	R$ 848,00	R$ 848,00	R$ 848,00
Vales transporte e Refeição	R$ 976,50	R$ 1.054,00	R$ 1.550,00	R$ 1.860,00	R$ 1.767,00	R$ 1.953,00
1/3 Férias	R$ 2.227,50	R$ 841,50	R$ 429,00	R$ 0,00	R$ 0,00	R$ 0,00
Total	R$ 14.830,20	R$ 13.410,82	R$ 13.461,32	R$ 13.308,00	R$ 13.215,00	R$ 13.401,00

Contas	JUL	AGO	SET	OUT	NOV	DEZ
Salários da Produção	R$ 10.600,00	R$ 10.600,00	R$ 10.600,00	R$ 13.150,00	R$ 13.150,00	R$ 13.150,00
Décimo Terceiro Salário	R$ 0,00	R$ 0,00	R$ 0,00	R$ 0,00	R$ 6.575,00	R$ 6.575,00
FGTS	R$ 848,00	R$ 848,00	R$ 848,00	R$ 1.052,00	R$ 1.578,00	R$ 1.578,00
Vales transporte e Refeição	R$ 1.767,00	R$ 1.767,00	R$ 1.860,00	R$ 2.480,00	R$ 2.480,00	R$ 2.232,00
1/3 Férias	R$ 0,00	R$ 0,00	R$ 0,00	R$ 0,00	R$ 0,00	R$ 0,00
Total	R$ 13.215,00	R$ 13.215,00	R$ 13.308,00	R$ 16.682,00	R$ 23.783,00	R$ 23.535,00

Pode-se passar para o último componente dos gastos com custos produtivos. Os custos indiretos de produção da empresa abrangem apenas três itens cujas informações históricas do exercício orçamentário anterior são apresentadas na seguinte tabela.

TABELA 62 - MÉDIA HISTÓRICA DOS CUSTOS INDIRETOS DE PRODUÇÃO

Contas	Média histórica
Material de limpeza	R$ 250,00
Material gráfico	R$ 50,00
Manutenção de equipamentos	R$ 500,00

Considerando que o nível de consumo com esses elementos será o mesmo no orçamento objeto da projeção, a empresa utilizou esses mesmos valores médios históricos acrescidos de uma taxa esperada de inflação. Tomando por base notícias veiculadas em jornais da área econômica e projeções elaboradas por bancos, a empresa admitiu uma taxa de inflação de 4,50%, a qual será acrescida aos valores médios históricos para permitir essa projeção. A tabela a seguir mostra o resultado desse exercício.

TABELA 63 - CUSTOS INDIRETOS DE PRODUÇÃO PROJETADOS

Contas	JAN	FEV	MAR	ABR	MAI	JUN
Material de limpeza	R$ 261,25	R$ 261,25	R$ 261,25	R$ 261,25	R$ 261,25	R$ 261,25
Material gráfico	R$ 52,25	R$ 52,25	R$ 52,25	R$ 52,25	R$ 52,25	R$ 52,25
Manutenção de equipamentos	R$ 522,50	R$ 522,50	R$ 522,50	R$ 522,50	R$ 522,50	R$ 522,50
Total	R$ 836,00	R$ 836,00	R$ 836,00	R$ 836,00	R$ 836,00	R$ 836,00

Contas	JUL	AGO	SET	OUT	NOV	DEZ
Material de limpeza	R$ 261,25	R$ 261,25	R$ 261,25	R$ 261,25	R$ 261,25	R$ 261,25
Material gráfico	R$ 52,25	R$ 52,25	R$ 52,25	R$ 52,25	R$ 52,25	R$ 52,25
Manutenção de equipamentos	R$ 522,50	R$ 522,50	R$ 522,50	R$ 522,50	R$ 522,50	R$ 522,50
Total	R$ 836,00	R$ 836,00	R$ 836,00	R$ 836,00	R$ 836,00	R$ 836,00

Finalmente, pode-se estimar o fluxo de caixa projetado referente aos custos produtivos da empresa ao longo do período orçamentário, contemplando matérias-primas, mão de obra direta e custos indiretos de produção. A tabela seguinte resume essas projeções.

ORÇAMENTO DE CUSTOS PRODUTIVOS

TABELA 64 – CUSTOS PRODUTIVOS PROJETADOS

CONTAS	JAN	FEV	MAR	ABR	MAI	JUN
CUSTOS PRODUTIVOS	R$ 52.536,20	R$ 48.255,50	R$ 41.504,27	R$ 41.350,95	R$ 41.257,95	R$ 41.443,95
Matérias-primas	R$ 36.870,00	R$ 34.008,68	R$ 27.206,95	R$ 27.206,95	R$ 27.206,95	R$ 27.206,95
Mão de obra direta	R$ 14.830,20	R$ 13.410,82	R$ 13.461,32	R$ 13.308,00	R$ 13.215,00	R$ 13.401,00
Custos indiretos	R$ 836,00	R$ 836,00	R$ 836,00	R$ 836,00	R$ 836,00	R$ 836,00

CONTAS	JUL	AGO	SET	OUT	NOV	DEZ
CUSTOS PRODUTIVOS	R$ 41.257,95	R$ 48.059,68	R$ 41.350,95	R$ 44.724,95	R$ 65.429,42	R$ 51.577,95
Matérias-primas	R$ 27.206,95	R$ 34.008,68	R$ 27.206,95	R$ 27.206,95	R$ 40.810,42	R$ 27.206,95
Mão de obra direta	R$ 13.215,00	R$ 13.215,00	R$ 13.308,00	R$ 16.682,00	R$ 23.783,00	R$ 23.535,00
Custos indiretos	R$ 836,00	R$ 836,00	R$ 836,00	R$ 836,00	R$ 836,00	R$ 836,00

ORÇAMENTO DE DESPESAS OPERACIONAIS

6.1 INTRODUÇÃO

O funcionamento de uma empresa requer a realização de uma série de atividades, desenvolvidas por vários colaboradores em cada um dos seus departamentos. Tais atividades demandam uma estrutura mínima para permitir suas execuções de forma plena. Logo, a fim de permitir que as atividades operacionais ocorram plenamente e que sejam providos os desembolsos pertinentes para que a estrutura se mantenha operacional, a empresa incorre em gastos denominados despesas operacionais.

As despesas operacionais são os desembolsos em que incorre a empresa a partir da execução de suas atividades operacionais não ligadas diretamente aos processos produtivos. O que diferencia, portanto, as despesas operacionais dos custos produtivos são os propósitos desses desembolsos, ainda que ambos sejam de natureza operacional. Os custos produtivos são associados às atividades de produção, sendo gastos necessários aos esforços de gerar os produtos para revenda e/ou os serviços para serem prestados aos clientes. Por seu turno, as despesas operacionais dizem respeito aos desembolsos referentes às atividades administrativas e às que geram as receitas operacionais para a empresa.

De forma análoga aos custos produtivos, as despesas operacionais também apresentam subdivisões. Estas permitem que aquelas sejam segmentadas de acordo com alguma característica que facilite a condução de análises gerenciais pelo uso de indicadores financeiros, bem como um melhor processo de orçamentação.

Elas podem ser classificadas de várias maneiras, dependendo das características operacionais da empresa e de suas necessidades de análise, não havendo uma regra única e universal para essa estruturação. Uma sugestão de ordem prática é dividi-las, pelo menos, em despesas fixas e despesas variáveis, o que permite o cálculo do ponto de equilíbrio operacional (assunto abordado em capítulo mais adiante).

Este capítulo apresenta, dessa forma, os aspectos ligados ao orçamento das despesas operacionais em uma empresa.

6.2 OBJETIVOS

O objetivo do orçamento de despesas operacionais é elaborar a projeção dos desembolsos operacionais classificados como despesas ao longo do período orçamentário. As despesas operacionais são os desembolsos de natureza operacional necessários para a empresa realizar suas atividades administrativas e operacionais. Portanto, esse orçamento deve ser o reflexo financeiro das atividades operacionais da empresa, indicando quando e quanto será necessário desembolsar nas contas orçamentárias que refletem tais atividades.

Além disso, o fluxo de caixa projetado resultante deve viabilizar a realização de análises gerenciais. Uma primeira análise se refere à avaliação da composição dos itens de despesas operacionais, permitindo verificar as contas mais impactantes para a formação dos resultados. Ademais, em conjunto com os orçamentos das receitas operacionais e dos custos produtivos, é possível calcular os resultados operacionais esperados ao longo do período orçamentário.

6.3 CENTROS DE RESPONSABILIDADE ENVOLVIDOS

Como vários centros de responsabilidade (se não, todos) incorrem em despesas na realização de suas atividades operacionais, eles são partes integrantes da elaboração do orçamento de despesas operacionais. Cada centro de responsabilidade participante deve orçar suas despesas específicas, que serão agregadas pela equipe de orçamento para formar o orçamento global de despesas operacionais.

A justificativa para cada centro de responsabilidade fazer a projeção de suas despesas operacionais reside no conhecimento que eles detêm sobre suas operações e necessidades de desembolsos para viabilizá-las. Além disso, eles também têm conhecimento sobre eventuais alterações estruturais que possam impactar determinadas contas orçamentárias de despesas, tornando-os mais competentes para essa atividade.

Em função dessa descentralização, torna-se fundamental manter uma padronização no plano de contas e nas nomenclaturas adotadas. Sem isso, o trabalho de consolidação dos orçamentos departamentais por parte da equipe de orçamento é dificultado, quando não inviabilizado. Apesar de tal padronização poder ser garantida pelo uso de um sistema informatizado, deve-se tentar assegurar o entendimento sobre o que cada conta orçamentária representa por parte dos participantes do processo. Além disso, tal descentralização implica um esforço substancial para treinar os departamentos. Caso não haja treinamento compatível com as atividades requeridas e com os conhecimentos prévios dos colaboradores, o andamento do processo orçamentário poderá ser comprometido, assim como a qualidade dos seus resultados finais.

6.4 FONTES DE DADOS

As despesas operacionais são todas oriundas da execução das atividades principais da empresa. Ainda assim, tais atividades podem ser bastante diversas, conferindo certa complexidade à sua execução plena. Portanto, de modo geral, há uma variedade bastante ampla de desembolsos, o que requer uma gama igualmente ampla de fontes de dados a serem consideradas, bem como um esforço intenso para coletar todos os dados de todos os centros de responsabilidade envolvidos.

Ainda, a execução de algumas atividades operacionais específicas pode gerar diversos fluxos de caixa. Nesse caso, uma única ação implica vários desembolsos operacionais que devem ser previstos plenamente no orçamento. A realização de uma venda, por exemplo, gera fluxos de caixa positivos de receita e fluxos de caixa negativos, tais como pagamento de comissões e o recolhimento de tributos. Caso não sejam plenamente previstos, há uma situação de subdimensionamento do orçamento, acarretando problemas futuros durante a execução orçamentária, por falta de saldo disponível para permitir os desembolsos, e gerando resultados previstos incompatíveis com a realidade, que ocasiona diferenças substanciais entre o realizado e o previsto.

Uma primeira fonte de dados bastante importante e que, possivelmente, será necessária por todos os tipos de empresa que estejam elaborando o orçamento, é a projeção das receitas operacionais. Essa projeção, elaborada no orçamento de receitas operacionais, indica, para vários fins, o nível de atividade da empresa que será, por sua vez, base de cálculo para algumas despesas de natureza variável. Por exemplo, itens tais como tributos calculados sobre as vendas, comissões de vendedores e fretes das mercadorias enviadas têm seus valores projetados tomando por base o faturamento ou o recebimento de cada período. Perceba que esses elementos têm naturezas variáveis, uma vez que seus valores têm comportamentos diretamente proporcionais ao faturamento ou recebimento.

Porém, para suas estimativas, não é suficiente apenas o nível de atividade da empresa, sendo necessárias também informações complementares. Para os tributos, por exemplo, é fundamental saber quais são os incidentes, assim como suas alíquotas e seus períodos de recolhimento. Essas informações estão disponíveis em legislações específicas, sobre as quais o departamento de contabilidade ou a empresa de contabilidade terceirizada devem conhecer as regras. Na elaboração do orçamento, os recolhimentos desses tributos devem ser modelados conforme o enquadramento fiscal da empresa.

Naturalmente, a empresa incorre em um risco de que, durante a execução orçamentária, ocorra uma mudança das regras de recolhimento dos tributos incidentes sobre suas operações com efeito imediato. Caso isso aconteça, as projeções relacionadas aos tributos incidentes sobre a operação (faturamento) e/ou sobre os resultados (lucro) devem ser revistas à luz das novas regras tributárias.

Para as comissões, a empresa deve estabelecer as regras de sua formação, as quais devem ser consideradas no orçamento. Sendo assim, possivelmente será necessário consultar a área responsável por essa determinação, que, muito provavelmente, será a área comercial.

Quanto aos fretes dos produtos vendidos, possivelmente será necessário coletar dados junto à área de logística da empresa, que, normalmente, detêm as informações pertinentes aos desembolsos com fretes, o que a permite prever os fluxos de caixa dessa conta orçamentária.

Partindo para os desembolsos de natureza fixa, cujos valores não dependem diretamente do nível de atividade da empresa, as fontes de dados também podem ser diversas. Desembolsos com folha de pagamento, por exemplo, são de conhecimento do departamento de pessoal da empresa, o qual tem a relação completa de funcionários e dos seus salários, encargos sociais e benefícios. Entretanto, eventuais necessidades adicionais de contratação talvez sejam de conhecimento dos departamentos que preveem escassez de recursos humanos ao longo do período orçamentário. Ocorrendo isso, haverá necessidade de comunicação prévia entre o departamento demandante de novos colaboradores e o departamento de pessoal, a fim de levantar valores pertinentes ao orçamento em tempo hábil, evitando desembolsos não previstos durante a execução orçamentária.

Os desembolsos com outros elementos de despesas fixas podem ser projetados tomando por base valores históricos, quando se espera que as atividades operacionais previstas da empresa se mantenham inalteradas ou nos mesmos patamares. Quando há expectativas de mudanças, é fundamental que tais alterações sejam quantificadas em termos de fluxos de caixa, de modo que a projeção financeira seja compatível com as atividades a serem desenvolvidas.

Não se pode negligenciar a necessidade de consultar fontes específicas a depender do tipo de atividade que a empresa executa. Em cada tipo de empresa, considerando suas particularidades, os colaboradores envolvidos devem atentar para as fontes de dados que podem conter importantes subsídios para o esforço de projeção dos fluxos de caixa. Quanto mais os envolvidos na projeção conhecerem as atividades operacionais, melhores serão as fontes de dados e mais apurados serão os resultados finais.

6.5 MÉTODOS DE PROJEÇÃO

Para elaborar a projeção das despesas operacionais de maneira mais apropriada, é sugerido dividi-las em fixas e variáveis. Tal divisão se justifica pela indicação de diferentes métodos empregados de projeção dos valores, além dos motivos assinalados anteriormente. As despesas fixas não se alteram de forma diretamente proporcional à variação do nível de atividade da empresa. Sua variação pode ocorrer pontualmente, em decorrência de alterações muito fortes nos níveis de atividade, advindo, predominantemente, da estrutura montada para suportar as atividades operacionais requeridas.

Isso posto, as despesas fixas podem ser estimadas tomando por base os dados históricos e/ou as expectativas de atividades futuras. Quando se opta por utilizar dados históricos para subsidiar as projeções, há intrinsecamente a hipótese de continuidade do comportamento passado. Nesse caso, espera-se que as atividades operacionais que geram despesas serão bem próximas às atividades realizadas no passado e que, por consequência, os desembolsos operacionais esperados terão comportamentos similares aos passados.

As despesas fixas históricas devem estar disponíveis nos sistemas informatizados da empresa, os quais registram os fluxos de caixa passados, por conta orçamentária e por centro de responsabilidade. Na hipótese de continuidade do comportamento histórico, os relatórios contendo os fluxos de caixa realizados são consultados por cada centro de responsabilidade, a fim de gerar informações sobre as quais a projeção poderá ser realizada.

Um aspecto de importância central é o reajuste dos valores que compõem esses fluxos de caixa. Usualmente, o orçamento é projetado utilizando valores correntes, indicando que os preços que compõem os fluxos de caixa são expressos em suas respectivas datas. É de se esperar, portanto, que tais valores incorporem variações nos preços de aquisição dos bens ou serviços.

Um fator inerente a tal variação de preços é a inflação esperada para o período. Ela pode ser entendida como o aumento generalizado dos preços de bens e serviços, acarretando, em consequência, a perda do valor de compra do dinheiro. Isso implica a necessidade de mais capital para adquirir a mesma quantidade de determinado bem do que era necessário no passado.

Admita, por exemplo, que determinado produto custava no ano passado R$ 1,00. Espera-se que seu preço de aquisição nesse ano aumente para R$ 1,10, representando um aumento de 10% ([1,10/1,00] -1). No ano passado, a empresa precisou adquirir 1.000 unidades desse bem, o que implicou um desembolso de R$ 1.000,00. Considerando-se o novo preço de compra, com acréscimo de 10%, os R$ 1.000,00 desembolsados no ano passado somente permitirão a aquisição de 909 unidades desse bem (R$ 1.000 / R$ 1,10). Caso a empresa necessite usar ou consumir 1.000 unidades desse bem, ela terá que desembolsar R$ 1.100,00 (1.000 x R$ 1,10), evidenciando um aumento de 10% no total desembolsado em relação à mesma conta do ano anterior. Logo, se essa conta orçamentária do exemplo for projetada em R$ 1.000,00, desconsiderando a variação no preço de aquisição do bem, esse saldo será insuficiente para fazer frente à necessidade de adquirir 1.000 unidades do bem.

Esse exemplo simplificado ilustra a relevância de se considerar as variações dos valores quando dados históricos são usados. Caso estes sejam consultados como subsídio à projeção dos fluxos de caixa futuros, os valores projetados devem ser reajustados conforme a inflação esperada para o período.

Outro ponto de destaque com relação à variação dos valores que compõem os fluxos de caixa projetados é que cada conta orçamentária pode ter expectativas particulares de variações. Portanto, isso sugere que, de acordo com suas características, as premissas levantadas sobre as variações esperadas de cada conta orçamentária podem diferir. Algumas contas podem ter seus comportamentos futuros baseados em algum indicador contratualmente estabelecido. Outras contas podem ter suas variações limitadas por regulamentações de órgãos governamentais. Outras contas podem, inclusive, não ter variações esperadas, haja vista a possibilidade de existência de muitos fornecedores no mercado, não permitindo a eles repassarem eventuais aumentos de custos aos seus preços.

Em adição, sob certas circunstâncias, a projeção das despesas de natureza fixa deve ser feita contemplando informações não disponíveis unicamente nos dados históricos. Na hipótese de haver expectativas de determinadas situações, como demandas em quantidades atípicas, diferentes condições de competição no mercado, novos direcionamentos estratégicos da empresa e quaisquer outros fatores, internos ou externos, que evidenciem rupturas com o ambiente histórico, os dados históricos não devem ser considerados de forma única e isolada.

Nesses casos, em adição aos dados históricos usados como suporte à projeção, também se faz necessário incorporar as expectativas que evidenciem alguma alteração sobre os fluxos de caixa, quantificando-as em termos de variações sobre os valores históricos. Dessa maneira, os fluxos de caixa históricos não devem ser somente extrapolados para o futuro sem que haja, antecipadamente, uma avaliação mais apurada de eventuais alterações, tomando por base mudanças ambientais impactantes sobre os desembolsos de caixa.

Outra forma de estimar os fluxos de caixa relacionados às despesas fixas é se basear nas atividades operacionais a serem desenvolvidas ao longo do período orçamentário. Conhecendo as atividades operacionais necessárias ao funcionamento adequado do centro de responsabilidade, seus gestores podem estimar o quanto serão gastos de recursos financeiros durante o período orçamentário para permitir a execução plena de tais atividades, que certamente vão requerer pessoal, serviços e materiais cujos desembolsos são categorizados como despesas fixas.

Portanto, nesse caso, a projeção é feita tomando por base exclusivamente as atividades operacionais previstas ao longo do período de projeção. Com isso, o método não requer dados financeiros históricos. Ainda que existam dados históricos disponíveis, tal método pode ser empregado quando se considera que eles não são relevantes para expressar o comportamento futuro e as projeções de desembolso.

Passando para a projeção das despesas operacionais de natureza variável, os métodos de estimativa devem ser coerentes com suas características. Esse tipo de despesa apresenta valores proporcionais ao nível de atividade da empresa. Quanto maior o nível de atividade, maior o nível das despesas variáveis de forma proporcional. De outro modo, quanto menor o nível de atividade, menores serão as despesas variáveis proporcionalmente.

Sendo assim, uma abordagem para projetar as despesas variáveis é tomar por base as relações que se esperam entre elas e suas respectivas bases de cálculo. A base de cálculo é composta por alguma variável que reflita o nível de atividade da empresa e sobre a qual a despesa variável é calculada. Podem ser citados como exemplos de bases de cálculo comumente utilizadas para o cálculo das despesas variáveis os recebimentos operacionais (regime de caixa) e o faturamento (regime de competência).

Conhecidas as bases de cálculo, o próximo passo é identificar em que medida cada despesa variável será realizada a partir da base de cálculo. De modo geral, tal medida é representada por uma taxa percentual que servirá para estimar os fluxos de caixa. Esse percentual deve ser multiplicado pela base de cálculo pertinente, de forma a gerar a estimativa do desembolso.

Tais percentuais podem ser determinados externamente ou internamente. Como exemplos de despesas variáveis determinadas externamente têm-se os tributos sobre as vendas ou sobre o lucro. Internamente, algumas despesas variáveis podem ser determinadas, como, por exemplo, gratificação sobre produtividade.

Além da base de cálculo e do percentual a ser adotado, é igualmente importante verificar em que momento o desembolso ocorrerá. Isso quer dizer que, ainda que a base de cálculo seja observada em certo período, a despesa variável dela decorrente pode ser realizada em outro período.

Logo, para cada despesa variável prevista, normalmente são requeridas três informações: a base de cálculo, o percentual de relação e o momento em que o desembolso ocorrerá. Com essas informações, na maioria dos casos, é possível estimar os desembolsos com despesas variáveis.

6.6 PRODUTOS FINAIS

À semelhança dos demais orçamentos apresentados até então, o produto final predominantemente almejado no orçamento de despesas operacionais é a projeção de todos os fluxos de caixa categorizados como tal durante o período orçamentário.

Além disso, é recomendado que as premissas levantadas para dar suporte aos valores projetados também sejam apresentadas. Afinal, sem que haja essa apresentação, poderão surgir dúvidas quanto aos critérios utilizados na estimativa dos valores, o que pode comprometer a qualidade do produto final.

De maneira a compor o produto final, é igualmente relevante apresentar as memórias de cálculo utilizadas para as contas orçamentárias projetadas. O intuito é preservá-las para futuras análises, quando da eventual necessidade de discutir os conceitos e premissas utilizados ou quando forem necessárias revisões orçamentárias previstas no planejamento orçamentário.

6.7 EXEMPLOS

6.7.1 EMPRESA PRESTADORA DE SERVIÇOS

As despesas operacionais da clínica serão divididas em fixas e variáveis, de acordo com sua relação com a receita gerada. Analisando inicialmente as despesas operacionais fixas, a equipe de orçamento decidiu estimar seus valores utilizando-se os dados históricos como base para sua projeção, dado que não são esperadas alterações que impliquem alterações significativas de valores. A tabela a seguir mostra as despesas fixas e seus valores estimados. Por suas características, esses valores serão utilizados uniformemente ao longo de todos os meses do ano.

TABELA 65 - VALORES MENSAIS ESTIMADOS PARA DESPESAS FIXAS

Contas	Valores
Água	R$ 500,00
Contabilidade - terceirizada	R$ 750,00
Encargos sociais	R$ 5.600,00
Energia elétrica	R$ 750,00
Folha de pagamento	R$ 14.000,00
Internet	R$ 100,00
Limpeza - terceirizada	R$ 1.500,00
Manutenções diversas	R$ 150,00
Telefonia	R$ 700,00

ORÇAMENTO DE DESPESAS OPERACIONAIS

Portanto, a projeção das despesas operacionais de natureza fixa ao longo do período orçamentário é dada a seguir.

TABELA 66 - DESPESAS FIXAS PROJETADAS

Meses	JAN	FEV	MAR	ABR	MAI	JUN
Água	R$ 500	R$ 500	R$ 500	R$ 500	R$ 500	R$ 500
Contabilidade – terceirizada	R$ 750	R$ 750	R$ 750	R$ 750	R$ 750	R$ 750
Encargos sociais	R$ 5.600	R$ 5.600	R$ 5.600	R$ 5.600	R$ 5.600	R$ 5.600
Energia elétrica	R$ 750	R$ 750	R$ 750	R$ 750	R$ 750	R$ 750
Folha de pagamento	R$ 14.000	R$ 14.000	R$ 14.000	R$ 14.000	R$ 14.000	R$ 14.000
Internet	R$ 100	R$ 100	R$ 100	R$ 100	R$ 100	R$ 100
Limpeza - terceirizada	R$ 1.500	R$ 1.500	R$ 1.500	R$ 1.500	R$ 1.500	R$ 1.500
Manutenções diversas	R$ 150	R$ 150	R$ 150	R$ 150	R$ 150	R$ 150
Telefonia	R$ 700	R$ 700	R$ 700	R$ 700	R$ 700	R$ 700

Meses	JUL	AGO	SET	OUT	NOV	DEZ
Água	R$ 500	R$ 500	R$ 500	R$ 500	R$ 500	R$ 500
Contabilidade – terceirizada	R$ 750	R$ 750	R$ 750	R$ 750	R$ 750	R$ 750
Encargos sociais	R$ 5.600	R$ 5.600	R$ 5.600	R$ 5.600	R$ 5.600	R$ 5.600
Energia elétrica	R$ 750	R$ 750	R$ 750	R$ 750	R$ 750	R$ 750
Folha de pagamento	R$ 14.000	R$ 14.000	R$ 14.000	R$ 14.000	R$ 14.000	R$ 14.000
Internet	R$ 100	R$ 100	R$ 100	R$ 100	R$ 100	R$ 100
Limpeza - terceirizada	R$ 1.500	R$ 1.500	R$ 1.500	R$ 1.500	R$ 1.500	R$ 1.500
Manutenções diversas	R$ 150	R$ 150	R$ 150	R$ 150	R$ 150	R$ 150
Telefonia	R$ 700	R$ 700	R$ 700	R$ 700	R$ 700	R$ 700

Passando para as despesas operacionais de natureza variável, a tabela a seguir resume seus elementos.

TABELA 67 - CRITÉRIOS DAS DESPESAS VARIÁVEIS

Itens	Percentuais	Base de Cálculo	Ocorrência
ISS	5,00%	Receita bruta	M+1
PIS	0,65%	Receita bruta	M+1
COFINS	3,00%	Receita bruta	M+1
IRPJ	1,20%	Receita bruta	Trimestral
CSLL	0,72%	Receita bruta	Trimestral

A primeira coluna apresenta o elemento de despesa variável. A segunda coluna mostra o percentual que será multiplicado pela base de cálculo (terceira coluna), a fim de estimar o desembolso. A última coluna indica em que momento o desembolso ocorrerá. O termo M+1 indica que o desembolso ocorrerá no mês seguinte ao fato gerador, no caso a geração da receita operacional bruta. O termo trimestral indica que esses tributos serão recolhidos a cada trimestre.

As alíquotas dos impostos apresentados foram coletadas junto à empresa de contabilidade. O ISS é um imposto municipal cuja alíquota é 5,00%. Os demais impostos apresentados são federais e as respectivas alíquotas são indicadas para o ramo de atividade da empresa (serviços hospitalares). A empresa é tributada com base no lucro presumido, motivo pelo qual as alíquotas de IRPJ e CSLL são compostas por uma presunção de margem de lucro e não sobre o lucro realmente calculado e apurado pela empresa. Além disso, nesse caso, esses tributos são recolhidos trimestralmente, tomando por base a receita gerada no trimestre anterior. Dessa forma, seus recolhimentos ocorrem em abril, julho, outubro e janeiro, utilizando-se, respectivamente, as receitas acumuladas de janeiro a março, abril a junho, julho a setembro e outubro a dezembro.

A partir da projeção do faturamento elaborada anteriormente (capítulo de orçamento das receitas operacionais), podem ser estimados os desembolsos operacionais variáveis.

TABELA 68 - DESPESAS VARIÁVEIS PROJETADAS

Meses	JAN	FEV	MAR	ABR	MAI	JUN
ISS		R$ 7.738,00	R$ 7.738,00	R$ 6.590,00	R$ 6.590,00	R$ 7.738,00
PIS		R$ 1.006,00	R$ 1.006,00	R$ 857,00	R$ 857,00	R$ 1.006,00
COFINS		R$ 4.643,00	R$ 4.643,00	R$ 3.954,00	R$ 3.954,00	R$ 4.643,00
IRPJ				R$ 5.296,00		
CSLL				R$ 3.177,00		

Meses	JUL	AGO	SET	OUT	NOV	DEZ
ISS	R$ 7.738,00	R$ 5.090,00	R$ 6.590,00	R$ 7.738,00	R$ 7.738,00	R$ 7.738,00
PIS	R$ 1.006,00	R$ 662,00	R$ 857,00	R$ 1.006,00	R$ 1.006,00	R$ 1.006,00
COFINS	R$ 4.643,00	R$ 3.054,00	R$ 3.954,00	R$ 4.643,00	R$ 4.643,00	R$ 4.643,00
IRPJ	R$ 5.296,00			R$ 4.660,00		
CSLL	R$ 3.177,00			R$ 2.796,00		

Observe que, em janeiro, não há desembolso com esses elementos. Em verdade, como alguns itens de despesas variáveis são realizados no mês seguinte ao fato gerador e outros são trimestrais, especificamente em janeiro, os valores estimados seriam aqueles advindos da receita gerada em períodos do ano anterior. De forma semelhante, perceba que as receitas operacionais de outubro a dezembro do ano que está sendo projetado geram tributos a serem recolhidos no ano seguinte. Nesse caso, o próximo planejamento orçamentário deve considerar esses fluxos de caixa remanescentes. O exemplo dessa empresa não está levando em consideração fluxos de caixa remanescentes do exercício orçamentário anterior. Os outros exemplos do livro apresentam essa circunstância.

Por fim, o orçamento das despesas operacionais pode ser consolidado na tabela a seguir.

TABELA 69 - DESPESAS OPERACIONAIS PROJETADAS

Meses	JAN	FEV	MAR	ABR	MAI	JUN	JUL	AGO	SET	OUT	NOV	DEZ
Despesas Fixas	R$ 24.050	R$ 24.050	R$ 24.050	R$ 24.050	R$ 24.050	R$ 24.050	R$ 24.050	R$ 24.050	R$ 24.050	R$ 24.050	R$ 24.050	R$ 24.050
Água	R$ 500	R$ 500	R$ 500	R$ 500	R$ 500	R$ 500	R$ 500	R$ 500	R$ 500	R$ 500	R$ 500	R$ 500
Contabilidade - terceirizada	R$ 750	R$ 750	R$ 750	R$ 750	R$ 750	R$ 750	R$ 750	R$ 750	R$ 750	R$ 750	R$ 750	R$ 750
Encargos sociais	R$ 5.600	R$ 5.600	R$ 5.600	R$ 5.600	R$ 5.600	R$ 5.600	R$ 5.600	R$ 5.600	R$ 5.600	R$ 5.600	R$ 5.600	R$ 5.600
Energia elétrica	R$ 750	R$ 750	R$ 750	R$ 750	R$ 750	R$ 750	R$ 750	R$ 750	R$ 750	R$ 750	R$ 750	R$ 750
Folha de pagamento	R$ 14.000	R$ 14.000	R$ 14.000	R$ 14.000	R$ 14.000	R$ 14.000	R$ 14.000	R$ 14.000	R$ 14.000	R$ 14.000	R$ 14.000	R$ 14.000
Internet	R$ 100	R$ 100	R$ 100	R$ 100	R$ 100	R$ 100	R$ 100	R$ 100	R$ 100	R$ 100	R$ 100	R$ 100
Limpeza - terceirizada	R$ 1.500	R$ 1.500	R$ 1.500	R$ 1.500	R$ 1.500	R$ 1.500	R$ 1.500	R$ 1.500	R$ 1.500	R$ 1.500	R$ 1.500	R$ 1.500
Manutenções diversas	R$ 150	R$ 150	R$ 150	R$ 150	R$ 150	R$ 150	R$ 150	R$ 150	R$ 150	R$ 150	R$ 150	R$ 150
Telefonia	R$ 700	R$ 700	R$ 700	R$ 700	R$ 700	R$ 700	R$ 700	R$ 700	R$ 700	R$ 700	R$ 700	R$ 700
Despesas Variáveis	R$ 0	R$ 13.386	R$ 13.386	R$ 19.874	R$ 11.401	R$ 13.386	R$ 21.859	R$ 8.806	R$ 11.401	R$ 20.842	R$ 13.386	R$ 13.386
ISS		R$ 7.738	R$ 7.738	R$ 6.590	R$ 6.590	R$ 7.738	R$ 7.738	R$ 5.090	R$ 6.590	R$ 7.738	R$ 7.738	R$ 7.738
PIS		R$ 1.006	R$ 1.006	R$ 857	R$ 857	R$ 1.006	R$ 1.006	R$ 662	R$ 857	R$ 1.006	R$ 1.006	R$ 1.006
COFINS		R$ 4.643	R$ 4.643	R$ 3.954	R$ 3.954	R$ 4.643	R$ 4.643	R$ 3.054	R$ 3.954	R$ 4.643	R$ 4.643	R$ 4.643
IRPJ				R$ 5.296			R$ 5.296			R$ 4.660		
CSLL				R$ 3.177			R$ 3.177			R$ 2.796		
Total	R$ 24.050	R$ 37.436	R$ 37.436	R$ 43.924	R$ 35.451	R$ 37.436	R$ 45.909	R$ 32.856	R$ 35.451	R$ 44.892	R$ 37.436	R$ 37.436

Observe que foram incorporadas duas contas sintéticas (despesas fixas e despesas variáveis) no orçamento consolidado. Cada uma delas agrupa e soma os fluxos de caixa das contas analíticas que as compõem em decorrência do critério adotado. Essa agregação torna a leitura e as análises posteriores mais fáceis de serem executadas.

O gráfico a seguir apresenta esses dados separados por despesas fixas e variáveis ao longo do período orçamentário, permitindo uma visualização rápida e intuitiva.

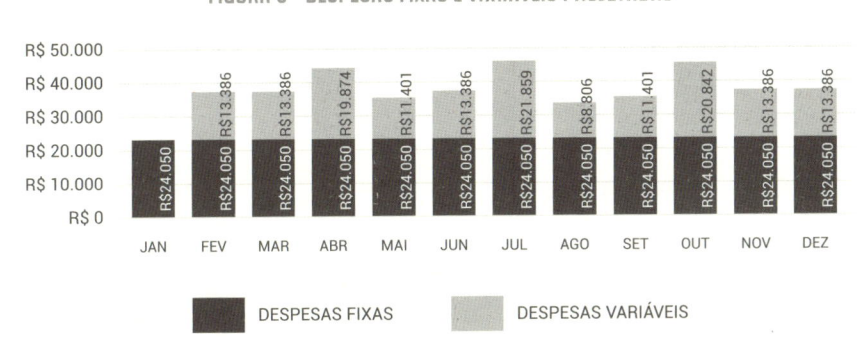

FIGURA 9 - DESPESAS FIXAS E VARIÁVEIS PROJETADAS

Mês	Despesas Fixas	Despesas Variáveis
JAN	R$24.050	—
FEV	R$24.050	R$13.386
MAR	R$24.050	R$13.386
ABR	R$24.050	R$19.874
MAI	R$24.050	R$11.401
JUN	R$24.050	R$13.386
JUL	R$24.050	R$21.859
AGO	R$24.050	R$8.806
SET	R$24.050	R$11.401
OUT	R$24.050	R$20.842
NOV	R$24.050	R$13.386
DEZ	R$24.050	R$13.386

6.7.2 EMPRESA COMERCIAL

A empresa comercial fará a projeção das suas despesas operacionais contando com a participação de todos os departamentos que a compõem. São eles: administrativo, comercial, compras e expedição.

Essa distribuição de responsabilidades objetiva conferir maior confiabilidade aos fluxos de caixa projetados, tendo em consideração que os departamentos têm conhecimento mais aprofundado sobre os desembolsos operacionais pertinentes às suas atividades. Nesse caso, o primeiro passo é determinar o plano de contas operacional da empresa. Desse plano de contas, podem ser extraídas as contas relacionadas às despesas operacionais, objeto de projeção nessa etapa do orçamento. Eis o plano de contas operacional da empresa.

QUADRO 19 - PLANO DE CONTAS

Contas	Tipo*	Departamento responsável
RECEITAS OPERACIONAIS	S	Comercial
Linha I	A	
Linha II	A	
Linha III	A	
Linha IV	A	
Linha V	A	
DESPESAS DE PESSOAL	S	Administrativo (planilha de pessoal)
SALÁRIOS	A	
FÉRIAS	A	
13 SALÁRIO	A	
FGTS	A	
INSS	A	
VALES TRANSPORTES	A	
VALES REFEIÇÃO	A	
TREINAMENTO	A	
PLANO DE SAÚDE	A	
DESPESAS ADMINISTRATIVAS	S	
ALUGUEL	A	Administrativo
ÁGUA/ESGOTO	A	Administrativo
ENERGIA ELÉTRICA	A	Administrativo
TELEFONIA FIXA/MÓVEL	A	Administrativo
MANUTENÇÕES EQUIP. / VEÍCULOS	A	Todos
INTERNET	A	Administrativo

(CONTINUA)

		(CONTINUAÇÃO)
SERVIÇOS CONTÁBEIS	A	Administrativo
SERVIÇOS JURÍDICOS	A	Administrativo
MATERIAL DE EXPEDIENTE	A	Todos
OUTRAS DESPESAS	A	Todos
TAXAS/IMPOSTOS	**S**	
IPTU	A	Administrativo
IPVA	A	Expedição
TRIBUTOS SOBRE VENDAS	**S**	Administrativo c/ contabilidade terceirizada
ICMS	A	
PIS	A	
COFINS	A	
DESPESAS/CUSTOS COMERCIAIS	**S**	
COMISSÕES	A	Comercial
FRETE DE MATERIAL DESPACHADO	A	Expedição
FORNECEDORES	A	Compras
FLUXO DE CAIXA OPERACIONAL	**S**	

* Tipo: S - sintética A - analítica

Na primeira coluna, estão apresentadas as contas que compõem o fluxo de caixa derivado das atividades operacionais da empresa. Nelas, incluem-se contas de receita operacional, cujos fluxos de caixa são de entrada. As demais contas são de saída de caixa, incluindo, além das despesas operacionais, o custo com aquisição de mercadorias para revenda (conta fornecedores).

Observe que essas contas estão agrupadas e subordinadas a contas sintéticas. Isso permite uma análise vertical posterior mais apurada e informativa. Além disso, facilita o entendimento e a projeção dos seus valores, uma vez que as contas analíticas que compõem uma conta sintética tendem a ter comportamentos semelhantes, tornando os métodos de projeção razoavelmente similares.

A identificação de contas sintéticas e analíticas é feita na segunda coluna. Para tornar a identificação visual mais fácil, foi adotada uma cor diferenciada nas contas sintéticas.

A última coluna indica os departamentos responsáveis pelas estimativas de cada conta operacional ou grupo de contas. Isso visa a registrar e comunicar as responsabilidades pela projeção dos valores esperados.

Antes de passar para a projeção propriamente dita das despesas operacionais, é importante tecer alguns comentários sobre a estruturação do plano de contas. O primeiro grupo é o de receitas operacionais, cujos valores foram projetados anteriormente. Nesse caso, basta coletar os fluxos já estimados no orçamento de receitas operacionais.

O próximo grupo de desembolsos operacionais é o de despesas com pessoal. Todas as contas associadas à remuneração do pessoal estão agregadas aqui, com exceção da remuneração variável (comissões), que será estimada adiante. Portanto, são agrupados somente os desembolsos com pessoal de natureza fixa. Com objetivo de realizar essa projeção, será utilizada uma planilha auxiliar especificamente criada com esse propósito e explicada posteriormente. A atribuição dessa projeção será do departamento administrativo, contando com informações prestadas pela contabilidade terceirizada.

O próximo segmento é o de despesas administrativas. Nele, são incluídos os desembolsos operacionais associados à administração e ao funcionamento da empresa, os quais têm natureza fixa.

O segmento de taxas e impostos, seguindo a ordem do plano de contas, agrupa esses elementos que não variam proporcionalmente em relação ao faturamento ou recebimento da empresa. Em vista disso, eles têm natureza eminentemente fixa, pois suas bases de cálculo são elementos do patrimônio da empresa, tais como veículos ou imóveis, ou são ativos usados pela empresa, cuja responsabilidade de recolhimento desses tributos recai sobre ela.

O segmento seguinte tem característica variável. São os tributos que incidem sobre as vendas da empresa e, como tal, variam de maneira proporcional a estas. O ICMS é um tributo da esfera estadual enquanto o PIS e a COFINS são federais. Suas alíquotas e bases de cálculo serão explicadas adiante.

O próximo agrupamento abrange desembolsos variáveis de natureza comercial. Nesse grupo, foram incorporados custos (desembolso com fornecedores estimado anteriormente na etapa dos custos produtivos) e despesas (comissões e fretes sobre o envio dos produtos despachados). Caso a empresa entenda relevante, esses elementos de custos e despesas poderiam ter sido separados. No entanto, como o plano de contas não é muito extenso, resolveu-se mantê-los juntos, até porque são de natureza variável.

Por fim, tem-se o resultado operacional que é dado pelas receitas operacionais menos as despesas de pessoal, menos as despesas administrativas, menos as taxas/impostos, menos os tributos sobre as vendas e menos as despesas e custos comerciais.

Nesse ponto, é importante fazer um destaque. Como a empresa é tributada pelo lucro real, há de se calcular um lucro tributável sobre o qual incidirá o Imposto de Renda de Pessoa Jurídica (IRPJ) e a Contribuição Social sobre o Lucro Líquido (CSLL). Contudo, para mensurar sua base de cálculo, devem ser estimados outros fluxos de caixa, os quais serão objeto dos orçamentos de investimento e financiamento. Sendo assim, para permitir uma estimativa do recolhimento do IRPJ e da CSLL, ainda serão necessárias informações geradas nos próximos orçamentos.

Além disso, a base de cálculo desses tributos também leva em consideração a depreciação contábil. A depreciação é uma conta contábil que não implica desembolso efetivo de caixa. Somente em função disso, sua colocação no plano de contas operacional não seria necessária, pois não indicaria movimentação financeira. Todavia, a depreciação exerce uma função importante para o recolhimento do IRPJ e da CSLL, pois reduz a base de cálculo desses dois tributos, tendo efetivamente um efeito de caixa positivo para a empresa, cujo recolhimento tributário é reduzido.

A empresa iniciou a projeção pelas despesas de natureza fixa. Como cada conta tem realização esperada em diferentes departamentos, cada um deles (administrativo, comercial, compras e expedição) fez suas projeções isoladamente para consolidação posterior.

Para cada departamento, a equipe de orçamento disponibilizou o histórico de desembolsos realizados das contas orçamentárias componentes das despesas fixas do ano anterior do respectivo departamento. Tal histórico pode ser utilizado pelos departamentos como base para projetar os valores do próximo exercício orçamentário. Em adição aos valores realizados no passado, também foram disponibilizados indicadores com os quais poderão ser estimados eventuais reajustes sobre as contas orçamentárias. Eles são sumarizados na tabela a seguir.

TABELA 70 - INDICADORES PARA REAJUSTES DAS CONTAS

Variáveis	Variação esperada
IGPM	4,75%
Inflação	5,25%
Variação % energia	5,00%
Variação % telefonia	5,10%
Variação % água/esgoto	5,50%

O IGPM é um indicador usado em alguns contratos de serviços prestados à empresa. Ele foi calculado pela média da variação percentual histórica dos últimos três anos. A equipe de orçamento considerou que abranger períodos mais longos para esse indicador poderia incorporar um viés, devido a valores muito diversos dos que têm sido observados nos últimos três anos. Assim, espera-se que os três anos anteriores sejam mais representativos para o próximo exercício orçamentário.

A inflação será utilizada para reajustar algumas contas que não têm especificidade em relação aos seus reajustes. Para chegar ao percentual esperado, a equipe de orçamento consultou relatórios de bancos e previsões de economistas, chegando a um consenso interno de adotar 5,25% como parâmetro.

As variações percentuais esperadas para as tarifas de energia elétrica, telefonia e água/esgoto foram estimadas separadamente, em função de serem objetos de acompanhamento por parte de órgãos reguladores específicos. Portanto, seus reajustes são específicos, o que sugere uma análise individualizada.

Sendo assim, com os dados históricos realizados de cada conta de despesa fixa no exercício orçamentário anterior e com as premissas levantadas sobre indicadores de reajuste dessas contas, os departamentos podem subsidiar suas expectativas de despesas fixas para o período orçamentário. Cada departamento recebeu uma planilha com o formato apresentado a seguir, a fim de coletar suas estimativas.

QUADRO 20 - PLANILHA DE COLETA DE DADOS DE DESPESAS FIXAS

Contas	Tipo	Premissas	Média do ano anterior	JAN	FEV	MAR	ABR	MAI	JUN	JUL	AGO	SET	OUT	NOV	DEZ
DESPESAS ADMINISTRATIVAS	S														
ALUGUEL	A														
ÁGUA/ESGOTO	A														
ENERGIA ELÉTRICA	A														
TELEFONIA FIXA/MÓVEL	A														
MANUTENÇÕES EQUIP. / VEÍCULOS	A														
INTERNET	A														
SERVIÇOS CONTÁBEIS	A														
SERVIÇOS JURÍDICOS	A														
MATERIAL DE EXPEDIENTE	A														
OUTRAS DESPESAS	A														
TAXAS/IMPOSTOS	S														
IPTU	A														
IPVA	A														

As despesas de natureza fixa são divididas em duas contas sintéticas. A conta de despesas administrativas congrega a maioria dos itens de despesas operacionais fixas e a conta de taxas/impostos agrega os tributos sobre o patrimônio. Os demais grupos de contas operacionais não foram considerados nessa planilha, pois foram ou serão coletados de outras formas.

A primeira coluna apresenta as contas que serão projetadas pelos departamentos, respeitando a estrutura montada no plano de contas operacional e restrita às de despesas fixas. A segunda coluna indica o tipo de conta (sintética ou analítica). Como as contas sintéticas são somatórios das analíticas que as compõem, não devem ser projetados valores para aquelas. As projeções devem se restringir às contas analíticas, que comporão as sintéticas, as quais serão calculadas em seguida. Por isso a importância de se indicar isso claramente na planilha de coleta de dados.

A terceira coluna é um espaço dedicado ao registro das premissas e critérios utilizados para estimar os valores da conta específica. Tal registro é fundamental para que se mantenha uma fonte para posterior consulta, quando das revisões orçamentárias. Nesse espaço, podem ser indicadas as fontes de dados consultadas e a memória de cálculo utilizada. Já a quarta coluna mostra o valor médio da conta observado historicamente, que pode ser usado como base para os valores projetados.

As demais colunas são destinadas à coleta dos valores projetados para as contas analíticas em cada mês ao longo do período orçamentário. Esses valores comporão efetivamente o orçamento do departamento e serão posteriormente agregados aos respectivos valores dos demais departamentos para gerar o orçamento completo das despesas operacionais de natureza fixa da empresa.

O orçamento gerado pelo departamento administrativo foi baseado nas seguintes informações.

TABELA 71 - PREMISSAS POR CONTAS DE DESPESAS FIXAS DO DEPARTAMENTO ADMINISTRATIVO

Contas	Tipo	Premissas	Média do ano anterior
DESPESAS ADMINISTRATIVAS	S		
ALUGUEL	A	Valor do ano anterior mais variação do IGPM a partir de abril (renovação do contrato)	R$ 2.500
ÁGUA/ESGOTO	A	Média do ano anterior, acrescida da expectativa de variação da tarifa	R$ 375
ENERGIA ELÉTRICA	A	Média do ano anterior, acrescida da expectativa de variação da tarifa	R$ 780
TELEFONIA FIXA/MÓVEL	A	Média do ano anterior, acrescida da expectativa de variação da tarifa	R$ 1.650
MANUTENÇÕES EQUIP. / VEÍCULOS	A	Média do ano anterior, acrescida da inflação	R$ 725
INTERNET	A	Mesmo valor do ano anterior (sem expectativa de variação)	R$ 125

(CONTINUA)

			(CONTINUAÇÃO)
SERVIÇOS CONTÁBEIS	A	2 salários-mínimos	
SERVIÇOS JURÍDICOS	A	2,5 salários-mínimos	
MATERIAL DE EXPEDIENTE	A	Média do ano anterior, acrescida da inflação	R$ 265
OUTRAS DESPESAS	A	Média do ano anterior, acrescida da inflação	R$ 150
TAXAS/IMPOSTOS	S		
IPTU	A	Valor do ano anterior, acrescido da inflação em fevereiro. Consultar Secretaria Municipal de Finanças"	R$ 2.000
IPVA	A		

A conta aluguel é regida por um contrato reajustado anualmente pelo IGPM no mês de abril. Assim, sobre o valor do ano anterior, informado na quarta coluna, será aplicado o reajuste estimado do IGPM a partir de abril.

As despesas com a concessionária de água/esgoto foram estimadas a partir da média realizada no ano anterior, acrescido já no primeiro mês do aumento esperado da tarifa de água e esgoto. Essa expectativa é similar às contas de energia elétrica e telefonia fixa e móvel. Porém, essas demais contas apresentam diferentes expectativas percentuais de variação da tarifa, conforme premissas mostradas anteriormente. Assim, sobre os respectivos valores históricos, são aplicadas as respectivas variações percentuais esperadas. Ressalte-se que esse método empregado admite que o consumo de água/esgoto, energia elétrica e telefonia fixa/móvel não sofrerá aumento. O único aumento considerado nessa estimativa é aquele relacionado ao preço das tarifas desses serviços, mantendo-se inalterados os volumes consumidos.

A conta de manutenção de equipamentos e veículos sofrerá reajuste de preço baseado na inflação esperada aplicada à sua média histórica. Esse departamento somente é responsável por manutenções de equipamentos usados na empresa, cujas demandas não evidenciam qualquer aumento de volume. Somente os preços serão reajustados de acordo com a expectativa geral de inflação.

Por sua vez, a conta relacionada ao provimento de acesso à internet não tem expectativa de aumento. Como há muitos fornecedores de acesso à internet no mercado, essa competição gera a expectativa de manutenção do desembolso médio realizado no passado. Caso ocorra uma pressão para aumento do preço do serviço, a empresa considerou ser fácil buscar outro fornecedor, o que permite estabelecer a premissa de manter o valor inalterado.

Já os serviços contábeis e jurídicos são prestados por empresas específicas. Nos contratos de prestação de serviços, os honorários são baseados em quantidades de salários-mínimos. Os serviços contábeis são remunerados à base de dois salários-mínimos, enquanto os serviços jurídicos custam dois e meio salários-mínimos. Considerando a estimativa do salário-mínimo de R$ 1.100,00, explicada mais adiante na estimativa de despesas com pessoal, esses fluxos de caixa podem ser estimados.

Em relação ao material de expediente e às outras despesas fixas, esses foram calculados tomando por base seus valores médios do ano anterior acrescidos da inflação esperada.

Partindo para o outro agrupamento, a conta de IPTU é prevista para ser paga em fevereiro e foi estimada tomando por base o valor recolhido no ano anterior acrescido da taxa esperada de inflação. Contudo, uma consulta à Secretaria Municipal de Finanças pode indicar, com certa antecedência, o valor exato a ser recolhido.

A conta de IPVA é responsabilidade de outro departamento, motivo pelo qual não foi estimado neste momento. A partir dessas informações, o departamento administrativo fez a projeção indicada na tabela 72.

O departamento comercial levantou as premissas indicadas na tabela 73 para as despesas fixas decorrentes de suas atividades operacionais.

TABELA 72 - DESPESAS FIXAS PROJETADAS DO DEPARTAMENTO ADMINISTRATIVO

Contas	JAN	FEV	MAR	ABR	MAI	JUN	JUL	AGO	SET	OUT	NOV	DEZ
DESPESAS ADMINISTRATIVAS												
ALUGUEL	R$ 11.724	R$ 11.724	R$ 11.724	R$ 11.842	R$ 11.842	R$ 11.842	R$ 11.842	R$ 11.842	R$ 11.842	R$ 11.842	R$ 11.842	R$ 11.842
ÁGUA/ESGOTO	R$ 2.500	R$ 2.500	R$ 2.500	R$ 2.619	R$ 2.619	R$ 2.619	R$ 2.619	R$ 2.619	R$ 2.619	R$ 2.619	R$ 2.619	R$ 2.619
ENERGIA ELÉTRICA	R$ 396	R$ 396	R$ 396	R$ 396	R$ 396	R$ 396	R$ 396	R$ 396	R$ 396	R$ 396	R$ 396	R$ 396
TELEFONIA FIXA/MÓVEL	R$ 819	R$ 819	R$ 819	R$ 819	R$ 819	R$ 819	R$ 819	R$ 819	R$ 819	R$ 819	R$ 819	R$ 819
MANUTENÇÕES EQUIP./VEÍCULOS	R$ 1.734	R$ 1.734	R$ 1.734	R$ 1.734	R$ 1.734	R$ 1.734	R$ 1.734	R$ 1.734	R$ 1.734	R$ 1.734	R$ 1.734	R$ 1.734
INTERNET	R$ 763	R$ 763	R$ 763	R$ 763	R$ 763	R$ 763	R$ 763	R$ 763	R$ 763	R$ 763	R$ 763	R$ 763
SERVIÇOS CONTÁBEIS	R$ 125	R$ 125	R$ 125	R$ 125	R$ 125	R$ 125	R$ 125	R$ 125	R$ 125	R$ 125	R$ 125	R$ 125
SERVIÇOS JURÍDICOS	R$ 2.200	R$ 2.200	R$ 2.200	R$ 2.200	R$ 2.200	R$ 2.200	R$ 2.200	R$ 2.200	R$ 2.200	R$ 2.200	R$ 2.200	R$ 2.200
MATERIAL DE EXPEDIENTE	R$ 2.750	R$ 2.750	R$ 2.750	R$ 2.750	R$ 2.750	R$ 2.750	R$ 2.750	R$ 2.750	R$ 2.750	R$ 2.750	R$ 2.750	R$ 2.750
OUTRAS DESPESAS	R$ 279	R$ 279	R$ 279	R$ 279	R$ 279	R$ 279	R$ 279	R$ 279	R$ 279	R$ 279	R$ 279	R$ 279
TAXAS/IMPOSTOS	R$ 158	R$ 158	R$ 158	R$ 158	R$ 158	R$ 158	R$ 158	R$ 158	R$ 158	R$ 158	R$ 158	R$ 158
IPTU	R$ 0	R$ 2.105	R$ 0	R$ 0	R$ 0	R$ 0	R$ 0	R$ 0	R$ 0	R$ 0	R$ 0	R$ 0
IPVA		R$ 2.105										

TABELA 73 - PREMISSAS PARA AS DESPESAS FIXAS DO DEPARTAMENTO COMERCIAL

Contas	Tipo	Premissas	Média do ano anterior
DESPESAS ADMINISTRATIVAS	S		
ALUGUEL	A		
ÁGUA/ESGOTO	A		
ENERGIA ELÉTRICA	A		
TELEFONIA FIXA/MÓVEL	A		
MANUTENÇÕES EQUIP. / VEÍCULOS	A		
INTERNET	A		
SERVIÇOS CONTÁBEIS	A		
SERVIÇOS JURÍDICOS	A		
MATERIAL DE EXPEDIENTE	A	Média do ano anterior, acrescida da inflação Inclui confecção de material comercial	R$ 1.000
OUTRAS DESPESAS	A	Média do ano anterior, acrescida da inflação	R$ 85
TAXAS/IMPOSTOS	S		
IPTU	A		
IPVA	A		

Observe que esse departamento projetou somente duas contas. As execuções das demais contas não são de sua responsabilidade, motivo pelo qual não têm estimativas projetadas.

O material de expediente é mais vultoso, pois incorpora material utilizado para comunicação com os clientes. As outras despesas são desembolsos eventuais, cuja média foi utilizada para subsidiar sua projeção. Em ambos os casos, foram estimados reajustes baseados na expectativa de inflação informada pela equipe de orçamento. A projeção desse departamento é apresentada na tabela seguinte.

TABELA 74 - DESPESAS FIXAS PROJETADAS DO DEPARTAMENTO COMERCIAL

Contas	JAN	FEV	MAR	ABR	MAI	JUN
DESPESAS ADMINISTRATIVAS	R$ 1.142	R$ 1.142	R$ 1.142	R$ 1.142	R$ 1.142	R$ 1.142
ALUGUEL						
ÁGUA/ESGOTO						
ENERGIA ELÉTRICA						
TELEFONIA FIXA/MÓVEL						
MANUTENÇÕES EQUIP. / VEÍCULOS						
INTERNET						
SERVIÇOS CONTÁBEIS						
SERVIÇOS JURÍDICOS						
MATERIAL DE EXPEDIENTE	R$ 1.053	R$ 1.053	R$ 1.053	R$ 1.053	R$ 1.053	R$ 1.053
OUTRAS DESPESAS	R$ 89	R$ 89	R$ 89	R$ 89	R$ 89	R$ 89
TAXAS/IMPOSTOS	R$ 0	R$ 0	R$ 0	R$ 0	R$ 0	R$ 0
IPTU						
IPVA						

Contas	JUL	AGO	SET	OUT	NOV	DEZ
DESPESAS ADMINISTRATIVAS	R$ 1.142	R$ 1.142	R$ 1.142	R$ 1.142	R$ 1.142	R$ 1.142
ALUGUEL						
ÁGUA/ESGOTO						
ENERGIA ELÉTRICA						
TELEFONIA FIXA/MÓVEL						
MANUTENÇÕES EQUIP. / VEÍCULOS						
INTERNET						

(CONTINUA)

							(CONTINUAÇÃO)
SERVIÇOS CONTÁBEIS							
SERVIÇOS JURÍDICOS							
MATERIAL DE EXPEDIENTE	R$ 1.053	R$ 1.053	R$ 1.053	R$ 1.053	R$ 1.053	R$ 1.053	
OUTRAS DESPESAS	R$ 89	R$ 89	R$ 89	R$ 89	R$ 89	R$ 89	
TAXAS/IMPOSTOS	R$ 0	R$ 0	R$ 0	R$ 0	R$ 0	R$ 0	
IPTU							
IPVA							

O departamento de compras é bastante similar ao departamento comercial. Em seguida, são apresentadas as premissas levantadas e os fluxos de caixa projetados desse departamento.

TABELA 75 - PREMISSAS DE DESPESAS FIXAS DO DEPARTAMENTO DE COMPRAS

Contas	Tipo	Premissas	Média do ano anterior
DESPESAS ADMINISTRATIVAS	S		
ALUGUEL	A		
ÁGUA/ESGOTO	A		
ENERGIA ELÉTRICA	A		
TELEFONIA FIXA/MÓVEL	A		
MANUTENÇÕES EQUIP. / VEÍCULOS	A		
INTERNET	A		
SERVIÇOS CONTÁBEIS	A		
SERVIÇOS JURÍDICOS	A		
MATERIAL DE EXPEDIENTE	A	Média do ano anterior, acrescida da inflação	R$ 85

(CONTINUA)

ORÇAMENTO DE DESPESAS OPERACIONAIS 203

(CONTINUAÇÃO)

OUTRAS DESPESAS	A	Média do ano anterior, sem efeito da inflação	R$ 100
TAXAS/IMPOSTOS	S		
IPTU	A		
IPVA	A		

TABELA 76 - DESPESAS FIXAS PROJETADAS DO DEPARTAMENTO DE COMPRAS

Contas	JAN	FEV	MAR	ABR	MAI	JUN	JUL	AGO	SET	OUT	NOV	DEZ
DESPESAS ADMINISTRATIVAS	R$ 189	R$ 189	R$ 189	R$ 189	R$ 189	R$ 189	R$ 189	R$ 189	R$ 189	R$ 189	R$ 189	R$ 189
ALUGUEL												
ÁGUA/ESGOTO												
ENERGIA ELÉTRICA												
TELEFONIA FIXA/ MÓVEL												
MANUTENÇÕES EQUIP. / VEÍCULOS												
INTERNET												
SERVIÇOS CONTÁBEIS												
SERVIÇOS JURÍDICOS												
MATERIAL DE EXPEDIENTE	R$ 89	R$ 89	R$ 89	R$ 89	R$ 89	R$ 89	R$ 89	R$ 89	R$ 89	R$ 89	R$ 89	R$ 89
OUTRAS DESPESAS	R$ 100	R$ 100	R$ 100	R$ 100	R$ 100	R$ 100	R$ 100	R$ 100	R$ 100	R$ 100	R$ 100	R$ 100
TAXAS/IMPOSTOS	R$ 0	R$ 0	R$ 0	R$ 0	R$ 0	R$ 0	R$ 0	R$ 0	R$ 0	R$ 0	R$ 0	R$ 0
IPTU												
IPVA												

Por fim, o departamento de expedição também elaborou as premissas, apresentadas a seguir.

TABELA 77 - PREMISSAS DAS DESPESAS FIXAS DO DEPARTAMENTO DE EXPEDIÇÃO

Contas	Tipo	Premissas	Média do ano anterior
DESPESAS ADMINISTRATIVAS	S		
ALUGUEL	A		
ÁGUA/ESGOTO	A		
ENERGIA ELÉTRICA	A		
TELEFONIA FIXA/MÓVEL	A		
MANUTENÇÕES EQUIP. / VEÍCULOS	A	Manutenção do carro de entrega Média baseada no histórico acrescido da inflação Troca de pneus em março Revisão em julho	R$ 150
INTERNET	A		
SERVIÇOS CONTÁBEIS	A		
SERVIÇOS JURÍDICOS	A		
MATERIAL DE EXPEDIENTE	A	Média do ano anterior, acrescida da inflação	R$ 110
OUTRAS DESPESAS	A	Média do ano anterior, acrescida da inflação	R$ 75
TAXAS/IMPOSTOS	S		
IPTU	A		
IPVA	A	Valor do ano anterior sem acréscimo Consultar Secretaria Estadual da Fazenda	R$ 1.800

Esse departamento é responsável pela manutenção do veículo de entrega, devendo, portanto, estimar esses desembolsos. Para isso, inicialmente, utilizou-se o valor médio histórico (R$ 150) acrescido da inflação esperada (5,25%), gerando mensalmente um desembolso esperado de R$ 158. Além disso, também são esperadas troca de pneus em março e revisão em julho. Nesses dois meses, foram acrescidos os valores respectivos de R$ 1.000 e R$ 500, conforme estimativa baseada em cotações de preços realizadas. As contas de material de expediente e de outras despesas eventuais foram estimadas com base no histórico reajustado pela inflação.

Por fim, como esse departamento é responsável por gerenciar o veículo de entrega, ele também orça o desembolso relacionado ao imposto sobre sua propriedade (IPVA). Como se espera uma redução no valor do veículo para fins de cálculo do imposto, estimou-se que o valor a ser recolhido em fevereiro será o mesmo do ano anterior. De toda forma, o valor exato poderá ser consultado na Secretaria Estadual da Fazenda posteriormente.

Com essas explicações, o orçamento das despesas fixas do departamento de expedição é consolidado a seguir.

TABELA 78 - DESPESAS FIXAS PROJETADAS DO DEPARTAMENTO DE EXPEDIÇÃO

Contas	JAN	FEV	MAR	ABR	MAI	JUN	JUL	AGO	SET	OUT	NOV	DEZ
DESPESAS ADMINISTRATIVAS	R$ 353	R$ 353	R$ 1.353	R$ 353	R$ 353	R$ 353	R$ 853	R$ 353	R$ 353	R$ 353	R$ 353	R$ 353
ALUGUEL												
ÁGUA/ESGOTO												
ENERGIA ELÉTRICA												
TELEFONIA FIXA/MÓVEL												
MANUTENÇÕES EQUIP. / VEÍCULOS	R$ 158	R$ 158	R$ 1.158	R$ 158	R$ 158	R$ 158	R$ 658	R$ 158	R$ 158	R$ 158	R$ 158	R$ 158
INTERNET												
SERVIÇOS CONTÁBEIS												
SERVIÇOS JURÍDICOS												
MATERIAL DE EXPEDIENTE	R$ 116	R$ 116	R$ 116	R$ 116	R$ 116	R$ 116	R$ 116	R$ 116	R$ 116	R$ 116	R$ 116	R$ 116
OUTRAS DESPESAS	R$ 79	R$ 79	R$ 79	R$ 79	R$ 79	R$ 79	R$ 79	R$ 79	R$ 79	R$ 79	R$ 79	R$ 79
TAXAS/IMPOSTOS	R$ 0	R$ 1.800	R$ 0	R$ 0	R$ 0	R$ 0	R$ 0	R$ 0	R$ 0	R$ 0	R$ 0	R$ 0
IPTU												
IPVA		R$ 1.800										

Finalizadas as coletas das despesas de natureza fixa dos departamentos, pode-se consolidá-las em uma única visão, dada a seguir.

TABELA 79 - DESPESAS FIXAS PROJETADAS

Contas	JAN	FEV	MAR	ABR	MAI	JUN	JUL	AGO	SET	OUT	NOV	DEZ
DESPESAS ADMINISTRATIVAS	R$ 13.408	R$ 13.408	R$ 14.408	R$ 13.526	R$ 13.526	R$ 13.526	R$ 14.026	R$ 13.526	R$ 13.526	R$ 13.526	R$ 13.526	R$ 13.526
ALUGUEL	R$ 2.500	R$ 2.500	R$ 2.500	R$ 2.619	R$ 2.619	R$ 2.619	R$ 2.619	R$ 2.619	R$ 2.619	R$ 2.619	R$ 2.619	R$ 2.619
ÁGUA/ESGOTO	R$ 396	R$ 396	R$ 396	R$ 396	R$ 396	R$ 396	R$ 396	R$ 396	R$ 396	R$ 396	R$ 396	R$ 396
ENERGIA ELÉTRICA	R$ 819	R$ 819	R$ 819	R$ 819	R$ 819	R$ 819	R$ 819	R$ 819	R$ 819	R$ 819	R$ 819	R$ 819
TELEFONIA FIXA/MÓVEL	R$ 1.734	R$ 1.734	R$ 1.734	R$ 1.734	R$ 1.734	R$ 1.734	R$ 1.734	R$ 1.734	R$ 1.734	R$ 1.734	R$ 1.734	R$ 1.734
MANUTENÇÕES EQUIP./VEÍCULOS	R$ 921	R$ 921	R$ 1.921	R$ 921	R$ 921	R$ 921	R$ 1.421	R$ 921	R$ 921	R$ 921	R$ 921	R$ 921
INTERNET	R$ 125	R$ 125	R$ 125	R$ 125	R$ 125	R$ 125	R$ 125	R$ 125	R$ 125	R$ 125	R$ 125	R$ 125
SERVIÇOS CONTÁBEIS	R$ 2.200	R$ 2.200	R$ 2.200	R$ 2.200	R$ 2.200	R$ 2.200	R$ 2.200	R$ 2.200	R$ 2.200	R$ 2.200	R$ 2.200	R$ 2.200
SERVIÇOS JURÍDICOS	R$ 2.750	R$ 2.750	R$ 2.750	R$ 2.750	R$ 2.750	R$ 2.750	R$ 2.750	R$ 2.750	R$ 2.750	R$ 2.750	R$ 2.750	R$ 2.750
MATERIAL DE EXPEDIENTE	R$ 1.537	R$ 1.537	R$ 1.537	R$ 1.537	R$ 1.537	R$ 1.537	R$ 1.537	R$ 1.537	R$ 1.537	R$ 1.537	R$ 1.537	R$ 1.537
OUTRAS DESPESAS	R$ 426	R$ 426	R$ 426	R$ 426	R$ 426	R$ 426	R$ 426	R$ 426	R$ 426	R$ 426	R$ 426	R$ 426
TAXAS/IMPOSTOS	R$ 0	R$ 3.905	R$ 0	R$ 0	R$ 0	R$ 0	R$ 0	R$ 0	R$ 0	R$ 0	R$ 0	R$ 0
IPTU	R$ 0	R$ 2.105	R$ 0	R$ 0	R$ 0	R$ 0	R$ 0	R$ 0	R$ 0	R$ 0	R$ 0	R$ 0
IPVA	R$ 0	R$ 1.800	R$ 0	R$ 0	R$ 0	R$ 0	R$ 0	R$ 0	R$ 0	R$ 0	R$ 0	R$ 0

O gráfico a seguir permite observar a maior representatividade dessas despesas por parte do departamento administrativo, o qual, consequentemente, tem que orçar uma maior quantidade de contas em relação à responsabilidade dos demais.

FIGURA 10 - DESPESAS FIXAS PROJETADAS POR DEPARTAMENTO

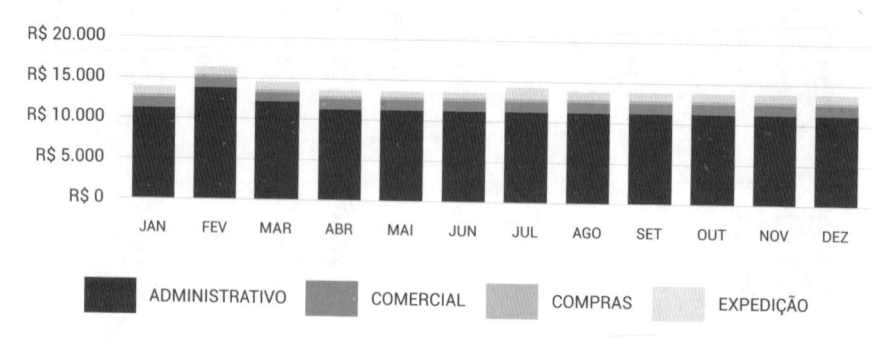

Outro grupo de desembolsos pertinentes às despesas operacionais é destinado à remuneração do pessoal. Por suas características específicas e quantidade de contas associadas, resolveu-se fazer uma estimativa separada para posterior agregação aos demais elementos de despesas operacionais.

Inicialmente, devem ser listados os postos de trabalho necessários ao longo do período orçamentário. Nessa etapa, também devem ser indicadas informações básicas associadas a cada função, a fim de estimar os desembolsos pertinentes. A tabela a seguir apresenta informações nesse sentido.

TABELA 80 - INFORMAÇÕES SOBRE DESPESAS COM PESSOAL

Funções	Departamento	Quantidade de salários-mínimos	Comissão	Vale transporte	Vale refeição
Gerente administrativo	Administrativo	8,00	N	N	N
Gerente comercial	Comercial	8,00	N	N	N
Auxiliar administrativo	Administrativo	2,00	N	N	N

(CONTINUA)

(CONTINUAÇÃO)

Vendedor 1	Comercial	3,00	S	N	N
Vendedor 2	Comercial	3,00	S	N	N
Comprador	Compras	2,50	N	S	S
Almoxarife	Expedição	1,50	N	S	S
Entregador 1	Expedição	1,50	N	S	S
Serviços gerais	Administrativo	1,00	N	S	S

Na primeira coluna encontram-se as funções necessárias para o funcionamento da empresa e na segunda coluna estão indicados os departamentos nos quais as pessoas estarão lotadas. A terceira coluna apresenta a remuneração em termos de quantidade de salários-mínimos. A próxima coluna indica que funções receberão comissão, desembolso explicado mais adiante. As duas últimas colunas apontam as funções que terão direito a receber respectivamente vale-transporte e vale-refeição.

De modo a estimar o salário-mínimo para o período orçamentário, o qual permitirá orçar os salários dos funcionários, foram realizadas algumas etapas. Inicialmente, foi feita uma pesquisa coletando os salários-mínimos dos últimos cinco anos. Em seguida, calculou-se a média de variação percentual anual. Essa média foi acrescida ao salário-mínimo vigente para chegar à expectativa de R$ 1.100,00 para o próximo exercício orçamentário. Logo, admitindo-se essa expectativa de salário-mínimo, é possível estimar o salário bruto mensal de R$ 33.550, conforme tabela a seguir.

TABELA 81 - VALORES ESTIMADOS DOS SALÁRIOS BRUTOS

Funções	Departamento	Quantidade de salários-mínimos	Salário bruto
Gerente administrativo	Administrativo	8,00	R$ 8.800
Gerente comercial	Comercial	8,00	R$ 8.800
Auxiliar administrativo	Administrativo	2,00	R$ 2.200

(CONTINUA)

			(CONTINUAÇÃO)
Vendedor 1	Comercial	3,00	R$ 3.300
Vendedor 2	Comercial	3,00	R$ 3.300
Comprador	Compras	2,50	R$ 2.750
Almoxarife	Expedição	1,50	R$ 1.650
Entregador 1	Expedição	1,50	R$ 1.650
Serviços gerais	Administrativo	1,00	R$ 1.100
			R$ 33.550

O próximo passo é estimar os desembolsos com as férias dos funcionários. Para tanto, é necessário ter a informação da programação de férias de cada um deles, como mostra o quadro seguinte.

QUADRO 21 - PERÍODOS ESPERADOS DE FÉRIAS

Funções	Mês de Férias
Gerente administrativo	JAN
Gerente comercial	JUL
Auxiliar administrativo	MAR
Vendedor 1	ABR
Vendedor 2	MAI
Comprador	JUL
Almoxarife	JAN
Entregador 1	AGO
Serviços gerais	SET

Com essas informações, podem ser estimados os desembolsos com o 1/3 de férias a serem pagos aos funcionários por ocasião de suas férias. A próxima tabela registra essas expectativas de desembolsos.

TABELA 82 - FÉRIAS PROJETADAS

Funções	JAN	FEV	MAR	ABR	MAI	JUN	JUL	AGO	SET	OUT	NOV	DEZ
Gerente administrativo	R$ 2.904											
Gerente comercial							R$ 2.904					
Auxiliar administrativo			R$ 726									
Vendedor 1				R$ 1.089								
Vendedor 2					R$ 1.089							
Comprador							R$ 908					
Almoxarife	R$ 545											
Entregador 1								R$ 545				
Serviços gerais									R$ 363			

Parte-se em seguida para a estimativa de desembolso com o décimo terceiro salário. Os funcionários terão direito ao décimo terceiro salário parcelado em duas vezes, sendo elas em novembro e em dezembro. Assim, tem-se a estimativa de desembolsar R$ 16.775 em novembro e R$ 16.775 em dezembro.

Em relação aos desembolsos com férias e décimo terceiro salário, é importante registrar que uma prática orçamentária relativamente comum é fazer provisões mensais para ambos. Nesse caso, em vez de se buscar projetar os fluxos de caixa em suas datas e valores mais aproximados, refletindo, dessa forma, a realidade esperada de maneira mais fidedigna, utiliza-se o subterfúgio de dividir o montante esperado de desembolso anual pelo número de meses do ano (doze) e projetá-los uniformemente ao longo dos meses. Naturalmente, esses fluxos de caixa assim projetados não refletem a realidade quando da execução orçamentária. Portanto, essa abordagem compromete a qualidade do produto final do planejamento orçamentário. Ademais, se a empresa utilizar mecanismos de bloqueio orçamentário, a fim de evitar extrapolações nas contas, o provisionamento de valores uniformes também pode acarretar bloqueios indevidos, comprometendo o funcionamento corrente da empresa. Sendo assim, por mais que o uso do provisionamento seja mais simples, requerendo menos esforço da equipe envolvida, tal facilidade tende a ampliar a diferença entre os orçamentos projetado e realizado, nos momentos de análise dos resultados e revisão orçamentária.

Com isso, até essa etapa, foram projetados os salários brutos, férias e décimo terceiro salário. A tabela a seguir apresenta esses fluxos de caixa esperados.

TABELA 83 - DESPESAS COM PESSOAL PROJETADAS

Conta	JAN	FEV	MAR	ABR	MAI	JUN
SALÁRIOS	R$ 33.550	R$ 33.550	R$ 33.550	R$ 33.550	R$ 33.550	R$ 33.550
FÉRIAS	R$ 3.449	R$ 0	R$ 726	R$ 1.089	R$ 1.089	R$ 0
13 SALÁRIO						

Conta	JUL	AGO	SET	OUT	NOV	DEZ
SALÁRIOS	R$ 33.550	R$ 33.550	R$ 33.550	R$ 33.550	R$ 33.550	R$ 33.550
FÉRIAS	R$ 3.812	R$ 545	R$ 363	R$ 0	R$ 0	R$ 0
13 SALÁRIO					R$ 16.775	R$ 16.775

Os próximos elementos a serem projetados são os encargos sociais incidentes sobre a remuneração do pessoal. Nesse aspecto, a empresa deve recolher o FGTS e o INSS. Suas alíquotas são respectivamente 8,00% e 20,00%, ambas calculadas sobre a remuneração total dos funcionários, incluindo salários normais, férias e décimo terceiro salário. A estimativa desses encargos sociais é apresentada na seguinte tabela.

ORÇAMENTO DE DESPESAS OPERACIONAIS

TABELA 84 - FGTS E INSS PROJETADOS

Conta	JAN	FEV	MAR	ABR	MAI	JUN
FGTS	R$ 2.960	R$ 2.684	R$ 2.742	R$ 2.771	R$ 2.771	R$ 2.684
INSS	R$ 7.400	R$ 6.710	R$ 6.855	R$ 6.928	R$ 6.928	R$ 6.710

Conta	JUL	AGO	SET	OUT	NOV	DEZ
FGTS	R$ 2.989	R$ 2.728	R$ 2.713	R$ 2.684	R$ 4.026	R$ 4.026
INSS	R$ 7.472	R$ 6.819	R$ 6.783	R$ 6.710	R$ 10.065	R$ 10.065

Seguindo adiante, os próximos elementos a serem projetados são os vales-transporte e vales-refeição. Para seus cálculos, é fundamental verificar os dias úteis de cada mês durante o período orçamentário. Tal informação foi coletada e está apresentada na seguinte tabela.

TABELA 85 - DIAS ÚTEIS POR MÊS

Meses	JAN	FEV	MAR	ABR	MAI	JUN	JUL	AGO	SET	OUT	NOV	DEZ
Dias úteis	20	17	21	20	20	20	22	19	19	20	20	18

A partir dessa informação, basta multiplicar a quantidade de dias úteis pela quantidade de funcionários que terão direito aos respectivos benefícios e pelo preço de aquisição de cada benefício.

O preço do vale-refeição diário é estimado em R$ 9,00. Espera-se que esse valor não seja alterado ao longo do período orçamentário. O valor estimado do vale-transporte é de R$ 4,50 por dia. No entanto, admitindo-se a repetição do comportamento histórico, espera-se que em junho haja um aumento dessa tarifa. Admitiu-se o aumento percentual médio dos últimos anos de 7,50%, passando a R$ 4,84 a partir de junho. Com esses dados e premissas, projetam-se os valores esperados para vale-transporte e vale-refeição na tabela a seguir.

TABELA 86 - VALE-TRANSPORTE E VALE-REFEIÇÃO PROJETADOS

Conta	JAN	FEV	MAR	ABR	MAI	JUN	JUL	AGO	SET	OUT	NOV	DEZ
VALES-TRANSPORTE	R$ 360	R$ 306	R$ 378	R$ 360	R$ 360	R$ 387	R$ 426	R$ 368	R$ 368	R$ 387	R$ 387	R$ 348
VALES-REFEIÇÃO	R$ 720	R$ 612	R$ 756	R$ 720	R$ 720	R$ 720	R$ 792	R$ 684	R$ 684	R$ 720	R$ 720	R$ 648

Ressalte-se, ainda em relação aos vales-transporte e vales-refeição, que esses encargos implicam deduções para os funcionários. Todavia, como tais deduções não são tão representativas em termos monetários, elas foram desconsideradas nesse exemplo.

Um benefício oferecido pela empresa é o plano de saúde aos funcionários. Conforme previsto no contrato com a operadora de saúde, nos meses de maio, há reajustes. Considerando-se um aumento esperado de 10%, refletindo a média dos últimos reajustes, e o valor atual do plano de R$ 3.700, a projeção dos desembolsos com o plano de saúde é dada na seguinte tabela.

TABELA 87 - PLANO DE SAÚDE PROJETADO

Conta	JAN	FEV	MAR	ABR	MAI	JUN
PLANO DE SAÚDE	R$ 3.700	R$ 3.700	R$ 3.700	R$ 3.700	R$ 4.070	R$ 4.070

Conta	JUL	AGO	SET	OUT	NOV	DEZ
PLANO DE SAÚDE	R$ 4.070	R$ 4.070	R$ 4.070	R$ 4.070	R$ 4.070	R$ 4.070

ORÇAMENTO DE DESPESAS OPERACIONAIS

Finalizando as contas associadas às despesas de pessoal, um último elemento são os treinamentos previstos para o período orçamentário. O primeiro treinamento será voltado para todos os colaboradores e será realizado em junho. Já o segundo treinamento será realizado em novembro e será direcionado à equipe comercial.

A estimativa de desembolso com o primeiro treinamento é de R$ 9.500 a serem pagos integralmente em junho. Já o treinamento comercial terá um custo estimado de R$ 5.000, podendo ser pago metade em novembro e metade em dezembro. Portanto, o orçamento de treinamento é o seguinte.

TABELA 88 - TREINAMENTOS PROJETADOS

Conta	JAN	FEV	MAR	ABR	MAI	JUN	JUL	AGO	SET	OUT	NOV	DEZ
TREINAMENTO						R$ 9.500					R$ 2.500	R$ 2.500

Dessa forma, o fluxo de caixa consolidado das despesas com pessoal é dado a seguir.

TABELA 89 - DESPESAS COM PESSOAL PROJETADAS

Conta	JAN	FEV	MAR	ABR	MAI	JUN
SALÁRIOS	R$ 33.550	R$ 33.550	R$ 33.550	R$ 33.550	R$ 33.550	R$ 33.550
FÉRIAS	R$ 3.449	R$ 0	R$ 726	R$ 1.089	R$ 1.089	R$ 0
13 SALÁRIO						
FGTS	R$ 2.960	R$ 2.684	R$ 2.742	R$ 2.771	R$ 2.771	R$ 2.684
INSS	R$ 7.400	R$ 6.710	R$ 6.855	R$ 6.928	R$ 6.928	R$ 6.710
VALES TRANSPORTES	R$ 360	R$ 306	R$ 378	R$ 360	R$ 360	R$ 387
VALES REFEIÇÃO	R$ 720	R$ 612	R$ 756	R$ 720	R$ 720	R$ 720
PLANO DE SAÚDE	R$ 3.700	R$ 3.700	R$ 3.700	R$ 3.700	R$ 4.070	R$ 4.070
TREINAMENTO						R$ 9.500
TOTAL	R$ 52.138	R$ 47.562	R$ 48.707	R$ 49.118	R$ 49.488	R$ 57.621

(CONTINUA)

(CONTINUAÇÃO)

Conta	JUL	AGO	SET	OUT	NOV	DEZ
SALÁRIOS	R$ 33.550	R$ 33.550	R$ 33.550	R$ 33.550	R$ 33.550	R$ 33.550
FÉRIAS	R$ 3.812	R$ 545	R$ 363	R$ 0	R$ 0	R$ 0
13 SALÁRIO					R$ 16.775	R$ 16.775
FGTS	R$ 2.989	R$ 2.728	R$ 2.713	R$ 2.684	R$ 4.026	R$ 4.026
INSS	R$ 7.472	R$ 6.819	R$ 6.783	R$ 6.710	R$ 10.065	R$ 10.065
VALES TRANSPORTES	R$ 426	R$ 368	R$ 368	R$ 387	R$ 387	R$ 348
VALES REFEIÇÃO	R$ 792	R$ 684	R$ 684	R$ 720	R$ 720	R$ 648
PLANO DE SAÚDE	R$ 4.070	R$ 4.070	R$ 4.070	R$ 4.070	R$ 4.070	R$ 4.070
TREINAMENTO					R$ 2.500	R$ 2.500
TOTAL	R$ 53.110	R$ 48.763	R$ 48.530	R$ 48.121	R$ 72.093	R$ 71.982

Essa etapa encerra a projeção das despesas de natureza fixa. Sendo assim, pode-se partir para a projeção dos desembolsos operacionais de natureza variável.

O próximo elemento a ser projetado compreende os tributos que a empresa deve recolher em função do seu faturamento, o que indica, de certa maneira, seu nível de atividade. Esses tributos são variáveis, uma vez que são calculados mediante alíquotas específicas sobre o faturamento em cada mês. No entanto, tais tributos incorporam características que merecem uma explicação mais aprofundada, que se segue.

Os tributos que serão recolhidos pela empresa, cuja base de cálculo é o faturamento, são o PIS e a COFINS, de âmbito federal, e o ICMS, de âmbito estadual. Como a empresa é tributada com base no lucro real, a fim de se evitar bitributação, os dois tributos federais permitem um crédito quando da aquisição das mercadorias para revenda. No caso específico do ICMS, tal crédito tributário também é devido, sendo que seu cálculo depende de alíquota diferenciada em função do estado de origem da mercadoria.

Isso posto, iniciando pelos tributos federais, PIS e COFINS têm alíquotas respectivas de 1,65% e 7,60%. Para fins de simplificação, seus recolhimentos ocorrem no mesmo mês do fato gerador. Portanto, para compor a base de cálculo, será necessária a projeção de faturamento da empresa, elaborada no orçamento de receitas operacionais. Perceba que o fato gerador é o faturamento e não o recebimento. À vista disso, em cada mês, multiplica-se a alíquota do tributo sobre o faturamento total, de forma que a tabela a seguir é gerada.

TABELA 90 - PIS E COFINS PROJETADOS

Tributos	JAN	FEV	MAR	ABR	MAI	JUN
PIS	R$ 11.056	R$ 11.557	R$ 10.636	R$ 10.876	R$ 11.306	R$ 10.257
COFINS	R$ 50.925	R$ 53.230	R$ 48.991	R$ 50.097	R$ 52.078	R$ 47.246

Tributos	JUL	AGO	SET	OUT	NOV	DEZ
PIS	R$ 11.374	R$ 11.053	R$ 11.568	R$ 11.399	R$ 11.241	R$ 11.581
COFINS	R$ 52.389	R$ 50.910	R$ 53.284	R$ 52.503	R$ 51.777	R$ 53.341

Entretanto, como há um crédito tributário sobre a aquisição de mercadorias, os valores projetados anteriormente não representam a previsão completa. É necessário abater daqueles valores os créditos devidos à empresa pela aquisição junto aos seus fornecedores de mercadorias para revenda. Tais créditos são calculados utilizando-se as mesmas alíquotas que são multiplicadas, nesse caso, pelas aquisições de mercadorias para revenda nos respectivos meses. Procedendo dessa forma, projeta-se a tabela de créditos de PIS e COFINS a seguir.

TABELA 91 - CRÉDITOS DE PIS E COFINS PROJETADOS

Tributos	JAN	FEV	MAR	ABR	MAI	JUN
PIS	R$ 7.395	R$ 7.722	R$ 7.127	R$ 7.266	R$ 7.528	R$ 6.866
COFINS	R$ 34.061	R$ 35.568	R$ 32.828	R$ 33.469	R$ 34.672	R$ 31.624

Tributos	JUL	AGO	SET	OUT	NOV	DEZ
PIS	R$ 7.613	R$ 7.406	R$ 7.725	R$ 7.622	R$ 7.489	R$ 7.726
COFINS	R$ 35.067	R$ 34.114	R$ 35.580	R$ 35.107	R$ 34.497	R$ 35.586

Com isso, a projeção de recolhimento de PIS e COFINS para o período orçamentário, considerando os créditos devidos, é apresentada a seguir.

TABELA 92 - PIS E COFINS LÍQUIDOS PROJETADOS

Tributos	JAN	FEV	MAR	ABR	MAI	JUN
PIS	R$ 3.661	R$ 3.835	R$ 3.509	R$ 3.610	R$ 3.779	R$ 3.392
COFINS	R$ 16.864	R$ 17.662	R$ 16.163	R$ 16.628	R$ 17.406	R$ 15.622

Tributos	JUL	AGO	SET	OUT	NOV	DEZ
PIS	R$ 3.761	R$ 3.647	R$ 3.844	R$ 3.777	R$ 3.752	R$ 3.855
COFINS	R$ 17.322	R$ 16.796	R$ 17.704	R$ 17.395	R$ 17.280	R$ 17.754

Partindo para o ICMS, de competência estadual, destaque-se que as alíquotas adotadas dependem dos estados de origem e destino das operações. Admitindo-se que toda a venda é realizada dentro do estado, sabe-se que sua alíquota interna de ICMS para os produtos comercializados é de 17,00%, com recolhimento no mesmo mês da venda. Assim, considerando-se que a base de cálculo é o faturamento total em cada mês, a tabela a seguir, que representa o quanto se deve recolher de ICMS, é projetada.

TABELA 93 - ICMS PROJETADO

Tributos	JAN	FEV	MAR	ABR	MAI	JUN
ICMS	R$ 113.912	R$ 119.068	R$ 109.584	R$ 112.059	R$ 116.490	R$ 105.682

Tributos	JUL	AGO	SET	OUT	NOV	DEZ
ICMS	R$ 117.186	R$ 113.878	R$ 119.188	R$ 117.440	R$ 115.816	R$ 119.315

Os créditos relacionados ao ICMS também dependem dos estados de origem das mercadorias para revenda. Após uma verificação juntamente com o setor de compras, verificam-se as seguintes regiões de origem por linha de produtos.

QUADRO 22 - REGIÕES DE ORIGEM POR LINHA DE PRODUTO

Linha	Origem
Linha I	NE
Linha II	SE
Linha III	SU
Linha IV	NE
Linha V	SE

As alíquotas a serem consideradas para crédito de ICMS de produtos originados do Nordeste (NE) são de 12%. As alíquotas de produtos originados do Sul (SU) e do Sudeste (SE) são 7,00%. Dessa forma, adotou-se o cálculo dos créditos por linhas de produtos, admitindo suas respectivas origens. A tabela a seguir reflete o resultado desse método.

TABELA 94 - CRÉDITO DE ICMS PROJETADO POR LINHA DE PRODUTO

Linha	JAN	FEV	MAR	ABR	MAI	JUN
Linha I	R$ 9.711	R$ 11.191	R$ 8.535	R$ 8.816	R$ 12.188	R$ 9.170
Linha II	R$ 6.297	R$ 7.063	R$ 7.215	R$ 6.858	R$ 6.922	R$ 6.478
Linha III	R$ 4.196	R$ 4.665	R$ 4.683	R$ 4.287	R$ 4.570	R$ 4.367
Linha IV	R$ 21.663	R$ 20.474	R$ 19.090	R$ 20.228	R$ 18.187	R$ 18.483
Linha V	R$ 2.577	R$ 2.561	R$ 2.224	R$ 2.739	R$ 2.724	R$ 2.151
Total	R$ 44.445	R$ 45.954	R$ 41.747	R$ 42.929	R$ 44.592	R$ 40.649

Linha	JUL	AGO	SET	OUT	NOV	DEZ
Linha I	R$ 11.337,00	R$ 10.049,00	R$ 10.912,00	R$ 9.586,00	R$ 10.957,00	R$ 10.387,00
Linha II	R$ 6.799,00	R$ 7.265,00	R$ 7.124,00	R$ 7.102,00	R$ 6.877,00	R$ 6.946,00
Linha III	R$ 4.570,00	R$ 4.263,00	R$ 4.699,00	R$ 4.504,00	R$ 4.220,00	R$ 4.777,00
Linha IV	R$ 20.659,00	R$ 20.129,00	R$ 20.398,00	R$ 21.311,00	R$ 19.507,00	R$ 20.801,00
Linha V	R$ 2.266,00	R$ 2.289,00	R$ 2.684,00	R$ 2.707,00	R$ 2.906,00	R$ 2.861,00
Total	R$ 45.630,00	R$ 43.994,00	R$ 45.817,00	R$ 45.210,00	R$ 44.467,00	R$ 45.772,00

Assim, chega-se à estimativa de desembolso com ICMS para o período orçamentário. A tabela a seguir é calculada pela projeção de recolhimento de ICMS menos o crédito de ICMS em cada mês do período orçamentário, ambos mensurados anteriormente.

TABELA 95 - ICMS LÍQUIDO PROJETADO

Tributos	JAN	FEV	MAR	ABR	MAI	JUN
ICMS	R$ 69.467	R$ 73.114	R$ 67.838	R$ 69.130	R$ 71.899	R$ 65.032

Tributos	JUL	AGO	SET	OUT	NOV	DEZ
ICMS	R$ 71.556	R$ 69.883	R$ 73.372	R$ 72.231	R$ 71.350	R$ 73.543

O próximo elemento de despesa variável é a comissão dos vendedores. Segundo as regras da empresa, ela é calculada sobre o faturamento no mesmo mês de sua realização. As comissões, entretanto, são calculadas utilizando-se taxas diferenciadas para cada linha de produtos, conforme tabela a seguir.

TABELA 96 - TAXA DE COMISSÃO POR LINHA DE PRODUTO

Linha	Comissão
Linha I	2,00%
Linha II	1,50%
Linha III	2,00%
Linha IV	2,00%
Linha V	1,50%

Com esses dados, a projeção de pagamento de comissões pode ser elaborada para cada mês do período orçamentário, pela multiplicação do faturamento projetado da linha pela sua respectiva taxa de comissão. A seguinte tabela apresenta o resultado dessa projeção.

TABELA 97 - COMISSÃO PROJETADA

Linha	JAN	FEV	MAR	ABR	MAI	JUN
Linha I	R$ 2.490	R$ 2.870	R$ 2.188	R$ 2.261	R$ 3.125	R$ 2.351
Linha II	R$ 1.928	R$ 2.162	R$ 2.209	R$ 2.099	R$ 2.119	R$ 1.983
Linha III	R$ 1.844	R$ 2.050	R$ 2.059	R$ 1.885	R$ 2.009	R$ 1.919
Linha IV	R$ 5.158	R$ 4.875	R$ 4.545	R$ 4.816	R$ 4.330	R$ 4.401
Linha V	R$ 1.004	R$ 998	R$ 866	R$ 1.067	R$ 1.061	R$ 838
TOTAL	R$ 12.424	R$ 12.955	R$ 11.867	R$ 12.128	R$ 12.645	R$ 11.493

Linha	JUL	AGO	SET	OUT	NOV	DEZ
Linha I	R$ 2.907	R$ 2.577	R$ 2.798	R$ 2.458	R$ 2.809	R$ 2.663
Linha II	R$ 2.081	R$ 2.224	R$ 2.181	R$ 2.174	R$ 2.105	R$ 2.126
Linha III	R$ 2.009	R$ 1.874	R$ 2.065	R$ 1.980	R$ 1.855	R$ 2.100
Linha IV	R$ 4.919	R$ 4.793	R$ 4.857	R$ 5.074	R$ 4.645	R$ 4.953
Linha V	R$ 883	R$ 892	R$ 1.046	R$ 1.055	R$ 1.132	R$ 1.115
TOTAL	R$ 12.799	R$ 12.359	R$ 12.947	R$ 12.740	R$ 12.546	R$ 12.957

O pagamento dessas comissões implica o recolhimento adicional de FGTS e INSS, nas alíquotas explicadas anteriormente, quando da descrição da projeção das despesas com pessoal (8,00% e 20,00%, respectivamente). Dessa forma, o FGTS e o INSS incidentes sobre as comissões são dados pela tabela seguinte, pelas multiplicações das respectivas alíquotas pelas comissões totais em cada mês.

TABELA 98 - FGTS E INSS SOBRE COMISSÕES PROJETADOS

Encargo	JAN	FEV	MAR	ABR	MAI	JUN	JUL	AGO	SET	OUT	NOV	DEZ
FGTS	R$ 994	R$ 1.036	R$ 949	R$ 970	R$ 1.012	R$ 919	R$ 1.024	R$ 989	R$ 1.036	R$ 1.019	R$ 1.004	R$ 1.037
INSS	R$ 2.485	R$ 2.591	R$ 2.373	R$ 2.426	R$ 2.529	R$ 2.299	R$ 2.560	R$ 2.472	R$ 2.589	R$ 2.548	R$ 2.509	R$ 2.591

O total de pagamento para fins de comissão envolve as comissões diretamente calculadas acrescidas dos encargos sociais, conforme tabela a seguir.

TABELA 99 - COMISSÕES COM ENCARGOS SOCIAIS PROJETADAS

Linha	JAN	FEV	MAR	ABR	MAI	JUN
Comissões com encargos sociais	R$ 15.903	R$ 16.582	R$ 15.190	R$ 15.524	R$ 16.185	R$ 14.711

Linha	JUL	AGO	SET	OUT	NOV	DEZ	TOTAL
Comissões com encargos sociais	R$ 16.382	R$ 15.819	R$ 16.572	R$ 16.308	R$ 16.059	R$ 16.585	R$ 191.819

O último elemento de despesa variável é o frete que se paga sobre o despacho das mercadorias. Algumas entregas a clientes são terceirizadas, dada a insuficiente capacidade instalada de entrega. Ainda assim, a empresa não prevê ampliação dessa capacidade, o que implicaria ampliar a frota de veículos próprios e contratar mais pessoal para a expedição. Portanto, o comportamento passado deve ser repetido no futuro.

Historicamente, observou-se uma relação percentual entre o que se pagou de frete para despachar as mercadorias e o faturamento no mesmo período de 0,75%. Para fins de projeção, utilizou-se a premissa de que o pagamento dessa conta é realizado no mesmo mês do fato gerador. Sendo assim, a tabela a seguir é projetada pela multiplicação desse percentual observado historicamente pelo faturamento em cada mês do período orçamentário.

TABELA 100 – FRETE DESPACHADO PROJETADO

CONTA	JAN	FEV	MAR	ABR	MAI	JUN
FRETE DE MATERIAL DESPACHADO	R$ 5.026	R$ 5.253	R$ 4.835	R$ 4.944	R$ 5.139	R$ 4.662

CONTA	JUL	AGO	SET	OUT	NOV	DEZ
FRETE DE MATERIAL DESPACHADO	R$ 5.170	R$ 5.024	R$ 5.258	R$ 5.181	R$ 5.110	R$ 5.264

Por fim, pode-se fazer a consolidação das despesas projetadas na empresa durante o período orçamentário.

TABELA 101 – DESPESAS TOTAIS PROJETADAS (PARTE 1)

CONTAS	JAN	FEV	MAR	ABR	MAI	JUN
DESPESAS DE PESSOAL	R$ 52.138	R$ 47.562	R$ 48.707	R$ 49.118	R$ 49.488	R$ 57.621
SALÁRIOS	R$ 33.550	R$ 33.550	R$ 33.550	R$ 33.550	R$ 33.550	R$ 33.550
FÉRIAS	R$ 3.449	R$ 0	R$ 726	R$ 1.089	R$ 1.089	R$ 0
13 SALÁRIO	R$ 0	R$ 0	R$ 0	R$ 0	R$ 0	R$ 0
FGTS	R$ 2.960	R$ 2.684	R$ 2.742	R$ 2.771	R$ 2.771	R$ 2.684

(CONTINUA)

						(CONTINUAÇÃO)
INSS	R$ 7.400	R$ 6.710	R$ 6.855	R$ 6.928	R$ 6.928	R$ 6.710
VALES TRANSPORTES	R$ 360	R$ 306	R$ 378	R$ 360	R$ 360	R$ 387
VALES REFEIÇÃO	R$ 720	R$ 612	R$ 756	R$ 720	R$ 720	R$ 720
PLANO DE SAÚDE	R$ 3.700	R$ 3.700	R$ 3.700	R$ 3.700	R$ 4.070	R$ 4.070
TREINAMENTO	R$ 0	R$ 0	R$ 0	R$ 0	R$ 0	R$ 9.500
DESPESAS ADMINISTRATIVAS	**R$ 13.408**	**R$ 13.408**	**R$ 14.408**	**R$ 13.526**	**R$ 13.526**	**R$ 13.526**
ALUGUEL	R$ 2.500	R$ 2.500	R$ 2.500	R$ 2.619	R$ 2.619	R$ 2.619
ÁGUA/ESGOTO	R$ 396	R$ 396	R$ 396	R$ 396	R$ 396	R$ 396
ENERGIA ELÉTRICA	R$ 819	R$ 819	R$ 819	R$ 819	R$ 819	R$ 819
TELEFONIA FIXA/MÓVEL	R$ 1.734	R$ 1.734	R$ 1.734	R$ 1.734	R$ 1.734	R$ 1.734
MANUTENÇÕES EQUIP. / VEÍCULOS	R$ 921	R$ 921	R$ 1.921	R$ 921	R$ 921	R$ 921
INTERNET	R$ 125	R$ 125	R$ 125	R$ 125	R$ 125	R$ 125
SERVIÇOS CONTÁBEIS	R$ 2.200	R$ 2.200	R$ 2.200	R$ 2.200	R$ 2.200	R$ 2.200
SERVIÇOS JURÍDICOS	R$ 2.750	R$ 2.750	R$ 2.750	R$ 2.750	R$ 2.750	R$ 2.750
MATERIAL DE EXPEDIENTE	R$ 1.537	R$ 1.537	R$ 1.537	R$ 1.537	R$ 1.537	R$ 1.537
OUTRAS DESPESAS	R$ 426	R$ 426	R$ 426	R$ 426	R$ 426	R$ 426
TAXAS/IMPOSTOS	**R$ 0**	**R$ 3.905**	**R$ 0**	**R$ 0**	**R$ 0**	**R$ 0**
IPTU	R$ 0	R$ 2.105	R$ 0	R$ 0	R$ 0	R$ 0
IPVA	R$ 0	R$ 1.800	R$ 0	R$ 0	R$ 0	R$ 0
TRIBUTOS SOBRE VENDAS	**R$ 89.993**	**R$ 94.611**	**R$ 87.509**	**R$ 89.367**	**R$ 93.083**	**R$ 84.046**
ICMS	R$ 69.467	R$ 73.114	R$ 67.838	R$ 69.130	R$ 71.899	R$ 65.032
PIS	R$ 3.661	R$ 3.835	R$ 3.509	R$ 3.610	R$ 3.779	R$ 3.392

(CONTINUA)

(CONTINUAÇÃO)

COFINS	R$ 16.864	R$ 17.662	R$ 16.163	R$ 16.628	R$ 17.406	R$ 15.622
DESPESAS / CUSTOS COMERCIAIS	**R$ 106.524**	**R$ 335.049**	**R$ 421.462**	**R$ 466.539**	**R$ 469.996**	**R$ 466.008**
COMISSÕES	R$ 15.903	R$ 16.582	R$ 15.190	R$ 15.524	R$ 16.185	R$ 14.711
FRETE DE MATERIAL DESPACHADO	R$ 5.026	R$ 5.253	R$ 4.835	R$ 4.944	R$ 5.139	R$ 4.662
FORNECEDORES	R$ 85.595	R$ 313.214	R$ 401.437	R$ 446.072	R$ 448.671	R$ 446.635

TABELA 101 - DESPESAS TOTAIS PROJETADAS (PARTE 2)

CONTAS	JUL	AGO	SET	OUT	NOV	DEZ
DESPESAS DE PESSOAL	**R$ 53.110**	**R$ 48.763**	**R$ 48.530**	**R$ 48.121**	**R$ 72.093**	**R$ 71.982**
SALÁRIOS	R$ 33.550	R$ 33.550	R$ 33.550	R$ 33.550	R$ 33.550	R$ 33.550
FÉRIAS	R$ 3.812	R$ 545	R$ 363	R$ 0	R$ 0	R$ 0
13 SALÁRIO	R$ 0	R$ 0	R$ 0	R$ 0	R$ 16.775	R$ 16.775
FGTS	R$ 2.989	R$ 2.728	R$ 2.713	R$ 2.684	R$ 4.026	R$ 4.026
INSS	R$ 7.472	R$ 6.819	R$ 6.783	R$ 6.710	R$ 10.065	R$ 10.065
VALES TRANSPORTES	R$ 426	R$ 368	R$ 368	R$ 387	R$ 387	R$ 348
VALES REFEIÇÃO	R$ 792	R$ 684	R$ 684	R$ 720	R$ 720	R$ 648
PLANO DE SAÚDE	R$ 4.070	R$ 4.070	R$ 4.070	R$ 4.070	R$ 4.070	R$ 4.070
TREINAMENTO	R$ 0	R$ 0	R$ 0	R$ 0	R$ 2.500	R$ 2.500
DESPESAS ADMINISTRATIVAS	**R$ 14.026**	**R$ 13.526**	**R$ 13.526**	**R$ 13.526**	**R$ 13.526**	**R$ 13.526**
ALUGUEL	R$ 2.619	R$ 2.619	R$ 2.619	R$ 2.619	R$ 2.619	R$ 2.619
ÁGUA/ESGOTO	R$ 396	R$ 396	R$ 396	R$ 396	R$ 396	R$ 396
ENERGIA ELÉTRICA	R$ 819	R$ 819	R$ 819	R$ 819	R$ 819	R$ 819

(CONTINUA)

ORÇAMENTO DE DESPESAS OPERACIONAIS

(CONTINUAÇÃO)

TELEFONIA FIXA/MÓVEL	R$ 1.734	R$ 1.734	R$ 1.734	R$ 1.734	R$ 1.734	R$ 1.734
MANUTENÇÕES EQUIP. / VEÍCULOS	R$ 1.421	R$ 921	R$ 921	R$ 921	R$ 921	R$ 921
INTERNET	R$ 125	R$ 125	R$ 125	R$ 125	R$ 125	R$ 125
SERVIÇOS CONTÁBEIS	R$ 2.200	R$ 2.200	R$ 2.200	R$ 2.200	R$ 2.200	R$ 2.200
SERVIÇOS JURÍDICOS	R$ 2.750	R$ 2.750	R$ 2.750	R$ 2.750	R$ 2.750	R$ 2.750
MATERIAL DE EXPEDIENTE	R$ 1.537	R$ 1.537	R$ 1.537	R$ 1.537	R$ 1.537	R$ 1.537
OUTRAS DESPESAS	R$ 426	R$ 426	R$ 426	R$ 426	R$ 426	R$ 426
TAXAS/IMPOSTOS	R$ 0	R$ 0	R$ 0	R$ 0	R$ 0	R$ 0
IPTU	R$ 0	R$ 0	R$ 0	R$ 0	R$ 0	R$ 0
IPVA	R$ 0	R$ 0	R$ 0	R$ 0	R$ 0	R$ 0
TRIBUTOS SOBRE VENDAS	R$ 92.638	R$ 90.326	R$ 94.919	R$ 93.403	R$ 92.381	R$ 95.152
ICMS	R$ 71.556	R$ 69.883	R$ 73.372	R$ 72.231	R$ 71.350	R$ 73.543
PIS	R$ 3.761	R$ 3.647	R$ 3.844	R$ 3.777	R$ 3.752	R$ 3.855
COFINS	R$ 17.322	R$ 16.796	R$ 17.704	R$ 17.395	R$ 17.280	R$ 17.754
DESPESAS / CUSTOS COMERCIAIS	R$ 459.835	R$ 465.880	R$ 474.146	R$ 479.988	R$ 480.517	R$ 482.215
COMISSÕES	R$ 16.382	R$ 15.819	R$ 16.572	R$ 16.308	R$ 16.059	R$ 16.585
FRETE DE MATERIAL DESPACHADO	R$ 5.170	R$ 5.024	R$ 5.258	R$ 5.181	R$ 5.110	R$ 5.264
FORNECEDORES	R$ 438.283	R$ 445.037	R$ 452.316	R$ 458.499	R$ 459.348	R$ 460.366

6.7.3 EMPRESA INDUSTRIAL

A projeção das despesas operacionais da empresa será segmentada em três partes: despesas administrativas fixas, despesas com pessoal e despesas variáveis.

As despesas administrativas fixas serão projetadas tomando-se por base seus valores realizados ao longo do período orçamentário anterior, os quais são apresentados na seguinte tabela.

TABELA 102 - DESPESAS ADMINISTRATIVAS FIXAS HISTÓRICAS

Contas	JAN	FEV	MAR	ABR	MAI	JUN
Água/esgoto	R$ 94,95	R$ 98,01	R$ 94,13	R$ 99,07	R$ 93,84	R$ 97,09
Aluguel	R$ 950,00	R$ 950,00	R$ 950,00	R$ 950,00	R$ 950,00	R$ 950,00
Combustível	R$ 495,61	R$ 488,47	R$ 491,20	R$ 473,99	R$ 492,25	R$ 467,57
Contabilidade	R$ 1.150,00	R$ 1.150,00	R$ 1.150,00	R$ 1.150,00	R$ 1.150,00	R$ 1.150,00
Energia elétrica	R$ 278,67	R$ 252,51	R$ 256,55	R$ 292,32	R$ 280,57	R$ 299,59
Manutenção veículos	R$ 90,24	R$ 118,82	R$ 100,70	R$ 96,18	R$ 104,40	R$ 115,83
Material de escritório	R$ 135,80	R$ 132,48	R$ 147,63	R$ 127,85	R$ 143,92	R$ 103,96
Outras despesas fixas	R$ 36,87	R$ 32,17	R$ 37,81	R$ 45,50	R$ 25,96	R$ 45,13
Tarifas bancárias	R$ 36,08	R$ 37,19	R$ 41,89	R$ 42,51	R$ 44,12	R$ 36,45
Telefonia	R$ 799,04	R$ 804,67	R$ 770,37	R$ 811,83	R$ 864,32	R$ 759,13
Total	**R$ 4.067,26**	**R$ 4.064,32**	**R$ 4.040,29**	**R$ 4.089,25**	**R$ 4.149,38**	**R$ 4.024,74**

Contas	JUL	AGO	SET	OUT	NOV	DEZ
Água/esgoto	R$ 93,97	R$ 95,30	R$ 90,94	R$ 99,00	R$ 95,27	R$ 96,90
Aluguel	R$ 950,00	R$ 950,00	R$ 950,00	R$ 950,00	R$ 950,00	R$ 950,00
Combustível	R$ 484,88	R$ 457,35	R$ 459,10	R$ 461,80	R$ 452,22	R$ 493,58

(CONTINUA)

						(CONTINUAÇÃO)
Contabilidade	R$ 1.150,00	R$ 1.150,00	R$ 1.150,00	R$ 1.150,00	R$ 1.150,00	R$ 1.150,00
Energia elétrica	R$ 282,88	R$ 267,71	R$ 277,26	R$ 298,13	R$ 260,28	R$ 266,97
Manutenção veículos	R$ 101,39	R$ 109,71	R$ 99,81	R$ 85,68	R$ 108,36	R$ 103,65
Material de escritório	R$ 118,71	R$ 123,17	R$ 92,63	R$ 143,07	R$ 133,62	R$ 95,08
Outras despesas fixas	R$ 26,66	R$ 33,18	R$ 44,18	R$ 42,67	R$ 46,22	R$ 41,29
Tarifas bancárias	R$ 44,64	R$ 37,82	R$ 36,99	R$ 39,00	R$ 37,86	R$ 43,77
Telefonia	R$ 765,66	R$ 882,01	R$ 816,23	R$ 800,97	R$ 862,38	R$ 821,66
Total	R$ 4.018,78	R$ 4.106,26	R$ 4.017,15	R$ 4.070,31	R$ 4.096,20	R$ 4.062,90

A partir desses dados históricos, podem ser levantadas as premissas de realização para cada uma dessas contas. A tabela a seguir apresenta as premissas estabelecidas por conta de despesa administrativa fixa.

TABELA 103 - PREMISSAS PARA AS DESPESAS ADMINISTRATIVAS FIXAS

Contas	Valor Base	Mês	Reajuste	Novo Valor	Valor Arredondado	Observação
Água/esgoto	R$ 95,71	MAI	4,15%	R$ 99,68	R$ 100,00	Média de reajuste dos últimos três anos
Aluguel	R$ 950,00	FEV	4,70%	R$ 994,65	R$ 995,00	IGPM, conf. Contrato
Combustível	R$ 476,50	JAN	4,50%	R$ 497,94	R$ 500,00	Inflação esperada
Contabilidade	R$ 1.150,00	ABR	4,70%	R$ 1.204,05	R$ 1.205,00	IGPM, conf. Contrato
Energia elétrica	R$ 276,12	JAN	4,25%	R$ 287,86	R$ 290,00	Média de reajuste dos últimos três anos
Manutenção veículos	R$ 102,90	JAN	4,50%	R$ 107,53	R$ 110,00	Inflação esperada

(CONTINUA)

							(CONTINUAÇÃO)
Material de escritório	R$ 124,83	JAN	4,50%	R$ 130,44	R$ 130,00	Inflação esperada	
Outras despesas fixas	R$ 38,14	JAN	4,50%	R$ 39,85	R$ 40,00	Inflação esperada	
Tarifas bancárias	R$ 39,86	JAN	4,50%	R$ 41,65	R$ 42,00	Inflação esperada	
Telefonia	R$ 813,19	JUL	4,00%	R$ 845,72	R$ 850,00	Média de reajuste dos últimos três anos	

 A primeira coluna apresenta as contas em conformidade com aquelas historicamente observadas (não foi necessária a incorporação de novas contas). A segunda coluna apresenta a média mensal calculada com os fluxos de caixa históricos, que será o valor base para a projeção. A terceira coluna apresenta o mês no qual se espera um reajuste no desembolso com cada conta, cuja taxa é disponibilizada na quarta coluna. A quinta coluna apresenta o valor base reajustado com a respectiva taxa da conta. A fim de tornar os números mais "inteiros", a sexta coluna permite que se faça um ajuste nos valores acrescidos da taxa de reajuste. Já a última coluna traz observações sobre cada conta de despesa fixa, na intenção de manter uma memória de cálculo para posterior análise.

 A conta de água e esgoto, por exemplo, teve um desembolso médio de R$95,71 no período orçamentário anterior. Para o período que está sendo projetado, espera-se um reajuste de 4,15%, calculado pela média dos reajustes anuais ao longo dos últimos três anos a partir de maio, mês no qual historicamente ocorre alteração da tarifa. Como o valor acrescido da taxa de reajuste é R$ 99,68, optou-se por usar um valor arredondado de R$ 100,00.

 Outras contas que seguiram esse método foram as de energia elétrica e telefonia. Ambas têm tarifas com aumentos anuais específicos, os quais são projetados individualmente de acordo com a média anual dos últimos três anos. No caso da energia elétrica, 4,25%, e no caso da telefonia, 4,00%.

 O aluguel é regido por um contrato, o qual indica que os reajustes serão anuais, nos meses de fevereiro, utilizando como índice o IGPM. Admitindo-se que a projeção do IGPM para o próximo ano é 4,70% e que o valor do ano anterior do aluguel foi R$ 950,00, o novo valor do aluguel, a partir de fevereiro, será R$ 994,65 (arredondado para R$ 995,00).

Outra conta cujo reajuste é associado ao IGPM é a do contrato de contabilidade. Considerando-se o percentual de 4,70% de reajuste, o valor projetado a partir de abril será R$ 1.205,00 (arredondando R$ 1.204,05).

As demais despesas administrativas fixas não têm indicadores específicos de reajuste. Em função disso, elas terão seus valores reajustados pela estimativa de inflação de 4,50% no início do ano (janeiro). Com essas etapas, pode-se estimar o seu fluxo de caixa, apresentado a seguir.

TABELA 104 - DESPESAS FIXAS PROJETADAS

Contas	JAN	FEV	MAR	ABR	MAI	JUN	JUL	AGO	SET	OUT	NOV	DEZ
Água/esgoto	R$ 95,71	R$ 95,71	R$ 95,71	R$ 95,71	R$ 100,00	R$ 100,00	R$ 100,00	R$ 100,00	R$ 100,00	R$ 100,00	R$ 100,00	R$ 100,00
Aluguel	R$ 950,00	R$ 995,00	R$ 995,00	R$ 995,00	R$ 995,00	R$ 995,00	R$ 995,00	R$ 995,00	R$ 995,00	R$ 995,00	R$ 995,00	R$ 995,00
Combustível	R$ 500,00	R$ 500,00	R$ 500,00	R$ 500,00	R$ 500,00	R$ 500,00	R$ 500,00	R$ 500,00	R$ 500,00	R$ 500,00	R$ 500,00	R$ 500,00
Contabilidade	R$ 1.150,00	R$ 1.150,00	R$ 1.150,00	R$ 1.205,00	R$ 1.205,00	R$ 1.205,00	R$ 1.205,00	R$ 1.205,00	R$ 1.205,00	R$ 1.205,00	R$ 1.205,00	R$ 1.205,00
Energia elétrica	R$ 290,00	R$ 290,00	R$ 290,00	R$ 290,00	R$ 290,00	R$ 290,00	R$ 290,00	R$ 290,00	R$ 290,00	R$ 290,00	R$ 290,00	R$ 290,00
Manutenção veículos	R$ 110,00	R$ 110,00	R$ 110,00	R$ 110,00	R$ 110,00	R$ 110,00	R$ 110,00	R$ 110,00	R$ 110,00	R$ 110,00	R$ 110,00	R$ 110,00
Material de escritório	R$ 130,00	R$ 130,00	R$ 130,00	R$ 130,00	R$ 130,00	R$ 130,00	R$ 130,00	R$ 130,00	R$ 130,00	R$ 130,00	R$ 130,00	R$ 130,00
Outras despesas fixas	R$ 40,00	R$ 40,00	R$ 40,00	R$ 40,00	R$ 40,00	R$ 40,00	R$ 40,00	R$ 40,00	R$ 40,00	R$ 40,00	R$ 40,00	R$ 40,00
Tarifas bancárias	R$ 42,00	R$ 42,00	R$ 42,00	R$ 42,00	R$ 42,00	R$ 42,00	R$ 42,00	R$ 42,00	R$ 42,00	R$ 42,00	R$ 42,00	R$ 42,00
Telefonia	R$ 813,19	R$ 813,19	R$ 813,19	R$ 813,19	R$ 813,19	R$ 813,19	R$ 850,00	R$ 850,00	R$ 850,00	R$ 850,00	R$ 850,00	R$ 850,00
Total	R$ 4.120,89	R$ 4.165,89	R$ 4.165,89	R$ 4.220,89	R$ 4.225,19	R$ 4.225,19	R$ 4.262,00	R$ 4.262,00	R$ 4.262,00	R$ 4.262,00	R$ 4.262,00	R$ 4.262,00

Partindo para as despesas com pessoal, pode-se usar uma estrutura similar à usada para a mão de obra direta (capítulo anterior). Os cargos administrativos da empresa são os seguintes.

TABELA 105 - INFORMAÇÕES SOBRE REMUNERAÇÕES DE PESSOAL

Cargos da Administração	Salário	Vale-Transporte	Vale-Refeição
Diretor comercial	R$ 3.000,00	R$ 0,00	R$ 0,00
Diretor administrativo	R$ 3.000,00	R$ 0,00	R$ 0,00
Vendedor	R$ 1.500,00	R$ 6,00	R$ 9,50
Auxiliar de escritório	R$ 1.100,00	R$ 6,00	R$ 9,50
Entrega	R$ 1.100,00	R$ 6,00	R$ 9,50

A necessidade de pessoal para cada um desses cargos é dada na seguinte tabela.

TABELA 106 - ESTIMATIVA DE QUANTIDADE DE PESSOAS POR CARGO

Meses	JAN	FEV	MAR	ABR	MAI	JUN	JUL	AGO	SET	OUT	NOV	DEZ
Diretor comercial	1	1	1	1	1	1	1	1	1	1	1	1
Diretor administrativo	1	1	1	1	1	1	1	1	1	1	1	1
Vendedor	2	2	2	2	2	2	2	2	2	2	2	2
Auxiliar de escritório	1	1	1	1	1	1	1	1	1	1	1	1
Entrega	2	2	2	2	2	2	2	2	2	2	2	2

O cronograma de férias dos colaboradores é apresentado a seguir.

TABELA 107 - CRONOGRAMA DE FÉRIAS

Meses	JAN	FEV	MAR	ABR	MAI	JUN
Diretor comercial		1				
Diretor administrativo			1			
Vendedor	1	1				
Auxiliar de escritório		1				
Entrega					1	1

Com esses dados básicos e a quantidade de dias úteis de cada mês (ver a projeção de mão de obra direta), podem ser estimados os fluxos de caixa dos salários, 1/3 férias, décimo terceiro salário, FGTS, vales-transportes e vale-refeição.

A próxima tabela apresenta o fluxo de caixa projetado com os salários dos colaboradores. Observe que não há alteração ao longo do período orçamentário, uma vez que a quantidade de pessoal não é alterada.

TABELA 108 - SALÁRIOS PROJETADOS

Meses	JAN	FEV	MAR	ABR	MAI	JUN
Diretor comercial	R$ 3.000,00	R$ 3.000,00	R$ 3.000,00	R$ 3.000,00	R$ 3.000,00	R$ 3.000,00
Diretor administrativo	R$ 3.000,00	R$ 3.000,00	R$ 3.000,00	R$ 3.000,00	R$ 3.000,00	R$ 3.000,00
Vendedor	R$ 3.000,00	R$ 3.000,00	R$ 3.000,00	R$ 3.000,00	R$ 3.000,00	R$ 3.000,00
Auxiliar de escritório	R$ 1.100,00	R$ 1.100,00	R$ 1.100,00	R$ 1.100,00	R$ 1.100,00	R$ 1.100,00
Entrega	R$ 2.200,00	R$ 2.200,00	R$ 2.200,00	R$ 2.200,00	R$ 2.200,00	R$ 2.200,00
Total	R$ 12.300,00	R$ 12.300,00	R$ 12.300,00	R$ 12.300,00	R$ 12.300,00	R$ 12.300,00

(CONTINUA)

Meses	JUL	AGO	SET	OUT	NOV	DEZ (CONTINUAÇÃO)
Diretor comercial	R$ 3.000,00	R$ 3.000,00	R$ 3.000,00	R$ 3.000,00	R$ 3.000,00	R$ 3.000,00
Diretor administrativo	R$ 3.000,00	R$ 3.000,00	R$ 3.000,00	R$ 3.000,00	R$ 3.000,00	R$ 3.000,00
Vendedor	R$ 3.000,00	R$ 3.000,00	R$ 3.000,00	R$ 3.000,00	R$ 3.000,00	R$ 3.000,00
Auxiliar de escritório	R$ 1.100,00	R$ 1.100,00	R$ 1.100,00	R$ 1.100,00	R$ 1.100,00	R$ 1.100,00
Entrega	R$ 2.200,00	R$ 2.200,00	R$ 2.200,00	R$ 2.200,00	R$ 2.200,00	R$ 2.200,00
Total	R$ 12.300,00	R$ 12.300,00	R$ 12.300,00	R$ 12.300,00	R$ 12.300,00	R$ 12.300,00

O fluxo de caixa projetado com um terço das férias é calculado a partir do cronograma de férias do pessoal.

TABELA 109 - FÉRIAS PROJETADAS

Meses	JAN	FEV	MAR	ABR	MAI	JUN	JUL	AGO	SET	OUT	NOV	DEZ
Diretor comercial	R$ 0	R$ 990	R$ 0	R$ 0	R$ 0	R$ 0	R$ 0	R$ 0	R$ 0	R$ 0	R$ 0	R$ 0
Diretor administrativo	R$ 0	R$ 0	R$ 990	R$ 0	R$ 0	R$ 0	R$ 0	R$ 0	R$ 0	R$ 0	R$ 0	R$ 0
Vendedor	R$ 495	R$ 0	R$ 495	R$ 0	R$ 0	R$ 0	R$ 0	R$ 0	R$ 0	R$ 0	R$ 0	R$ 0
Auxiliar de escritório	R$ 0	R$ 363	R$ 0	R$ 0	R$ 0	R$ 0	R$ 0	R$ 0	R$ 0	R$ 0	R$ 0	R$ 0
Entrega	R$ 0	R$ 0	R$ 0	R$ 363	R$ 0	R$ 363	R$ 0	R$ 0	R$ 0	R$ 0	R$ 0	R$ 0
Total	R$ 495	R$ 1.353	R$ 1.485	R$ 363	R$ 0	R$ 363	R$ 0	R$ 0	R$ 0	R$ 0	R$ 0	R$ 0

O décimo terceiro salário, pago em duas parcelas (novembro e dezembro), é projetado na próxima tabela.

TABELA 110 - DÉCIMO TERCEIRO SALÁRIO PROJETADO

Meses	NOV	DEZ
Diretor comercial	R$ 1.500,00	R$ 1.500,00
Diretor administrativo	R$ 1.500,00	R$ 1.500,00
Vendedor	R$ 1.500,00	R$ 1.500,00
Auxiliar de escritório	R$ 550,00	R$ 550,00
Entrega	R$ 1.100,00	R$ 1.100,00
Total	**R$ 6.150,00**	**R$ 6.150,00**

A tabela seguinte traz a projeção do recolhimento do FGTS. Ele foi estimado pela multiplicação da alíquota do FGTS (8,00%) pela base de cálculo composta pela totalidade da remuneração recebida pelo pessoal. Essa base de cálculo é formada pelo salário, 1/3 das férias, décimo terceiro salário e comissões (calculadas mais adiante).

TABELA 111 - FGTS PROJETADO

Meses	JAN	FEV	MAR	ABR	MAI	JUN
FGTS	R$ 1.163,60	R$ 1.238,04	R$ 1.233,64	R$ 1.123,76	R$ 1.094,72	R$ 1.123,76

Meses	JUL	AGO	SET	OUT	NOV	DEZ
FGTS	R$ 1.094,72	R$ 1.102,28	R$ 1.114,84	R$ 1.094,72	R$ 1.601,84	R$ 1.626,96

A tabela a seguir apresenta os desembolsos com os vales-transporte e vales-refeição, calculados a partir dos dias úteis, dos preços respectivos de vale-transporte e vale-refeição e da quantidade de colaboradores que têm direito.

TABELA 112 - VALE-TRANSPORTE E VALE-REFEIÇÃO PROJETADOS

Meses	JAN	FEV	MAR	ABR	MAI	JUN
Diretor comercial	R$ 0,00	R$ 0,00	R$ 0,00	R$ 0,00	R$ 0,00	R$ 0,00
Diretor administrativo	R$ 0,00	R$ 0,00	R$ 0,00	R$ 0,00	R$ 0,00	R$ 0,00
Vendedor	R$ 325,50	R$ 527,00	R$ 310,00	R$ 620,00	R$ 589,00	R$ 651,00
Auxiliar de escritório	R$ 325,50	R$ 0,00	R$ 310,00	R$ 310,00	R$ 294,50	R$ 325,50
Entrega	R$ 651,00	R$ 527,00	R$ 620,00	R$ 310,00	R$ 589,00	R$ 325,50
Total	R$ 1.302,00	R$ 1.054,00	R$ 1.240,00	R$ 1.240,00	R$ 1.472,50	R$ 1.302,00

Meses	JUL	AGO	SET	OUT	NOV	DEZ
Diretor comercial	R$ 0,00	R$ 0,00	R$ 0,00	R$ 0,00	R$ 0,00	R$ 0,00
Diretor administrativo	R$ 0,00	R$ 0,00	R$ 0,00	R$ 0,00	R$ 0,00	R$ 0,00
Vendedor	R$ 589,00	R$ 589,00	R$ 620,00	R$ 620,00	R$ 620,00	R$ 558,00
Auxiliar de escritório	R$ 294,50	R$ 294,50	R$ 310,00	R$ 310,00	R$ 310,00	R$ 279,00
Entrega	R$ 589,00	R$ 589,00	R$ 620,00	R$ 620,00	R$ 620,00	R$ 558,00
Total	R$ 1.472,50	R$ 1.472,50	R$ 1.550,00	R$ 1.550,00	R$ 1.550,00	R$ 1.395,00

Esses fluxos de caixa são consolidados na projeção de desembolsos com o pessoal na próxima tabela.

TABELA 113 - DESEMBOLSOS PROJETADOS COM PESSOAL

Contas	JAN	FEV	MAR	ABR	MAI	JUN
Salários da Administração	R$ 12.300,00	R$ 12.300,00	R$ 12.300,00	R$ 12.300,00	R$ 12.300,00	R$ 12.300,00
Décimo Terceiro Salário	R$ 0,00	R$ 0,00	R$ 0,00	R$ 0,00	R$ 0,00	R$ 0,00
FGTS	R$ 1.163,60	R$ 1.238,04	R$ 1.233,64	R$ 1.123,76	R$ 1.094,72	R$ 1.123,76
Vales transporte e Refeição	R$ 1.302,00	R$ 1.054,00	R$ 1.240,00	R$ 1.240,00	R$ 1.472,50	R$ 1.302,00
1/3 Férias	R$ 495,00	R$ 1.353,00	R$ 1.485,00	R$ 363,00	R$ 0,00	R$ 363,00
Total	R$ 15.260,60	R$ 15.945,04	R$ 16.258,64	R$ 15.026,76	R$ 14.867,22	R$ 15.088,76

Contas	JUL	AGO	SET	OUT	NOV	DEZ
Salários da Administração	R$ 12.300,00	R$ 12.300,00	R$ 12.300,00	R$ 12.300,00	R$ 12.300,00	R$ 12.300,00
Décimo Terceiro Salário	R$ 0,00	R$ 0,00	R$ 0,00	R$ 0,00	R$ 6.150,00	R$ 6.150,00
FGTS	R$ 1.094,72	R$ 1.102,28	R$ 1.114,84	R$ 1.094,72	R$ 1.601,84	R$ 1.626,96
Vales transporte e Refeição	R$ 1.472,50	R$ 1.472,50	R$ 1.550,00	R$ 1.550,00	R$ 1.550,00	R$ 1.395,00
1/3 Férias	R$ 0,00	R$ 0,00	R$ 0,00	R$ 0,00	R$ 0,00	R$ 0,00
Total	R$ 14.867,22	R$ 14.874,78	R$ 14.964,84	R$ 14.944,72	R$ 21.601,84	R$ 21.471,96

Concluída a projeção de desembolsos com pessoal, parte-se para a projeção das despesas de natureza variável. São elas: comissões, propaganda e recolhimento do imposto SIMPLES.

Para as comissões e a propaganda, foram estabelecidas premissas específicas, demonstradas na tabela a seguir.

TABELA 114 - PREMISSAS DE DESPESAS VARIÁVEIS

Contas	Percentual	Base de Cálculo	Momento
Comissão	2,50%	Recebimento	M+1
Propaganda	1,00%	Faturamento	M+2

A comissão é calculada adotando-se uma taxa de 2,50% sobre o recebimento do mês, a ser paga no mês seguinte. Já a propaganda é calculada multiplicando-se a taxa de 1,00% pelo faturamento do mês e é desembolsada dois meses depois. Note que as bases de cálculo desses dois itens são diferentes, bem como os momentos de ocorrência. Sendo assim, os valores projetados das comissões e da despesa com propaganda são estimados na tabela seguinte.

TABELA 115 - DESPESAS PROJETADAS COM COMISSÕES E PROPAGANDA

Contas	JAN	FEV	MAR	ABR	MAI	JUN	JUL
Comissão		R$ 1.822,50	R$ 1.635,50	R$ 1.384,00	R$ 1.384,00	R$ 1.384,00	R$ 1.384,00
Propaganda			R$ 865,00	R$ 692,00	R$ 692,00	R$ 692,00	R$ 692,00

Contas	AGO	SET	OUT	NOV	DEZ	JAN	FEV
Comissão	R$ 1.478,50	R$ 1.635,50	R$ 1.384,00	R$ 1.573,00	R$ 1.887,00	R$ 1.667,50	
Propaganda	R$ 692,00	R$ 865,00	R$ 692,00	R$ 692,00	R$ 1.038,00	R$ 692,00	R$ 1.211,00

Em janeiro, não há fluxos de caixa previstos para essas duas contas, visto que seus momentos de ocorrência não são no mesmo mês do fato gerador. Em compensação, observe que são projetados fluxos de caixa que extrapolam em dois meses o período orçamentário em análise.

A comissão de fevereiro foi calculada pela multiplicação da taxa de comissão (2,50%) pelo recebimento de janeiro (R$ 91.125). Por sua vez, a despesa com propaganda de março foi calculada pela multiplicação da sua taxa (1,00%) pelo faturamento do mês de janeiro (R$ 86.500).

Admitindo-se que haja valores de comissão e propaganda remanescentes do exercício orçamentário anterior, eles devem ser incorporados à projeção. Os valores remanescentes são: R$ 1.750,00 de comissão em janeiro, R$ 595,00 de propaganda em janeiro e R$ 958,00 de propaganda em fevereiro. Com isso, a projeção completa de desembolsos com comissões e propaganda para o período orçamentário é dada a seguir.

TABELA 116 - DESPESAS PROJETADAS COM COMISSÕES E PROPAGANDA

Contas	JAN	FEV	MAR	ABR	MAI	JUN
Comissão	R$ 1.750,00	R$ 1.822,50	R$ 1.635,50	R$ 1.384,00	R$ 1.384,00	R$ 1.384,00
Propaganda	R$ 595,00	R$ 958,00	R$ 865,00	R$ 692,00	R$ 692,00	R$ 692,00

Contas	JUL	AGO	SET	OUT	NOV	DEZ
Comissão	R$ 1.384,00	R$ 1.478,50	R$ 1.635,50	R$ 1.384,00	R$ 1.573,00	R$ 1.887,00
Propaganda	R$ 692,00	R$ 692,00	R$ 865,00	R$ 692,00	R$ 692,00	R$ 1.038,00

Uma última observação a respeito dessas contas é que a comissão é base de cálculo para o FGTS do pessoal, conforme explicado e calculado anteriormente.

O próximo item de despesa variável é o recolhimento do tributo SIMPLES. Sua apuração se dá por meio do cálculo de uma alíquota efetiva baseada em uma fórmula e em uma tabela de alíquotas progressivas, ambas apresentadas a seguir.

$$\text{Alíquota efetiva} = \frac{(RBT12 \times \text{alíquota}) - \text{parcela a deduzir}}{RBT12}$$

TABELA 117 - TABELA DE ALÍQUOTAS DO SIMPLES

Limite inferior do RBT12	Limite superior do RBT12	Alíquota	Parcela a deduzir
R$ 0,00	R$ 180.000,00	6,00%	R$ 0,00
R$ 180.000,01	R$ 360.000,00	11,20%	R$ 9.360,00
R$ 360.000,01	R$ 720.000,00	13,50%	R$ 17.640,00
R$ 720.000,01	R$ 1.800.000,00	16,00%	R$ 35.640,00
R$ 1.800.000,01	R$ 3.600.000,00	21,00%	R$ 125.640,00
R$ 3.600.000,01	R$ 4.800.000,00	33,00%	R$ 648.000,00

O primeiro passo é verificar a receita bruta total acumulada dos doze meses anteriores da empresa (na fórmula, RBT12). Para uma empresa em início de atividade, não há histórico de faturamento nos doze meses anteriores. Nesse caso, será adotada como receita bruta total acumulada para fins de enquadramento de alíquota do SIMPLES, a receita do próprio mês de apuração multiplicada por doze (receita proporcionalizada). Nos onze meses posteriores, será utilizada a média aritmética da receita bruta total dos meses anteriores ao do período de apuração, multiplicada por doze.

Apurada a receita bruta total acumulada (RBT12), verifica-se na tabela de alíquotas do SIMPLES em qual faixa de faturamento a empresa está inserida, observando as duas primeiras colunas. Identificada a faixa à qual o RBT12 se encaixa, as duas variáveis restantes para o uso da fórmula são verificadas (alíquota e parcela a deduzir nas colunas 3 e 4 da tabela). A partir dessas variáveis, a fórmula da alíquota efetiva pode ser resolvida, chegando-se à alíquota que será multiplicada pelo faturamento do mês anterior, de modo a apurar o SIMPLES a ser recolhido no mês corrente.

Para iniciar o processo de apuração, deve-se observar a receita bruta auferida nos doze meses anteriores. A tabela a seguir apresenta esses dados históricos.

TABELA 118 - FATURAMENTO HISTÓRICO

Tipo de cliente	JAN	FEV	MAR	ABR	MAI	JUN
Clubes de futebol	R$ 25.059,00	R$ 24.536,00	R$ 19.933,00	R$ 21.442,00	R$ 23.373,00	R$ 25.289,00
Lojas varejistas	R$ 27.346,00	R$ 31.992,00	R$ 27.143,00	R$ 31.686,00	R$ 30.592,00	R$ 26.315,00
Outros	R$ 4.110,00	R$ 3.366,00	R$ 4.365,00	R$ 3.377,00	R$ 4.087,00	R$ 4.543,00
Total	R$ 56.516,00	R$ 59.893,00	R$ 51.441,00	R$ 56.504,00	R$ 58.052,00	R$ 56.147,00

Tipo de cliente	JUL	AGO	SET	OUT	NOV	DEZ
Clubes de futebol	R$ 24.061,00	R$ 20.970,00	R$ 26.136,00	R$ 27.425,00	R$ 23.372,00	R$ 43.667,00
Lojas varejistas	R$ 31.353,00	R$ 25.608,00	R$ 25.421,00	R$ 39.023,00	R$ 33.651,00	R$ 52.631,00
Outros	R$ 3.495,00	R$ 3.531,00	R$ 3.609,00	R$ 4.234,00	R$ 4.421,00	R$ 3.996,00
Total	R$ 58.909,00	R$ 50.109,00	R$ 55.166,00	R$ 70.682,00	R$ 61.445,00	R$ 100.293,00

A próxima tabela mostra o faturamento estimado do período orçamentário em análise, captado do orçamento de receitas operacionais feito anteriormente.

TABELA 119 - FATURAMENTO PROJETADO

Tipo de cliente	JAN	FEV	MAR	ABR	MAI	JUN
Clubes de futebol	R$ 14.000,00	R$ 17.500,00	R$ 24.500,00	R$ 24.500,00	R$ 21.000,00	R$ 21.000,00
Lojas varejistas	R$ 18.150,00	R$ 22.688,00	R$ 31.763,00	R$ 31.763,00	R$ 27.225,00	R$ 27.225,00

(CONTINUA)

(CONTINUAÇÃO)

Outros	R$ 2.450,00	R$ 3.063,00	R$ 4.288,00	R$ 4.288,00	R$ 3.675,00	R$ 3.675,00
Total	R$ 34.600,00	R$ 43.250,00	R$ 60.550,00	R$ 60.550,00	R$ 51.900,00	R$ 51.900,00

Tipo de cliente	JUL	AGO	SET	OUT	NOV	DEZ
Clubes de futebol	R$ 28.000,00	R$ 21.000,00	R$ 21.000,00	R$ 35.000,00	R$ 24.500,00	R$ 42.000,00
Lojas varejistas	R$ 36.300,00	R$ 27.225,00	R$ 27.225,00	R$ 45.375,00	R$ 31.763,00	R$ 54.450,00
Outros	R$ 4.900,00	R$ 3.675,00	R$ 3.675,00	R$ 6.125,00	R$ 4.288,00	R$ 7.350,00
Total	R$ 69.200,00	R$ 51.900,00	R$ 51.900,00	R$ 86.500,00	R$ 60.550,00	R$ 103.800,00

Com esses dados, podem ser calculados os recolhimentos do SIMPLES ao longo do período orçamentário em análise.

TABELA 120 - SIMPLES PROJETADO

Conta	JAN	FEV	MAR	ABR	MAI	JUN
Faturamento acumulado	R$ 735.159,00	R$ 765.143,00	R$ 774.450,00	R$ 792.209,00	R$ 804.904,00	R$ 816.052,00
Alíquota efetiva	11,15%	11,34%	11,40%	11,50%	11,57%	11,63%
SIMPLES	R$ 11.185,00	R$ 9.811,00	R$ 7.887,00	R$ 7.959,00	R$ 8.008,00	R$ 8.050,00

Conta	JUL	AGO	SET	OUT	NOV	DEZ
Faturamento acumulado	R$ 829.105,00	R$ 856.696,00	R$ 875.786,00	R$ 889.820,00	R$ 922.938,00	R$ 930.693,00

(CONTINUA)

						(CONTINUAÇÃO)
Alíquota efetiva	11,70%	11,84%	11,93%	11,99%	12,14%	12,17%
SIMPLES	R$ 8.097,00	R$ 10.241,00	R$ 8.256,00	R$ 8.300,00	R$ 12.600,00	R$ 8.422,00

A primeira linha apresenta o faturamento acumulado nos doze meses anteriores ao mês de referência do imposto. A segunda linha indica a alíquota adequada do SIMPLES, tomando-se por base os dados da primeira linha e a fórmula explicada anteriormente. Em janeiro, por exemplo, o faturamento acumulado dos doze meses anteriores foi de R$ 735.159. Isso indica que a alíquota do SIMPLES a ser adotada para fins do seu cálculo no mês de janeiro é 11,15% ([[735159 x 0,16] – 35640] / 735159), cuja faixa de faturamento é entre R$ 720.000,01 e R$ 1.800.000. Já em fevereiro, a alíquota cai para 11,03% ([[713243 x 0,135] – 17640] / 713243), uma vez que o faturamento acumulado nos doze meses foi de R$ 713.243, enquadrando a empresa em outra faixa (entre R$ 360.000,01 e R$ 720.000) para fins de verificação dos dados da fórmula.

Por sua vez, a última linha apresenta o SIMPLES calculado pela multiplicação da alíquota pertinente pelo faturamento do mês em referência. Em janeiro, para fins de ilustração, a alíquota do SIMPLES foi 11,15%, a qual foi multiplicada pelo faturamento do mês anterior (R$ 100.293), indicando o imposto SIMPLES a recolher (R$ 11.185).

Consolidando-se as projeções relacionadas às despesas operacionais, pode-se montar o seguinte fluxo de caixa projetado.

ORÇAMENTO DE DESPESAS OPERACIONAIS

TABELA 121 - DESPESAS TOTAIS PROJETADAS

CONTAS	JAN	FEV	MAR	ABR	MAI	JUN
DESPESAS FIXAS	**R$ 19.381,49**	**R$ 20.110,93**	**R$ 20.424,53**	**R$ 19.247,65**	**R$ 19.092,41**	**R$ 19.313,95**
Despesas administrativas	R$ 4.120,89	R$ 4.165,89	R$ 4.165,89	R$ 4.220,89	R$ 4.225,19	R$ 4.225,19
Despesas com pessoal	R$ 15.260,60	R$ 15.945,04	R$ 16.258,64	R$ 15.026,76	R$ 14.867,22	R$ 15.088,76
DESPESAS VARIÁVEIS	**R$ 13.529,79**	**R$ 12.591,37**	**R$ 10.387,93**	**R$ 10.034,82**	**R$ 10.083,92**	**R$ 10.125,78**
Comissão	R$ 1.750,00	R$ 1.822,50	R$ 1.635,50	R$ 1.384,00	R$ 1.384,00	R$ 1.384,00
Propaganda	R$ 595,00	R$ 958,00	R$ 865,00	R$ 692,00	R$ 692,00	R$ 692,00
SIMPLES	R$ 11.184,79	R$ 9.810,87	R$ 7.887,43	R$ 7.958,82	R$ 8.007,92	R$ 8.049,78

CONTAS	JUL	AGO	SET	OUT	NOV	DEZ
DESPESAS FIXAS	**R$ 19.129,22**	**R$ 19.136,78**	**R$ 19.226,84**	**R$ 19.206,72**	**R$ 25.863,84**	**R$ 25.733,96**
Despesas administrativas	R$ 4.262,00	R$ 4.262,00	R$ 4.262,00	R$ 4.262,00	R$ 4.262,00	R$ 4.262,00
Despesas com pessoal	R$ 14.867,22	R$ 14.874,78	R$ 14.964,84	R$ 14.944,72	R$ 21.601,84	R$ 21.471,96
DESPESAS VARIÁVEIS	**R$ 10.173,36**	**R$ 12.411,95**	**R$ 10.756,42**	**R$ 10.376,33**	**R$ 14.864,68**	**R$ 11.347,05**
Comissão	R$ 1.384,00	R$ 1.478,50	R$ 1.635,50	R$ 1.384,00	R$ 1.573,00	R$ 1.887,00
Propaganda	R$ 692,00	R$ 692,00	R$ 865,00	R$ 692,00	R$ 692,00	R$ 1.038,00
SIMPLES	R$ 8.097,36	R$ 10.241,45	R$ 8.255,92	R$ 8.300,33	R$ 12.599,68	R$ 8.422,05

ORÇAMENTO DE INVESTIMENTOS

7.1 INTRODUÇÃO

Os desembolsos operacionais permitem que a empresa funcione no presente. Se eles não forem bem dimensionados, as atividades operacionais podem ser comprometidas pela falta de recursos financeiros. Por outro lado, caso esses desembolsos sejam adequadamente mensurados, as atividades da empresa serão devidamente realizadas, permitindo que os resultados operacionais previstos sejam alcançados.

No entanto, com o passar do tempo, a capacidade da empresa gerar caixa decorrente de suas atividades operacionais pode ser deteriorada caso não sejam realizados investimentos a fim de manter tal capacidade. Afinal de contas, os bens de capital são depreciáveis com o seu uso ao longo do tempo, comprometendo a estrutura física necessária à realização das atividades operacionais. Em adição, a eventual falta de investimentos por parte da empresa também não permite um aumento da sua capacidade de gerar caixa. Como a execução das atividades operacionais requer estruturas produtiva e administrativa mínimas, a sua disponibilização, mediante investimentos e reinvestimentos, é fundamental para que a empresa se mantenha operacional dentro dos níveis mínimos de qualidade e escala almejados.

Portanto, para que a empresa se mantenha operacional no futuro, mantendo ou ampliando a capacidade produtiva, há a necessidade de incorporar novos ativos e/ou substituir os existentes. Em decorrência disso, deve-se orçar os desembolsos de caixa relacionados aos investimentos derivados dessa imposição.

O propósito deste capítulo é apresentar o orçamento dos investimentos, que faz parte do orçamento global de uma empresa.

7.2 OBJETIVOS

O conceito de investimento está associado ao comprometimento de recursos financeiros no presente, de modo que tal esforço gere algum retorno em determinado período futuro. Assim, o investimento representa uma renúncia ao consumo no presente, utilizando o recurso financeiro de forma produtiva, gerando um retorno futuro que compense seu emprego. Para verificar se o uso do capital com esse propósito é atrativo, podem ser empregadas várias técnicas de orçamento de capital que permitem ao gestor tomar decisões suportadas por critérios objetivos, embasados na matemática financeira.

De outra forma, os investimentos também podem ser entendidos como desembolsos de caixa que possibilitam à empresa incorporar bens de capital e ativos fixos que servem aos propósitos de manter a empresa em funcionamento no presente e, sobretudo, no futuro. Para permitir a incorporação desses elementos, a empresa necessita desembolsar recursos financeiros que, tipicamente, são bastante vultosos, o que sugere tanto uma análise apurada quanto a verificação do seu reflexo no orçamento.

Portanto, o objetivo desse orçamento é projetar os fluxos de caixa decorrentes das atividades e decisões de investimento na empresa durante o período orçamentário. Dessa maneira, tal orçamento deve refletir as necessidades de incorporação de ativos para que a empresa adquira e/ou mantenha uma estrutura de funcionamento adequada.

É importante perceber que esse contexto também permite a expectativa de realização de fluxos de caixa positivos. Geralmente, as atividades de investimentos e os fluxos de caixa delas decorrentes são, na sua maioria, compostos de desembolsos de capital (fluxos de caixa negativos). Porém, é perfeitamente possível serem observados fluxos de caixa positivos decorrentes, por exemplo, da realização de ativos anteriormente incorporados. Esses fluxos de caixa não devem ser desprezados, até mesmo porque eles podem ser utilizados como reforço de caixa na realização de novos investimentos.

7.3 CENTROS DE RESPONSABILIDADE ENVOLVIDOS

Tal qual se comentou nos orçamentos prévios, cada departamento conhece de maneira mais apurada suas necessidades em termos de investimentos. Seus gestores sabem quais ativos precisam ser incorporados e quais equipamentos devem ser substituídos.

Logo, os centros de responsabilidade que normalmente estão envolvidos na elaboração do orçamento de investimentos são aqueles que têm expectativas de realizar investimentos ao longo do período orçamentário em questão. Quando se tem alguma necessidade de incorporar ativos, substituir equipamentos existentes ou realizar quaisquer outros tipos de investimentos produtivos, o centro que operacionalizará esses investimentos deve refletir isso no orçamento.

Dessa forma, vários centros de responsabilidade podem orçar fluxos de caixa pertinentes às atividades de investimento. No entanto, apesar disso, um aspecto a ser destacado é que, em determinado ciclo orçamentário, um centro pode prever necessidades de investimentos, ao passo que, em outro ciclo, o mesmo centro pode não prever tal necessidade. Isso é o reflexo de que, em alguns departamentos, as necessidades de investimentos não são aparentes em todos os ciclos orçamentários. Destarte, em várias circunstâncias, utilizar dados históricos para essa categoria de fluxo de caixa talvez não seja uma abordagem adequada.

Naturalmente, alguns centros de responsabilidade que eventualmente tenham alguma dificuldade de estimar fluxos de caixa podem contar com o apoio da equipe de orçamento. Apesar de conhecerem as necessidades específicas em termos de investimentos, nem sempre o esforço de transformá-las em fluxos de caixa é uma atividade que possa ser realizada a contento sem um auxílio efetivo.

A alta administração também tem participação nesse orçamento. Como todas as solicitações de recursos para investimento de todos os departamentos podem extrapolar a capacidade de a empresa financiá-las, assunto complementado no próximo orçamento, alguns investimentos deverão ser rejeitados, sob pena de faltar caixa durante o período orçamentário. Tipicamente, a atribuição de hierarquizar e filtrar os projetos de investimento recai sobre a alta administração, que detém uma visão mais ampla das necessidades de investimento da empresa como um todo e compreende melhor as consequências de determinados cortes nos investimentos.

Evidentemente, os cortes nos investimentos que a alta administração ou o comitê orçamentário procedem devem contemplar as justificativas apresentadas pelos departamentos. Até mesmo porque muitos projetos que requerem investimentos têm relações com outros projetos. Seja como pré-requisito para a realização de outros projetos ou dependendo da aceitação de outros projetos para sua execução, essas relações devem ser consideradas pela alta administração em suas análises.

7.4 FONTES DE DADOS

Para estimar os fluxos de caixa associados às atividades de investimentos, algumas fontes de dados costumam ser utilizadas. Em primeiro lugar, é importante consultar o planejamento estratégico, especificamente o segmento que trata dos projetos que serão realizados ao longo do período orçamentário. Provavelmente, a execução de tais projetos requer a incorporação de ativos que darão suporte às ações estratégicas, as quais, por sua vez, devem ter objetivos bem definidos e alinhados aos objetivos maiores da empresa.

Alguns exemplos de ações evidenciadas no planejamento estratégico da empresa podem ser apontados, como o aumento da capacidade produtiva pela incorporação de novos bens de capital (fatores fixos de produção), o incremento do nível de faturamento pela implantação de uma nova filial e a modernização dos sistemas informatizados pela aquisição de um sistema integrado de gestão. Nesses exemplos, os objetivos almejados (aumento da capacidade produtiva, incremento do faturamento e modernização dos sistemas informatizados) são buscados por meio de ações específicas (respectivamente, incorporação de bens de capital, implantação de uma nova filial e aquisição de um sistema integrado de gestão). Em comum, essas ações requerem comprometimentos de recursos financeiros na forma de investimentos. Portanto, as ações estratégicas contêm informações relevantes a serem consultadas para fins de elaboração do orçamento de investimento.

Um aspecto importante é identificar que maneiras serão empregadas para consultar essas ações e os investimentos decorrentes delas, bem como estimar os fluxos de caixa. Caso as unidades que indiquem e submetam as ações orcem os valores no momento que as concebam, o esforço na projeção dos fluxos de caixa decorrentes nesse momento é menor, bastando, possivelmente, apenas alimentar as planilhas orçamentárias com os valores previamente indicados. Nesse caso, as ações já apresentam os fluxos de caixa, que devem apenas ser incorporados ao orçamento.

Por outro lado, caso as ações sejam concebidas sem as respectivas projeções de desembolsos, nesse momento será necessária a estimação dos fluxos de caixa delas decorrentes. Para realizar essa tarefa, os colaboradores do departamento que executará a ação devem fazê-lo, podendo contar com o auxílio da equipe responsável pelo orçamento da empresa. De outra forma, uma equipe específica pode ser designada para transformar todas as ações estratégicas que requerem investimentos em fluxos de caixa projetados.

É fundamental que as atribuições sejam identificadas explicitamente, evitando dúvidas sobre quem deva executar as atividades. Além disso, a não atribuição clara de responsabilidades pode acarretar a falta de elementos projetados, admitindo a hipótese de a(as) tarefa(s) não recair(em) sobre qualquer departamento.

Outra possível fonte de dados para auxiliar a estimativa dos investimentos vem do departamento de engenharia da empresa. Quando há uma área de engenharia, responsável pelas plantas fabris e pela produção, normalmente tal departamento detém informações sobre os investimentos que serão necessários para manter ou aumentar o processo produtivo. Possivelmente, esse departamento dispõe de um cronograma de incorporação e/ou substituição de equipamentos, o qual pode ser utilizado a fim de subsidiar a projeção dos investimentos.

7.5 MÉTODOS DE PROJEÇÃO

As etapas normalmente requeridas para elaborar esse orçamento são dadas no quadro a seguir.

QUADRO 23 - ETAPAS PARA ELABORAR O ORÇAMENTO DE INVESTIMENTOS

[
Gerar e coletar as propostas de investimentos
Definir os critérios de avaliação das propostas de investimentos
Projetar os fluxos de caixa de cada proposta de investimento
Avaliar as propostas de investimentos por meio dos critérios estabelecidos
Hierarquizar as propostas de investimentos
Projetar os fluxos de caixa das propostas aceitas
]

De modo geral, conforme observado na seção anterior, os desembolsos referentes a investimentos decorrem do planejamento estratégico, no qual são estipuladas as ações estratégicas que costumam requerer investimentos para serem realizadas. Com isso, espera-se que os investimentos planejados mantenham coerência com esses direcionamentos estratégicos, de maneira a compor harmonicamente todo um esforço conjunto para assegurar o atingimento dos objetivos corporativos.

Os departamentos, certamente, terão uma série de demandas para investimentos. Sendo assim, eles devem gerar propostas de investimentos de acordo com suas necessidades e o planejamento estratégico da empresa.

É interessante que essas propostas sejam padronizadas, no sentido de facilitar o processo de elaboração e análise. Com isso, tanto os departamentos que as elaboram quanto os que fazem a análise têm um documento padrão, facilitando todas as etapas do processo, inclusive o treinamento para tal. Elas devem conter todas as informações relevantes sobre os projetos de investimento, a fim de permitir sua análise plena e facilitar a decisão. Algumas informações tipicamente necessárias nessas propostas de investimentos são: valor e cronograma do investimento principal, valor e cronograma de investimentos complementares, outros projetos com os quais ele mantém relação, despesas de manutenção (as quais devem ser projetadas nos orçamentos de custos produtivos e/ou despesas operacionais), vida útil e valor residual estimados. Demais informações pertinentes ao projeto e que sejam essenciais para o seu entendimento são desejáveis.

Destaque-se que, na proposta, é fundamental constar os benefícios esperados desses investimentos. Afinal, os investimentos serão justificados de maneira predominante em função dos benefícios que são esperados a partir de sua realização.

Tais benefícios podem ser tangíveis ou intangíveis. Os tangíveis são aqueles mensurados de maneira objetiva por meio de indicadores operacionais ou financeiros. Com essa mensuração, eles podem ser representados em termos de fluxos de caixa, os quais podem ser empregados na sua análise. Por outro lado, os benefícios intangíveis não são facilmente expressos em termos financeiros, uma vez que seus retornos quantitativos são de difícil mensuração direta. Apesar desse menor nível de objetividade, em muitos casos, eles podem ser mais relevantes para a decisão do que os tangíveis, justificando, assim, sua importância na decisão final.

Considerando-se, portanto, a possibilidade de uma proposta de investimento apresentar múltiplos benefícios esperados, os quais podem ser uma combinação de tangíveis e intangíveis, parte destacada do processo recai sobre a determinação dos critérios utilizados para analisar essas propostas. Em vários casos, os critérios são uma combinação de elementos tangíveis e intangíveis que, em conjunto, permitem uma avaliação mais ampla e sem desconsiderar variáveis importantes.

Do ponto de vista dos benefícios tangíveis, a partir dessas informações, devem ser estimados os fluxos de caixa esperados a partir de cada proposta de investimento. Tais fluxos de caixa devem ser baseados nas expectativas traçadas e servirão de base para subsidiar o processo decisório. Com esses fluxos de caixa, podem ser usados critérios de avaliação associados à engenharia econômica, que, por sua vez, disponibiliza vários métodos. Dentre eles, podem ser citados: período de *payback*, taxa interna de retorno, valor presente líquido e valor uniforme equivalente.

Os métodos somente podem contabilizar as variáveis monetárias. Eventuais benefícios intangíveis, se não forem mensurados em termos de fluxos de caixa, não são passíveis de avaliação por esses métodos. Assim sendo, se houver benefícios intangíveis, devem ser usados critérios qualitativos na decisão sobre os investimentos propostos.

É importante ressaltar que a empresa deve manter padronização nos métodos de análise, principalmente se o processo decisório for descentralizado. Caso a empresa não o padronize, diferentes setores poderão tomar decisões divergentes sobre o mesmo projeto, potencialmente ocasionando conflitos decisórios e ineficiências operacionais.

Analisados os projetos, conforme critérios formalmente estabelecidos, eles devem ser escolhidos mediante uma hierarquização dos projetos aceitáveis. Esse ranking fornecerá uma ordem de escolha bastante útil em situações de restrição de capital. Os melhores projetos, de acordo com os critérios determinados, poderão ser escolhidos, e os projetos que eventualmente não sejam aceitáveis ou que extrapolarem os recursos disponíveis para seus financiamentos serão rejeitados.

Escolhido(s) o(s) projeto(s), seus fluxos de caixa devem ser projetados, a fim de comporem o orçamento de investimentos e, posteriormente, o orçamento completo.

Uma vez que o(s) projeto(s) de investimento tenha(m) sido aceito(s) e esteja(m) em execução, é importante fazer reavaliações dos seus resultados. Devem ser comparados os resultados alcançados com os planejados, verificando se seus benefícios estão sendo atingidos. Tais reavaliações poderão ocorrer nos períodos de revisões orçamentárias previstos no cronograma do processo orçamentário.

7.6 PRODUTOS FINAIS

Esse orçamento tem como produto final principal a projeção dos fluxos de caixa derivados das atividades de investimentos previstas ao longo do período orçamentário. É fundamental que essa projeção abranja todos os fluxos de caixa que sejam categorizados como de investimentos. Predominantemente, esses fluxos são negativos, indicando desembolsos de capital para fins de investimento. No entanto, também poderão ser projetados fluxos positivos, indicando, por exemplo, vendas de ativos.

Em adição, nessa parte do orçamento, também podem ser explicitados os métodos pelos quais as propostas de investimentos foram priorizadas e escolhidas. Esse registro serve aos propósitos de permitir que análises posteriores sejam conduzidas sem esquecer os critérios utilizados para as escolhas.

Isso também é fundamental porque, caso tivessem sido utilizados diferentes critérios, possivelmente outras propostas teriam sido escolhidas em detrimento das demais. Com o registro dos critérios utilizados, reavaliações podem ser executadas em condições plenas de informação.

7.7 EXEMPLOS

7.7.1 EMPRESA PRESTADORA DE SERVIÇOS

A equipe técnica da clínica previu a necessidade de adquirir novos equipamentos para melhorar os procedimentos cirúrgicos. Esses equipamentos são: autoclave, seladora de papel grau cirúrgico e incubador biológico. Portanto, de forma a subsidiar a elaboração do orçamento, foram coletados os seguintes dados.

TABELA 122 - INFORMAÇÕES SOBRE AQUISIÇÕES DE EQUIPAMENTOS

Item	Valor	Forma de pagamento	Mês de aquisição
Autoclave	R$ 15.000,00	50% a vista e 50% em 30 dias	JUL
Seladora de papel grau cirúrgico	R$ 5.000,00	100% à vista	JUL
Incubador biológico	R$ 12.000,00	50% em 30 dias e 50% em 60 dias	AGO

A primeira coluna apresenta o item a ser adquirido. A segunda e terceira colunas mostram os respectivos preços de aquisição e condições de pagamento, ambos coletados junto a possíveis fornecedores. A última coluna indica em que mês será necessária a aquisição de cada ativo.

Com esses dados, é possível fazer a projeção dos desembolsos relacionados aos investimentos. A autoclave será adquirida em julho. Como sua forma de pagamento é dividida igualmente à vista e em trinta dias, os fluxos de caixa decorrentes dessa compra serão projetados para julho e agosto. Já a seladora será integralmente paga à vista no mês de sua aquisição (julho). Por fim, o incubador biológico será adquirido em agosto, porém as condições comerciais permitem que esse ativo seja pago em duas parcelas, nos meses de setembro e outubro. A tabela seguinte reflete a projeção financeira das decisões de investimento nesses ativos fixos.

TABELA 123 - INVESTIMENTOS PROJETADOS

Meses	JAN	FEV	MAR	ABR	MAI	JUN	JUL	AGO	SET	OUT	NOV	DEZ
Autoclave							R$ 7.500	R$ 7.500				
Seladora de papel grau cirúrgico							R$ 5.000					
Incubador biológico									R$ 6.000	R$ 6.000		
Total	R$ 0	R$ 0	R$ 0	R$ 0	R$ 0	R$ 0	R$ 12.500	R$ 7.500	R$ 6.000	R$ 6.000	R$ 0	R$ 0

Nesse caso, não são esperados valores residuais de ativos antigos que possam ser vendidos. Portanto, não há previsão de fluxos de caixa positivos no fluxo de caixa das atividades de investimento.

7.7.2 EMPRESA COMERCIAL

A empresa planeja realizar alguns investimentos em equipamentos ao longo do período orçamentário. Em função de um desses investimentos, a empresa estima vender um dos ativos que será substituído por outro a ser adquirido. Iniciando pela estimativa de desembolsos com a aquisição dos equipamentos, a tabela a seguir resume o que se espera nesse aspecto.

TABELA 124 - INFORMAÇÕES SOBRE INVESTIMENTOS ESTIMADOS

Itens de investimento	Mês	Valor estimado
Computadores	FEV	R$ 10.000
Copiadora/Scanner	ABR	R$ 2.500
Veículo de entrega novo	AGO	R$ 60.000
Móveis p/ almoxarifado 1	JUN	R$ 25.000
Móveis p/ almoxarifado 2	JUL	R$ 25.000

A primeira coluna apresenta os elementos que serão adquiridos em algum momento durante o período orçamentário. A segunda coluna apresenta o mês no qual a aquisição será realizada, conforme necessidade levantada. A última coluna mostra os valores estimados de cada um dos itens a serem adquiridos. Com essas informações, pode ser elaborada a projeção dos investimentos nesses ativos fixos, conforme tabela a seguir.

TABELA 125 - INVESTIMENTOS PROJETADOS

Itens de investimento	JAN	FEV	MAR	ABR	MAI	JUN	JUL	AGO	SET	OUT	NOV	DEZ
Computadores		R$ 10.000										
Copiadora/Scanner				R$ 2.500								
Veículo de entrega novo								R$ 60.000				
Móveis p/ almoxarifado 1						R$ 25.000						
Móveis p/ almoxarifado 2							R$ 25.000					

Observe que o terceiro item de aquisição é um novo veículo para entrega. Como a empresa não necessita ampliar a capacidade de entrega, seu objetivo é tão somente substituir o veículo atual, o qual poderá ser vendido. A estimativa é vendê-lo por um valor líquido (abatendo os impostos incidentes) de R$ 15.000 em setembro. Logo, a empresa, no que se refere às atividades de investimento, terá fluxos de caixa negativos e positivos, gerando o seguinte fluxo de caixa líquido derivado de suas atividades.

TABELA 126 - INVESTIMENTOS E VENDAS DE ATIVOS PROJETADOS

FLUXO DE INVESTIMENTOS	JAN	FEV	MAR	ABR	MAI	JUN
INVESTIMENTOS	R$ 0	R$ 10.000	R$ 0	R$ 2.500	R$ 0	R$ 25.000
VENDAS DE ATIVOS	R$ 0	R$ 0	R$ 0	R$ 0	R$ 0	R$ 0
FLUXO LÍQUIDO	R$ 0	-R$ 10.000	R$ 0	-R$ 2.500	R$ 0	-R$ 25.000

FLUXO DE INVESTIMENTOS	JUL	AGO	SET	OUT	NOV	DEZ
INVESTIMENTOS	R$ 25.000	R$ 60.000	R$ 0	R$ 0	R$ 0	R$ 0
VENDAS DE ATIVOS	R$ 0	R$ 0	R$ 15.000	R$ 0	R$ 0	R$ 0
FLUXO LÍQUIDO	-R$ 25.000	-R$ 60.000	R$ 15.000	R$ 0	R$ 0	R$ 0

7.7.3 EMPRESA INDUSTRIAL

Para projetar os desembolsos com investimentos na empresa, a equipe responsável pela elaboração do orçamento coleta dados do que será adquirido ao longo do período orçamentário. Como resultado dessa pesquisa, foi gerada a tabela a seguir que registra tais investimentos.

TABELA 127 - INFORMAÇÕES SOBRE INVESTIMENTOS ESPERADOS

Itens	Mês	Quantidade	Valor
Máquinas de costura	MAR	1	R$ 2.500

(CONTINUA)

			(CONTINUAÇÃO)
Máquinas de costura	JUL	1	R$ 2.500
Máquinas de costura	SET	1	R$ 2.500
Carro de entrega novo	MAI	1	R$ 45.000

A primeira coluna apresenta os itens que serão objeto de investimentos. A segunda coluna indica quando se dará essa aquisição. A terceira coluna mostra quantas unidades serão adquiridas. Por fim, a quarta coluna apresenta a estimativa de preço de compra dos itens. Com esses dados, é possível estimar o fluxo de caixa de desembolso desses investimentos ao longo do período orçamentário, como se segue na tabela.

TABELA 128 - INVESTIMENTOS PROJETADOS

Itens	JAN	FEV	MAR	ABR	MAI	JUN	JUL	AGO	SET	OUT	NOV	DEZ
Máquinas de costura			R$ 2.500									
Máquinas de costura							R$ 2.500					
Máquinas de costura									R$ 2.500			
Carro de entrega novo					R$ 45.000							
TOTAL	R$ 0	R$ 0	R$ 2.500	R$ 0	R$ 45.000	R$ 0	R$ 2.500	R$ 0	R$ 2.500	R$ 0	R$ 0	R$ 0

Ainda no contexto das decisões de investimento, como consequência da compra de um carro novo para entregas em maio, o carro antigo poderá ser vendido. O valor residual líquido dessa venda, baseado no valor de mercado de um carro similar e com mesma idade, é estimado em R$ 17.500. Essa venda é prevista para maio, mesmo mês em que o novo será comprado. A partir desses dados, pode-se projetar o fluxo de caixa das atividades de investimento da empresa industrial, conforme tabela a seguir.

TABELA 129 - INVESTIMENTOS E VENDAS DE ATIVOS PROJETADOS

CONTAS	JAN	FEV	MAR	ABR	MAI	JUN	JUL	AGO	SET	OUT	NOV	DEZ
Investimento em ativos	R$ 0	R$ 0	R$ 2.500	R$ 0	R$ 45.000	R$ 0	R$ 2.500	R$ 0	R$ 2.500	R$ 0	R$ 0	R$ 0
Venda de ativos	R$ 0	R$ 0	R$ 0	R$ 0	R$ 17.500	R$ 0	R$ 0	R$ 0	R$ 0	R$ 0	R$ 0	R$ 0
RESULTADO	R$ 0	R$ 0	-R$ 2.500	R$ 0	-R$ 27.500	R$ 0	-R$ 2.500	R$ 0	-R$ 2.500	R$ 0	R$ 0	R$ 0

A última linha da tabela anterior indica o fluxo de caixa líquido (venda de ativos menos investimentos em ativos fixos) em cada período.

ORÇAMENTO DE FINANCIAMENTO

8.1 INTRODUÇÃO

No capítulo anterior, foi evidenciada a importância dos investimentos em uma empresa, principalmente para a manutenção ou ampliação dos seus resultados financeiros futuros. Sem esses investimentos, a capacidade futura de geração de caixa pode sofrer reduções relevantes.

A despeito dessa importância, a materialização de tais investimentos requer recursos financeiros representativos, os quais devem ser providos a partir de uma ou mais fontes de capital. Por exemplo, os próprios resultados operacionais acumulados da empresa podem se mostrar suficientes para fazer frente às necessidades projetadas de investimentos.

Com isso, a própria operação da empresa pode ser suficiente para financiar os seus investimentos. Por outro lado, é possível que os resultados operacionais acumulados não sejam suficientes para financiar os novos investimentos, implicando a necessidade de a empresa levantar recursos externos.

É fundamental ressaltar que a utilização de financiamento externo acarreta a remuneração posterior do capital utilizado. Sejam fontes de capital próprias, providas pelos proprietários da empresa, ou de terceiros, providas por credores pelo levantamento de dívidas, elas devem ser remuneradas em conformidade com o que foi acordado entre as partes.

Assim como os fluxos de caixa relacionados ao orçamento de investimento, espera-se que o orçamento de financiamento também seja bastante vultoso. Dessa forma, sua projeção apurada é fundamental no contexto orçamentário da empresa.

O orçamento dos fluxos de caixa das atividades de financiamento é o objeto deste capítulo.

8.2 OBJETIVOS

Tanto as atividades operacionais de uma empresa quanto os projetos que implicam comprometimento de recursos financeiros na forma de investimentos requerem recursos financeiros, os quais podem ser providos mediante financiamentos externos. A empresa, quando de sua constituição, não tem, por si só, recursos financeiros. Ao ser criada, deve-se prover a ela capital de modo a permitir sua estruturação, mediante investimentos para aquisição de ativos fixos, e desembolsos na forma de despesas pré-operacionais, a fim de saldar compromissos incorridos previamente ao início da atividade.

Por outro lado, em uma empresa já em funcionamento, cujos investimentos iniciais já foram realizados e as atividades operacionais já estão em curso, as necessidades de reinvestimentos e/ou o próprio funcionamento operacional, sobretudo quando se espera um aumento no nível de atividade, também podem requerer a captação de recursos externos.

O objetivo do orçamento de financiamento é projetar os fluxos de caixa relacionados à captação de recursos financeiros das mais variadas fontes, bem como as remunerações devidas a essas fontes de capital utilizadas ao longo do período orçamentário. Portanto, o orçamento de financiamento deve contemplar a projeção de necessidades de financiamento da empresa, bem como os pagamentos decorrentes desses financiamentos, devendo ser projetados tanto movimentações financeiras positivas (entrada de financiamento ou aporte de capital dos proprietários) quanto negativas (devolução do principal acrescido dos juros acordados ou dividendos).

Um aspecto que deve ser levado em conta no orçamento de financiamento é que, não raro, os fluxos de caixa decorrentes das decisões de financiamento extrapolam o período orçamentário. Em vista disso, ao se elaborar o orçamento de financiamento é comum considerar os fluxos de caixa derivados de outros períodos orçamentários. De forma semelhante, os fluxos de caixa derivados dos financiamentos incorporados do período orçamentário atual podem se estender para outros períodos orçamentários futuros.

8.3 CENTROS DE RESPONSABILIDADE ENVOLVIDOS

Tipicamente, o departamento responsável pelo orçamento de financiamento é o financeiro. Como esse setor negocia com os fornecedores de capital e tem informações mais apuradas sobre as operações de crédito, espera-se que tenha condições suficientes para determinar a melhor composição do financiamento e elaborar a projeção.

Além disso, o departamento financeiro deve estar envolvido com a política de dividendos da empresa. Entre outros aspectos, essa política abrange as informações relacionadas à remuneração do capital fornecido pelos proprietários da empresa, os quais podem ser usados no financiamento do período orçamentário em análise.

A alta administração ou o comitê orçamentário também participa ativamente desse orçamento. Em primeiro lugar, algumas linhas de financiamento em análise podem conter cláusulas restritivas que são impostas para reduzir o risco dos credores. Algumas dessas cláusulas devem ser averiguadas por parte da alta administração. Em segundo lugar, algumas linhas de financiamento requerem a disponibilização de garantias, as quais devem ser objeto de avaliação por parte da alta administração. Por fim, cabe a ela aprovar a composição de fontes de capital utilizadas para financiar as necessidades operacionais e de investimentos ao longo do período orçamentário.

8.4 FONTES DE DADOS

O orçamento de financiamento tem algumas fontes de dados bem definidas. A primeira delas, possivelmente comum à maioria das empresas, é o orçamento de investimentos. Considerando que esse orçamento projeta os desembolsos que serão realizados para fins de investimento durante o período orçamentário, esses fluxos indicam o montante de recursos financeiros (e seus momentos) que permitirão a realização de todos esses projetos. Portanto, uma vez que são conhecidos os fluxos de caixa de investimentos projetados, tem-se um estimador dos recursos que deverão ser levantados para financiá-los.

Sobre esse aspecto, é fundamental pontuar que uma boa gestão dos recursos financeiros sugere que haja compatibilidade monetária e temporal entre os recursos que serão usados (investimentos) e as fontes dos recursos que os financiarão (financiamentos). Por compatibilidade monetária, entende-se que os recursos de financiamento deverão ser da mesma ordem que os investimentos previstos. Por um lado, não é interessante buscar financiamentos muito além do que será utilizado, dado que parte dos recursos ficará ociosa, gerando custo de capital desnecessário à empresa. Por outro lado, caso os recursos para financiamento sejam estimados aquém do que efetivamente será necessário investir, haverá falta de capital para fazer frente aos investimentos e nem todos os projetos poderão ser realizados, comprometendo a execução das ações estratégicas e o alcance dos objetivos traçados. Em ambos os casos, nota-se que a empresa experimentará algum tipo de prejuízo.

Para assegurar essa compatibilidade monetária, um mecanismo informacional que pode ser empregado é o quadro de fontes e usos de recursos. Ele é quadro resumo contendo todos os usos (investimentos) e todas as fontes (financiamentos) de recursos. A fim de manter compatibilidade, o total dos usos deve ser igual ao total das fontes.

A compatibilidade temporal entre investimento e financiamento também é fundamental na gestão desses recursos. Além dos valores serem compatíveis, o tempo em que serão fornecidos e usados também deve ser coerente. Admita que o fluxo de caixa de investimento está projetado. Ele indica quando e em qual quantidade serão realizados os fluxos de caixa. Se o levantamento do financiamento necessário para permitir esses investimentos não estiver disponível nas datas adequadas, os investimentos não poderão ser feitos. Assim, os recursos de financiamentos devem estar disponíveis antes dos investimentos de forma a permiti-los. No entanto, se os recursos oriundos dos financiamentos estiverem disponíveis em uma data muito anterior à data do investimento, eles ficarão ociosos durante esse período, significando que o recurso foi captado de alguma fonte e que não foi utilizado ainda. Contudo, como o recurso foi efetivamente captado, seu fornecedor requer a remuneração por essa disponibilização, motivo pelo qual há um custo financeiro associado a esse capital ainda que não tenha sido empregado em algum investimento. Dessa forma, a empresa incorre em custo financeiro desnecessário, tendo em vista que o capital ficará ocioso durante algum tempo.

Disso, conclui-se que, de modo a reduzir o custo financeiro e prover adequadamente o capital necessário, os recursos a serem financiados devem se basear nas indicações de investimentos, sobretudo no que se refere à quantidade de recursos e ao período em que serão demandados.

Outra fonte de dados relevante para a elaboração do orçamento de financiamento é externa à empresa. Quando ela necessita recorrer a capital de terceiros para suprir suas necessidades de financiamento pela emissão de dívidas, ela deve se submeter às regras estabelecidas pelas instituições financeiras que fornecerão esses recursos. Tais regras indicam como os fluxos de caixa serão realizados, tanto no recebimento dos recursos (fluxos positivos) quanto na amortização do principal e pagamento dos juros (fluxos negativos).

Como parte do financiamento pode ser originada de recursos dos proprietários, uma fonte de dados relevante para subsidiar o orçamento de financiamento é a política de dividendos da empresa. Essa política, dentre outros pontos, trata da forma com que os recursos próprios, disponibilizados à empresa pelos seus proprietários, serão remunerados. Da mesma forma que os outros fornecedores de recursos financeiros, o capital fornecido pelos proprietários também deve ser remunerado. Tal remuneração, geralmente, se dá na forma de dividendos, os quais são calculados sobre os resultados alcançados pela empresa, refletindo, em parte, seu desempenho.

Portanto, aspectos como regras de cálculo, frequência de pagamento de dividendos e percentual de retenção de lucros, que fazem parte dessa política, são indicadores diretos da formação dos fluxos de caixa associados ao financiamento pelo uso de capital próprio. Sendo assim, a consulta a essa política é essencial na elaboração do orçamento de financiamento.

8.5 MÉTODOS DE PROJEÇÃO

Essencialmente, nesse orçamento, é necessário estimar os fluxos de caixa dos credores e dos proprietários, dadas suas respectivas atividades de financiamento. É importante reforçar que ambos os componentes do orçamento de financiamento apresentam tanto fluxos positivos quanto negativos, sendo respectivamente a captação dos recursos e a remuneração pelo seu uso. Uma sugestão de etapas para realizar a projeção é dada no quadro a seguir.

QUADRO 24 - ETAPAS PARA ELABORAR O ORÇAMENTO DE FINANCIAMENTO

- Estimar a necessidade total de financiamento ao longo do período orçamentário
- Determinar as fontes de capital a serem utilizadas
- Projetar o fluxo de caixa de captação de recursos de terceiros e próprios
- Projetar o fluxo de caixa de amortização das dívidas
- Projetar o fluxo de caixa de remuneração do capital próprio
- Projetar o orçamento de financiamento consolidado

O primeiro passo é estimar o quanto será necessário financiar ao longo do período orçamentário. Essa estimativa decorre predominantemente das necessidades de investimento, evidenciadas no orçamento de investimento, e das necessidades de caixa para realizar as atividades operacionais, indicadas nos orçamentos de custos produtivos, para as atividades produtivas, e de despesas operacionais, para as atividades administrativas e comerciais.

A fim de bem gerir os recursos financeiros, o valor total financiado deve ser compatível com o valor total a ser investido. Ainda que não sejam valores exatamente iguais, em função, por exemplo, de saldos de caixa excedentes ou regras determinadas nas linhas de financiamento, as quais podem estabelecer montantes específicos a serem captados, deve-se buscar a compatibilidade sempre que possível. Em adição, essa estimativa deve considerar os momentos nos quais os recursos serão necessários, evitando, dentro do possível, ociosidade de capital, o que gera custos financeiros indesejados.

Com relação à realização das atividades operacionais, talvez seja necessária a disponibilização de capital para financiá-las, sobretudo quando o ciclo financeiro indica a necessidade de financiar os clientes. Ciclo financeiro é, no exemplo de uma empresa comercial, o tempo decorrido entre o pagamento de uma mercadoria adquirida para revenda até o momento do recebimento de sua venda. Caso a empresa tenha que pagar a mercadoria antes do recebimento da venda ao cliente, é necessário que ela financie a operação por meio da disponibilização de capital de giro. Em uma empresa industrial, o conceito é bastante próximo, diferindo fundamentalmente da empresa comercial por existir um processo de transformação de matérias-primas em produtos acabados. Em empresas de serviço, alguns custos associados à prestação de serviço podem ocorrer previamente ao recebimento do serviço prestado por parte do cliente.

De toda forma, nas três situações, se os ciclos financeiros indicarem o financiamento aos clientes, essas empresas terão necessidade de capital de giro, o qual pode ser provido por recursos captados junto a credores e/ou a proprietários.

Levantadas as necessidades de financiamento, o passo seguinte é determinar as fontes de capital a serem utilizadas. Tipicamente, o financiamento é uma composição formada por fontes de capital próprio e de terceiros. Dessa forma, a decisão pode ser entendida como o estabelecimento dos montantes a serem captados junto aos proprietários da empresa e/ou credores. Em decorrência, isso representa a determinação do nível de endividamento (relação entre a dívida e o financiamento total) que a empresa objetiva. Em alguns casos, a empresa pode decidir financiar os investimentos ou sua operação utilizando somente recursos próprios. Nesse caso, seu nível de endividamento será nulo (0%), não havendo a contração de dívidas. Entretanto, a assunção de dívidas é uma decisão que pode ser tomada por parte considerável das empresas.

Em termos práticos, algumas situações limitam o uso de capital de terceiros para financiamento das empresas. Um primeiro aspecto limitador do uso de capital de terceiros é o risco associado às dívidas. Quando se incorporam dívidas, a empresa se obriga a pagar as parcelas contratualmente acordadas, independentemente dos seus resultados financeiros alcançados. Isso implica um risco de financiamento relevante para níveis de endividamentos muito altos. Além disso, deve-se considerar que algumas linhas de financiamento requerem contrapartidas mínimas de capital próprio para serem liberadas. Se assim for, não é permitido o financiamento da empresa ou de algum projeto exclusivamente com recursos de terceiros. Como último ponto limitante ao uso maior ou exclusivo de capital de terceiros, ainda que sem a pretensão de esgotar todos eles, destaca-se que algumas dívidas assumidas podem conferir aos credores certas prerrogativas decisórias junto às empresas. Tais prerrogativas, criadas a fim de reduzir o risco assumido pelos credores, podem limitar a capacidade de gerenciamento dos proprietários em suas empresas, o que restringe suas margens de decisão.

Definidas as fontes de capital, devem-se projetar os fluxos de caixa de captação dos recursos. Aqui são estimados os fluxos de caixa positivos a serem realizados ao longo do período orçamentário, tanto os oriundos dos proprietários da empresa (capital próprio) na forma de aportes quanto dos credores (capital de terceiros) na forma de empréstimos.

Projetar o fluxo de caixa de amortização das dívidas é a próxima etapa. Ela consiste basicamente em montar os quadros de amortização dos empréstimos assumidos nesse e em períodos orçamentários prévios, cujas parcelas sejam realizadas durante o período orçamentário objeto da projeção.

Vários métodos de amortização de dívidas são citados na literatura. Os métodos mais comuns de amortização de empréstimos são o Price e o SAC. O sistema de amortização Price, também conhecido como sistema francês de amortização, tem como característica principal a uniformidade das prestações pagas. Para ocorrer tal uniformidade de prestações, os juros periódicos são decrescentes, enquanto as amortizações são crescentes.

A forma de calcular a prestação é baseada no conceito de "pagamento uniforme" ou "anuidade" da matemática financeira. A partir de um valor presente (no caso, o valor emprestado), podem-se calcular as prestações uniformes ao longo de determinado período que são equivalentes ao valor presente, quando descontados a determinada taxa (taxa de juros da operação). Esse valor presente é o valor captado na forma de financiamento e as anuidades serão as prestações para amortizar a dívida e remunerar o capital do fornecedor conforme a taxa de juros estipulada.

Para calcular essas prestações, pode-se utilizar a fórmula de anuidade, apresentada nos livros de matemática financeira, ou utilizar recursos computacionais, tais como calculadoras financeiras ou planilhas eletrônicas. Na calculadora financeira HP-12C®, por exemplo, o cálculo da prestação é feito pela função PMT, após informar o valor presente (PV), a taxa de desconto (i) e a quantidade das prestações (n). Para se aprofundar nesse assunto, consulte o manual da HP-12C®. Nas demais calculadoras financeiras, deve-se consultar seus respectivos manuais. Nas planilhas eletrônicas, tais como o MS-Excel® ou o LibreOffice®, também existem funções embutidas para calcular essas prestações. Nessas planilhas eletrônicas, a função PGTO retorna o valor das prestações. A partir da prestação encontrada, podem ser calculados os juros do período, multiplicando a taxa de juros da operação pelo saldo no início do período. A diferença entre a prestação (anuidade) e os juros do período indicará quanto será a amortização do principal naquele período.

O sistema de amortização constante, como o nome sugere, implica a amortização uniforme do valor financiado ao longo do seu período de pagamento. Assim, em cada período de pagamento, a amortização será o valor principal dividido pela quantidade de prestações. Como o principal será amortizado em todos os períodos de maneira constante e uniforme, o valor dos juros será decrescente ao longo desses períodos. O valor dos juros de cada período é calculado pela multiplicação da taxa de juros da operação pelo saldo devedor no início do período. Consequentemente, a soma da amortização constante com juros decrescentes leva a prestações decrescentes.

Em seguida, os fluxos de caixa referentes à remuneração do capital próprio devem ser projetados. Tais fluxos serão estimados com base nas regras de remuneração constantes na política de dividendos da empresa. É importante ressaltar que não serão projetados necessariamente fluxos de remuneração do capital próprio, sobretudo em função de dois aspectos. O primeiro é que a distribuição de dividendos aos proprietários não é exigível, não indicando, dessa forma, obrigatoriedade de fazê-la. De modo geral, os dividendos são distribuídos aos acionistas mediante a realização de resultados financeiros suficientes para tal. Caso a empresa não gere resultados positivos, não devem ser distribuídos dividendos aos acionistas.

O outro aspecto é que a política de dividendos da empresa pode prever que a totalidade dos lucros gerados será reinvestida na própria empresa. O reinvestimento da totalidade dos lucros é justificado quando a empresa vislumbra a aceitação de projetos cujos retornos sejam suficientemente atraentes para que os lucros sejam usados como parte do seu financiamento e não para remunerar o capital dos acionistas no presente. Nesse caso, os proprietários renunciam à remuneração do seu capital no presente para auferirem remunerações maiores no futuro, decorrentes de projetos que agregam valor à empresa. Sendo assim, espera-se que a política de dividendos indique critérios claros para orientar a remuneração do capital próprio. Devem ser estipulados os critérios de formação dos dividendos, predominantemente qual será sua base de cálculo e o índice de pagamento do lucro distribuível. Em adição, também deve ser estabelecida a periodicidade do pagamento desses dividendos.

A última etapa consiste em consolidar os fluxos de caixa projetados em um único orçamento de financiamento. Nessa etapa, é fundamental perceber que podem existir fluxos de caixa de financiamento oriundos de períodos orçamentários anteriores. Caso existam, eles devem ser incorporados ao orçamento, pois, efetivamente, demandarão recursos financeiros para serem pagos. A desconsideração desses fluxos originados de períodos orçamentários anteriores no momento da projeção certamente conduzirá a diferenças substanciais entre os fluxos realizados e projetados nos momentos de revisão orçamentária, além de conduzirem a resultados realizados inferiores aos projetados.

8.6 PRODUTOS FINAIS

Três elementos básicos formam o produto final desejado do orçamento de financiamento.

O primeiro é a projeção dos fluxos de caixa oriundos da atividade de financiamento. Tal projeção deve abranger tanto a captação dos recursos originados das fontes de capital próprio e de terceiros quanto as respectivas remunerações decorrentes daquelas.

Para dar sustentação aos fluxos projetados, é interessante documentar as condições sob as quais os empréstimos foram assumidos. Portanto, como segundo elemento, é sugerido o registro das condições dos empréstimos contraídos, permitindo, nos períodos de revisão, análises devidamente subsidiadas.

O último elemento que deve compor o produto final desse orçamento é uma síntese das regras de remuneração do capital dos proprietários. Apesar de tais regras provavelmente serem constantes da política de dividendos da empresa, sua sumarização neste ponto favorece uma análise mais objetiva quando necessário.

8.7 EXEMPLOS

8.7.1 EMPRESA PRESTADORA DE SERVIÇOS

Conforme apresentado no capítulo anterior, a clínica projeta investimentos totais de R$ 32.000,00. Mesmo considerando que os fornecedores concedem prazo para o pagamento desses equipamentos, a clínica decidiu verificar alternativas de linhas de financiamento no mercado. Caso as condições de crédito e as taxas cobradas sejam atrativas, ela pode decidir captar recursos externos. Após contato com os bancos com os quais a clínica mantém relacionamento, foi decidido que seriam captados recursos de duas linhas de financiamento, cujas regras são as seguintes:

TABELA 130 - LINHAS DE FINANCIAMENTO DISPONÍVEIS

Linhas de financiamento	Tipo de amortização	Taxa de juros	Período de amortização
Linha I	Price	1,30% ao mês	5 meses
Linha II	SAC	1,20% ao mês	4 meses

A partir dos dados coletados, a clínica decidiu captar metade do total previsto para investimento (R$ 16.000,00). A outra metade dos investimentos projetados será financiada com recursos originados da própria operação da clínica. Dessa forma, em julho, serão captados R$ 9.000,00 da linha de financiamento I e, em agosto, R$ 7.000,00 da linha de financiamento II. Com isso, é necessário projetar os fluxos de caixa de entrada e de saída de cada uma dessas linhas de financiamento separadamente e, posteriormente, agregá-los.

Iniciando pela linha de financiamento I, a clínica recebe um fluxo de caixa de R$ 9.000,00 em julho. A partir das regras de amortização dessa linha de financiamento, projetam-se os seguintes fluxos de caixa de desembolso.

TABELA 131 - AMORTIZAÇÃO DA LINHA DE FINANCIAMENTO I

Meses	Saldo inicial	Prestação	Juros	Amortização	Saldo final
AGO	R$ 9.000,00	R$ 1.870,80	R$ 117,00	R$ 1.753,80	R$ 7.246,20
SET	R$ 7.246,20	R$ 1.870,80	R$ 94,20	R$ 1.776,60	R$ 5.469,59
OUT	R$ 5.469,59	R$ 1.870,80	R$ 71,10	R$ 1.799,70	R$ 3.669,89
NOV	R$ 3.669,89	R$ 1.870,80	R$ 47,71	R$ 1.823,10	R$ 1.846,80
DEZ	R$ 1.846,80	R$ 1.870,80	R$ 24,01	R$ 1.846,80	R$ 0,00

A primeira coluna apresenta os meses nos quais os fluxos de pagamento ocorrerão e a segunda coluna mostra o saldo inicial do referido mês. Em agosto, o saldo inicial foi R$ 9.000,00, refletindo o recurso total recebido em julho. Nos demais meses, os saldos iniciais serão iguais aos saldos finais dos períodos imediatamente anteriores, constantes na última coluna. Observe, por exemplo, que, em setembro, o saldo inicial é igual ao saldo final de agosto. O saldo inicial de outubro é igual ao saldo final de setembro. E assim sucessivamente.

A terceira coluna mostra a prestação que será paga no respectivo mês. Tal prestação é a soma dos juros (quarta coluna) com o valor amortizado (quinta coluna), ambos do respectivo período. No entanto, como essa linha de financiamento é amortizada pelo sistema Price, será necessário calcular inicialmente a prestação para, em seguida, mensurar juros e amortização.

O cálculo da prestação no sistema Price é o mesmo procedimento para calcular uma anuidade equivalente a um valor presente (ambos, conceitos da matemática financeira). Utilizando-se a função PMT de uma calculadora financeira (HP 12C® ou HP 17B®, por exemplo), a função PGTO de uma planilha eletrônica (MS-Excel® ou LibreOffice®, por exemplo) ou, até mesmo, a fórmula de anuidade disponível em livros de matemática financeira, pode-se chegar a uma parcela uniforme e equivalente ao montante tomado emprestado. No caso específico, o valor do principal é R$ 9.000,00, a taxa de juros é 1,30% ao mês e o período de amortização é de cinco meses. Com esses dados, calcula-se a prestação uniforme de R$ 1.870,80. Em todos os meses, como o resultado é uniforme ao longo do período de amortização, esse mesmo fluxo de caixa é projetado na terceira coluna.

A quarta coluna apresenta os juros que foram calculados ao longo do mês de utilização do recurso financeiro. Em agosto, os juros foram calculados multiplicando-se a taxa acordada no empréstimo (1,30%) pelo recurso usado no período de julho indicado pelo saldo inicial (R$ 9.000,00). Perceba que tanto a taxa quanto o período no qual o recurso foi utilizado referem-se a um mês, havendo uma compatibilidade temporal no cálculo. Nos demais meses, os valores dessa coluna são calculados de maneira semelhante, multiplicando o respectivo saldo inicial pela taxa de juros.

A quinta coluna apresenta a amortização do principal em cada período. No sistema Price, como parte-se da prestação uniforme calculada e os juros podem ser calculados conforme apresentado no parágrafo anterior, o montante amortizado em cada período é a diferença entre a prestação (terceira coluna) e os juros (quarta coluna). No mês de agosto, por exemplo, a prestação foi R$ 1.870,80 e os juros foram R$ 117,00. Portanto, o montante amortizado foi R$ 1.753,80 (R$ 1.870,80 – R$ 117,00). Nos demais meses, o cálculo da amortização do principal se dará de forma semelhante. Como os saldos iniciais de cada período são decrescentes, observe que os juros também têm comportamento similar. Em adição, como a prestação é constante por esse método, as amortizações são crescentes.

A última coluna apresenta o saldo final em cada período. Seus resultados são calculados subtraindo-se o valor amortizado (quinta coluna) do saldo inicial do período (segunda coluna). No mês de agosto, por exemplo, o saldo final de R$ 7.246,20 foi calculado subtraindo R$ 1.753,80 (valor amortizado na quinta coluna) de R$ 9.000,00 (saldo inicial na segunda coluna). Observe o saldo final do último período (dezembro). Esse valor deve ser zero, evidenciando que a amortização do empréstimo foi integral, não restando qualquer valor a ser amortizado posteriormente.

Partindo agora para a outra linha de financiamento, cujas regras de amortização e datas de captação são diferentes, a projeção dos seus fluxos de caixa requer uma previsão separada. Essa linha de financiamento, amortizada pelo método SAC, indica que em agosto serão recebidos R$ 7.000,00 pela clínica. A partir de setembro, as prestações de pagamento são projetadas, conforme tabela a seguir.

TABELA 132 - AMORTIZAÇÃO DA LINHA DE FINANCIAMENTO II

Meses	Saldo inicial	Prestação	Juros	Amortização	Saldo final
SET	R$ 7.000,00	R$ 1.834,00	R$ 84,00	R$ 1.750,00	R$ 5.250,00
OUT	R$ 5.250,00	R$ 1.813,00	R$ 63,00	R$ 1.750,00	R$ 3.500,00
NOV	R$ 3.500,00	R$ 1.792,00	R$ 42,00	R$ 1.750,00	R$ 1.750,00
DEZ	R$ 1.750,00	R$ 1.771,00	R$ 21,00	R$ 1.750,00	R$ 0,00

A estrutura dessa tabela é semelhante à estrutura apresentada na linha de financiamento anterior. No entanto, a lógica de formação dos fluxos de caixa será diferente, conforme explicação que se segue. A primeira coluna apresenta os períodos (meses, no caso). A segunda coluna apresenta os saldos iniciais, cujos cálculos são semelhantes aos da amortização anterior (o saldo inicial de um período é igual ao saldo final do período imediatamente anterior, sendo o saldo inicial do primeiro período igual ao montante captado no empréstimo).

A terceira coluna também apresenta a prestação a ser paga em cada período. No caso da amortização pelo método SAC, ela não será calculada antecipadamente ao cálculo dos juros e da amortização, motivo pelo qual somente após os cálculos dos juros e da amortização é que será possível calcular a prestação pela soma daqueles (respectivamente, colunas quatro e cinco).

A quarta coluna apresenta os juros que são calculados multiplicando a taxa do empréstimo (1,20% ao mês, no exemplo) pelo saldo inicial do respectivo período.

A quinta coluna indica a amortização do principal emprestado. Nesse ponto é que se implementa diretamente o método de amortização SAC. Como o nome aponta, a amortização é constante (uniforme) em todos os períodos. Logo, em cada período, o valor amortizado será o valor principal emprestado (R$ 7.000,00, no exemplo) dividido pela quantidade de períodos de amortização (quatro meses, no exemplo). Assim, em cada período, será amortizado o valor de R$ 1.750,00 (R$ 7.000,00 / 4).

A sexta coluna, similar à amortização pelo sistema Price, revela a diferença entre o saldo inicial do período (segunda coluna) e o valor amortizado no mesmo período (quinta coluna).

Com tais explicações, nota-se que a projeção dos fluxos de caixa de uma amortização pelo sistema SAC inicia-se pelo cálculo das amortizações (quinta coluna). Em seguida, são calculados os juros de cada período (quarta coluna). A partir desses dois valores calculados, pode-se calcular a prestação (terceira coluna) pela soma dos juros e da amortização. Com esses elementos, calcula-se o saldo final do período, que será o saldo inicial do período seguinte.

Tome como exemplo ilustrativo o mês de setembro. Sabe-se que a amortização nesse mês é R$ 1.750,00, pois o valor emprestado foi R$ 7.000, a ser amortizado em quatro períodos (R$ 1.750,00 = R$ 7.000,00 / 4). Em seguida, os juros são calculados pela multiplicação da taxa de juros pelo saldo inicial (R$ 84,00 = 1,20% x R$ 7.000,00). Posteriormente, a prestação é calculada pela soma dos juros e amortização (R$ 1.834,00 = R$ 84,00 + R$ 1.750,00). Assim, o saldo final de setembro será R$ 5.250,00 (R$ 7.000,00 − R$ 1.750,00).

Esses exemplos, com o auxílio dos gráficos a seguir, permitem visualizar o que foi comentado na parte teórica.

FIGURA 11 - AMORTIZAÇÃO PRICE

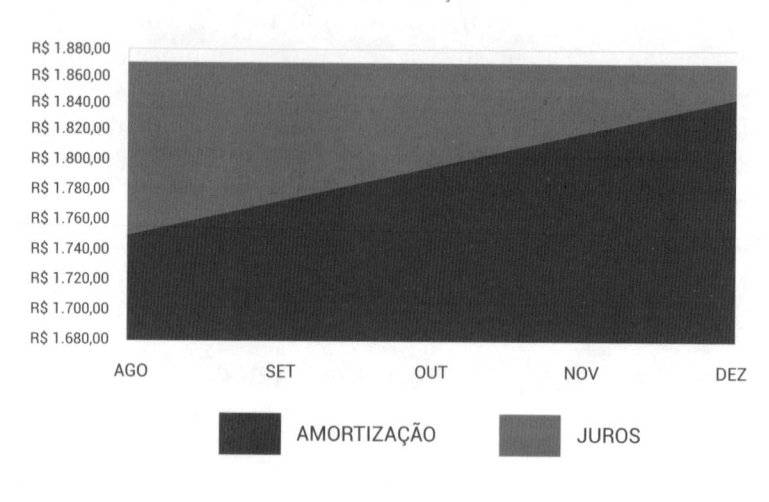

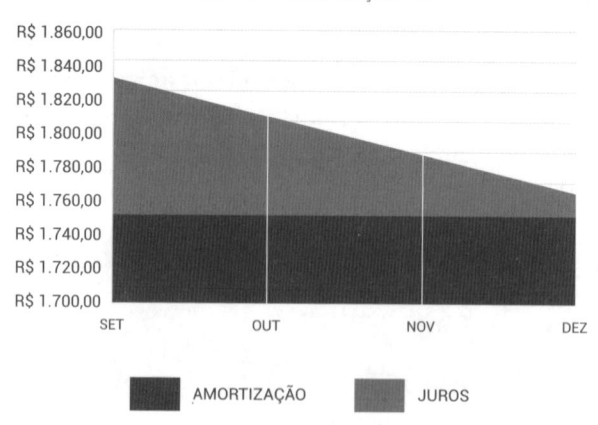

FIGURA 12 - AMORTIZAÇÃO SAC

As prestações da amortização pelo método Price são uniformes. Para tanto, as amortizações são crescentes e os juros decrescentes. Já as prestações pelo método SAC são decrescentes, pois a amortização é uniforme e os juros decrescentes.

Por fim, os dois fluxos de caixa devem ser agregados, de maneira a permitir a projeção dos fluxos de caixa de financiamento da empresa. A tabela a seguir resume esses fluxos de caixa.

TABELA 133 - FLUXO DE CAIXA DE FINANCIAMENTO PROJETADO

Meses	JUL	AGO	SET	OUT	NOV	DEZ	TOTAL
Entradas	R$ 9.000,00	R$ 7.000,00	R$ 0,00	R$ 0,00	R$ 0,00	R$ 0,00	R$ 16.000,00
Linha I	R$ 9.000,00						R$ 9.000,00
Linha II		R$ 7.000,00					R$ 7.000,00
Saídas	R$ 0,00	R$ 1.870,80	R$ 3.704,80	R$ 3.683,80	R$ 3.662,80	R$ 3.641,80	R$ 16.564,02
Amortização	R$ 0,00	R$ 1.753,80	R$ 3.526,60	R$ 3.549,70	R$ 3.573,10	R$ 3.596,80	R$ 16.000,00
Juros	R$ 0,00	R$ 117,00	R$ 178,20	R$ 134,10	R$ 89,71	R$ 45,01	R$ 564,02

8.7.2 EMPRESA COMERCIAL

A empresa é financiada integralmente por recursos próprios, indicando que não há dívidas a serem saldadas. Todavia, seus proprietários requerem a remuneração pelo capital próprio aportado para sua estruturação e funcionamento. Sendo assim, deve ser prevista a remuneração do capital próprio, na forma de distribuição de dividendos.

Os gestores definiram que a distribuição de dividendos se dará trimestralmente nos meses de março, junho, setembro e dezembro. Foi estabelecido que essas distribuições refletiriam os resultados alcançados pela empresa em cada trimestre, incluindo as atividades operacionais e os investimentos requeridos. Desse resultado, foi estipulado que 80,00% (oitenta por cento) seriam distribuídos aos proprietários e os 20,00% (vinte por cento) remanescentes seriam mantidos na empresa para reinvestimentos futuros. Com essas informações, podem-se projetar os desembolsos para distribuição de dividendos.

Em março, foi prevista a distribuição de R$ 81.120. Esse valor foi calculado multiplicando-se o percentual de distribuição aos proprietários (80,00%) pelo resultado descrito acumulado do primeiro trimestre. Tal resultado é sintetizado na tabela a seguir.

TABELA 134 - BASE DE CÁLCULO PARA DIVIDENDOS NO PRIMEIRO TRIMESTRE

FLUXOS	JAN	FEV	MAR
OPERACIONAL	-R$ 71.305,00	R$ 105.710,00	R$ 76.996,00
INVESTIMENTOS	R$ 0,00	-R$ 10.000,00	R$ 0,00

De janeiro a março, o resultado operacional acumulado foi de R$ 111.401. Nesse mesmo período, foi necessário investir R$ 10.000. Dessa forma, a base de cálculo os dividendos é R$ 101.401 e os dividendos distribuídos serão R$ 81.120 (R$ 101.401 x 0,80). Para as demais distribuições trimestrais, o raciocínio se repete. A tabela a seguir mostra isso.

TABELA 135 - BASES DE CÁLCULO PARA DISTRIBUIÇÃO DE DIVIDENDOS NOS DEMAIS TRIMESTRES

FLUXOS	ABR	MAI	JUN	JUL	AGO	SET	OUT	NOV	DEZ
OPERACIONAL	R$ 21.251	R$ 54.967	R$ 34.589	R$ 30.837	R$ 69.115	R$ 44.105	R$ 47.852	R$ 35.879	R$ 19.147
INVESTIMENTOS	-R$ 2.500	R$ 0	-R$ 25.000	-R$ 25.000	-R$ 60.000	R$ 15.000	R$ 0	R$ 0	R$ 0
RESULTADO TRIMESTRAL	R$ 83.307			R$ 74.057			R$ 102.877		
DIVIDENDOS	R$ 66.645			R$ 59.246			R$ 82.302		

As duas primeiras linhas apontam respectivamente os resultados operacional e de investimento em cada mês. A terceira linha exibe o resultado trimestral, conforme definido para fins de distribuição de dividendos. A última linha mostra o cálculo das distribuições de dividendos no fim de cada trimestre, pela multiplicação entre 80,00% e o respectivo resultado trimestral projetado.

Ressalte-se que esse percentual de retenção do resultado na empresa, possivelmente, seja reflexo da baixa necessidade de investimentos previstos durante esse período orçamentário. Em empresas que requeiram um nível acentuado de investimentos, pode haver uma tendência a aumentar o percentual do resultado retido na empresa, acarretando redução da parte distribuída aos proprietários.

Outra observação pertinente foi a base de cálculo adotada, incluindo fluxos de caixa derivados das atividades operacional e de investimento. A justificativa é que, no futuro, os resultados operacionais serão mantidos ou ampliados, parcialmente em função dos investimentos produtivos realizados atualmente. Assim, a consideração única dos resultados operacionais, desprezados os investimentos necessários, reflete o que se conseguiu no passado, mas negligencia o que será necessário para garantir geração de caixa no futuro. Tal regra, portanto, visa a distribuir dividendos atualmente, sem comprometer a capacidade futura de geração de caixa.

8.7.3 EMPRESA INDUSTRIAL

Inicialmente, a empresa industrial não prevê necessidade de financiar suas atividades, motivo pelo qual nesse ponto não será feita projeção de captação e posterior pagamento de recursos de terceiros. No entanto, de forma a permitir recomposições rápidas de caixa quando necessário, a empresa negociou com o banco com o qual ela mantém relacionamento uma linha de crédito de capital de giro. Nessa linha, o recurso captado em um mês deve ser devolvido no mês seguinte acrescido de juros de 2,00% ao mês. Logo, caso haja expectativa de saldo negativo de caixa, indicando necessidade de capital de giro, a empresa pode automaticamente lançar mão dessa linha de crédito, nessas condições.

Tais necessidades de capital de giro somente poderão ser observadas após a consolidação do orçamento, na qual constarão os saldos finais de caixa. A consolidação dos orçamentos é assunto do próximo capítulo.

ORÇAMENTO CONSOLIDADO

9.1 INTRODUÇÃO

Os orçamentos de receitas operacionais, custos produtivos, despesas operacionais, investimentos e financiamentos apresentados nos capítulos precedentes refletem financeiramente todas as atividades desempenhadas pela empresa durante o período orçamentário. Os esforços dos centros de responsabilidade foram empreendidos com a perspectiva de refletir as atividades operacionais, de investimentos e de financiamentos em fluxos de caixa.

Contudo, tais fluxos de caixa foram elaborados de maneira isolada pelos centros de responsabilidade. Com isso, é necessário consolidá-los, de forma que se possa gerar um orçamento único para a empresa como um todo ou, de acordo com certas necessidades, orçamentos abrangendo determinadas áreas.

O presente capítulo se dedica a apresentar a consolidação dos orçamentos, a fim de permitir ao leitor a compreensão dessa importante etapa antes da execução das análises orçamentárias.

9.2 OBJETIVOS

Os orçamentos projetados anteriormente refletem todas as atividades previstas da empresa que evidenciam tanto entradas quanto saídas de caixa durante o período orçamentário. Sendo assim, espera-se que esses orçamentos abranjam todos os fluxos de caixa que ocorrerão ao longo do período orçamentário, em decorrência do funcionamento operacional da empresa e de suas necessidades de investimentos e financiamentos.

O ponto a ser destacado é que os orçamentos foram elaborados por centros de responsabilidades distintos, os quais receberam atribuições de orçar diferentes contas orçamentárias de forma quase isolada dos demais. Tais orçamentos parciais fazem parte de um todo e precisam ser consolidados, a fim de ser construído um orçamento único que contemple a empresa completamente.

Dessa forma, o objetivo da consolidação é montar o orçamento global da empresa, a partir da projeção dos orçamentos parciais. O orçamento global deve, então, contemplar entradas e saídas de caixa ao longo do período orçamentário, permitindo verificar os resultados projetados em cada período, assim como os saldos finais.

Apesar de permitir a visualização completa do orçamento da empresa, com seus resultados esperados, a consolidação também pode ser feita por unidades dentro da empresa. Caso a empresa tenha uma estrutura organizacional complexa, composta por várias unidades de negócio, talvez seja importante analisar os resultados por unidade de negócio, consolidando os orçamentos pertinentes a apenas uma unidade ou a um conjunto de unidades de negócio.

9.3 CENTROS DE RESPONSABILIDADE ENVOLVIDOS

De modo geral, a consolidação dos orçamentos parciais é atribuição da equipe responsável pelo orçamento. Ela procederá à agregação dos orçamentos coletados dos centros de responsabilidade, de forma a gerar um orçamento global para a empresa, o qual servirá de referência para a execução orçamentária.

Os demais centros de responsabilidade, após realizadas suas respectivas tarefas de projeção dos dados, em condições normais, não têm atribuições na fase de consolidação dos dados. Exceção a isso ocorre se houver alguma dúvida ou inconsistência observada nos valores projetados, o que pode provocar solicitações de esclarecimentos e, no limite, o refazimento de algumas partes do orçamento.

A alta administração participa dessa fase para homologar o orçamento consolidado, cabendo a ela a responsabilidade maior de aprová-lo. Evidentemente, tal aprovação decorre de uma análise pormenorizada dos fluxos de caixa projetados e, consequentemente, dos resultados previstos. A alta administração tem a prerrogativa de indicar as alterações orçamentárias com o objetivo principal de buscar melhores resultados financeiros.

9.4 FONTES DE DADOS

Basicamente, a consolidação do orçamento utilizará os orçamentos coletados nos centros de responsabilidade. Esses dados devem estar disponíveis no sistema informatizado de orçamento ou em planilhas eletrônicas criadas com esse intuito. Caso os dados tenham sido coletados em um sistema informatizado, provavelmente a consolidação do orçamento global será automática. O sistema pode agregar os fluxos de caixa projetados por cada centro de responsabilidade em um único fluxo de caixa para a empresa ou em fluxos de caixa agregados por unidades de negócio ou departamentos, a depender das necessidades de análise. Se assim for, o esforço de consolidação nesse momento é mínimo. O sistema informatizado os agrega e apresenta com pouca intervenção da equipe de orçamento.

Quando, por outro lado, os dados tiverem sido coletados em planilhas eletrônicas, nesse ponto será necessário um esforço de consolidação. A equipe de orçamento deverá coletar todas as planilhas e as importar para uma única planilha que será o orçamento global da empresa. Tal atividade, além de ser bastante trabalhosa, favorece o surgimento de erros, principalmente se esse processo não for automatizado por algum tipo de programação. Além disso, pode ocorrer involuntariamente o esquecimento de contemplar alguma planilha.

9.5 MÉTODOS DE PROJEÇÃO

O método empregado nessa etapa consiste basicamente em agregar os orçamentos parciais em um único orçamento global. A maior parte do esforço conceitual de projeção foi elaborada nos orçamentos anteriores, restando agora sua consolidação global.

Entretanto, nesse momento, é fundamental observar dois aspectos. O primeiro é a verificação da consistência dos valores projetados quando analisados em conjunto. É possível que a equipe responsável pelo orçamento identifique algum tipo de inconsistência, principalmente se fizer a comparação com orçamentos passados. Dito isso, a consolidação não deve ser considerada tão somente uma junção de orçamentos, mas um momento oportuno para verificar a consistência dos valores orçados, antes de proceder às análises devidas e apresentar à alta administração.

O outro aspecto importante a respeito da consolidação dos orçamentos é a geração de novas informações, as quais somente serão viabilizadas após a consolidação. Com os fluxos de caixa parciais, certas informações não são evidenciadas, o que requer a agregação de todos os orçamentos para permitir uma análise completa pela incorporação de novos elementos.

Um exemplo é o cálculo do imposto de renda, quando a empresa for tributada pelo lucro real. A base de cálculo desse imposto é o LAIR (Lucro Antes do Imposto de Renda), cuja formação envolve os fluxos de caixa completos da empresa. Quando, em determinado período, a empresa não apresenta lucro, ela não recolhe imposto de renda. Caso o LAIR seja positivo, ela deverá recolher imposto de renda, que é calculado multiplicando o LAIR pela alíquota vigente. Portanto, o imposto de renda a recolher deve ser estimado tomando por base o orçamento global, e não somente suas partes isoladas. A base de cálculo adequada somente será calculada quando todos os fluxos de caixa forem projetados, incluindo os relacionados ao pagamento de juros da dívida, uma vez que esses são redutores da base de cálculo do imposto de renda.

Outro exemplo de informação permitida após a consolidação do orçamento global é a necessidade de financiamento para capital de giro. Capital de giro é o investimento que se faz necessário para permitir o funcionamento operacional da empresa. É uma parcela de capital que deve ser disponibilizada à empresa de maneira que ela possa financiar eventuais necessidades de caixa, derivadas de um ciclo de caixa que requeira financiamento, e possa realizar suas atividades operacionais plenamente. As necessidades de capital de giro somente serão percebidas a partir do orçamento global da empresa. Sem essa visão consolidada, não é possível estimar o quanto será necessário de capital de giro, tampouco projetar as fontes de capital para fazer frente a essa necessidade.

A estimativa se dá pela previsão dos saldos finais em cada período, tomando por base o saldo inicial esperado no início do orçamento. Caso sejam previstos saldos finais negativos em quaisquer períodos, tem-se a indicação da necessidade de prover capital de giro para não haver falta de caixa durante a execução do orçamento nem interrupção das atividades por falta de caixa.

O valor da necessidade de capital de giro é o montante que conduz a saldos finais não negativos. Esse valor, logo, é o mesmo valor do saldo final projetado mais negativo durante o período orçamentário. Disponibilizando esse montante como capital de giro, em nenhum período será esperado saldo negativo e, portanto, a operação poderá ser realizada a contento.

O que se deve observar, no entanto, é que esse recurso financeiro pode não ser necessário completamente no momento inicial da execução orçamentária. Recordando o que se comentou sobre a compatibilidade temporal que deve ser buscada entre investimento e financiamento, caso seja disponibilizado capital de giro muito antes de sua real utilização, a empresa incorrerá em custo financeiro desnecessário, pois esse capital, que tem custo para sua disponibilização, ficará ocioso durante certo período. Se assim for, o orçamento deve indicar que esse capital de giro deverá ser incorporado nos períodos em que, efetivamente, ele seja necessário, proporcionando uso mais racional dos recursos, minimizando a ociosidade do capital e favorecendo melhores resultados financeiros.

9.6 PRODUTOS FINAIS

Ao consolidar os orçamentos, o produto final pode abranger dois elementos. O primeiro é o orçamento de cada departamento ou unidade de negócio. Com isso, podem ser realizadas análises setoriais, com informações importantes sobre os seus desempenhos. O outro elemento é o orçamento global da empresa, por meio do qual podem ser estimados os resultados esperados da empresa durante o período orçamentário. Em ambos os casos, podem ser necessárias notas explicativas ou até mesmo textos mais extensos tecendo comentários pertinentes ao entendimento dos resultados.

O orçamento global servirá de referência para a execução orçamentária, sendo o elemento de comparação com os resultados observados na execução orçamentária. Quando das revisões periódicas estabelecidas no cronograma, o orçamento global será usado para permitir as comparações entre os fluxos de caixa realizado e projetado.

Evidentemente, tais comparações também serão realizadas por centro de responsabilidade. Isso é interessante para averiguar o quão precisas foram as estimativas e, não menos importante, como e em que medida esses centros estão contribuindo para os resultados da empresa.

9.7 EXEMPLOS

9.7.1 EMPRESA PRESTADORA DE SERVIÇOS

Nesse ponto, finalizados todos os orçamentos parciais, é possível consolidá-los em um único fluxo de caixa, refletindo o planejamento orçamentário para os doze meses. A tabela seguinte registra essa consolidação.

TABELA 136 – ORÇAMENTO CONSOLIDADO PROJETADO

Contas	JAN	FEV	MAR	ABR	MAI	JUN
Receitas operacionais	R$ 154.750	R$ 154.750	R$ 131.800	R$ 131.800	R$ 154.750	R$ 154.750
Atendimento clínico	R$ 80.000	R$ 80.000	R$ 72.000	R$ 72.000	R$ 80.000	R$ 80.000
Cirurgia I	R$ 32.500	R$ 32.500	R$ 26.000	R$ 26.000	R$ 32.500	R$ 32.500

(CONTINUA)

(CONTINUAÇÃO)

Cirurgia II	R$ 21.250	R$ 21.250	R$ 17.000	R$ 17.000	R$ 21.250	R$ 21.250
Cirurgia III	R$ 21.000	R$ 21.000	R$ 16.800	R$ 16.800	R$ 21.000	R$ 21.000
Custos produtivos	R$ 102.157	R$ 102.157	R$ 90.174	R$ 90.174	R$ 102.157	R$ 102.157
Matérias-primas	R$ 70.723	R$ 70.723	R$ 62.708	R$ 62.708	R$ 70.723	R$ 70.723
MOD	R$ 29.684	R$ 29.684	R$ 25.716	R$ 25.716	R$ 29.684	R$ 29.684
CIP	R$ 1.750	R$ 1.750	R$ 1.750	R$ 1.750	R$ 1.750	R$ 1.750
Despesas operacionais	R$ 24.050	R$ 37.436	R$ 37.436	R$ 43.924	R$ 35.451	R$ 37.436
Despesas fixas	R$ 24.050	R$ 24.050	R$ 24.050	R$ 24.050	R$ 24.050	R$ 24.050
Despesas variáveis	R$ 0	R$ 13.386	R$ 13.386	R$ 19.874	R$ 11.401	R$ 13.386
Investimentos	R$ 0	R$ 0	R$ 0	R$ 0	R$ 0	R$ 0
Financiamento – entrada	R$ 0	R$ 0	R$ 0	R$ 0	R$ 0	R$ 0
Financiamento – saída	R$ 0	R$ 0	R$ 0	R$ 0	R$ 0	R$ 0

Contas	JUL	AGO	SET	OUT	NOV	DEZ
Receitas operacionais	R$ 101.800	R$ 131.800	R$ 154.750	R$ 154.750	R$ 154.750	R$ 101.800
Atendimento clínico	R$ 64.000	R$ 72.000	R$ 80.000	R$ 80.000	R$ 80.000	R$ 64.000
Cirurgia I	R$ 16.250	R$ 26.000	R$ 32.500	R$ 32.500	R$ 32.500	R$ 16.250
Cirurgia II	R$ 11.050	R$ 17.000	R$ 21.250	R$ 21.250	R$ 21.250	R$ 11.050
Cirurgia III	R$ 10.500	R$ 16.800	R$ 21.000	R$ 21.000	R$ 21.000	R$ 10.500
Custos produtivos	R$ 76.401	R$ 90.174	R$ 102.157	R$ 102.157	R$ 102.157	R$ 76.401
Matérias-primas	R$ 53.831	R$ 62.708	R$ 70.723	R$ 70.723	R$ 70.723	R$ 53.831
MOD	R$ 20.821	R$ 25.716	R$ 29.684	R$ 29.684	R$ 29.684	R$ 20.821
CIP	R$ 1.750	R$ 1.750	R$ 1.750	R$ 1.750	R$ 1.750	R$ 1.750
Despesas operacionais	R$ 45.909	R$ 32.856	R$ 35.451	R$ 44.892	R$ 37.436	R$ 37.436
Despesas fixas	R$ 24.050	R$ 24.050	R$ 24.050	R$ 24.050	R$ 24.050	R$ 24.050
Despesas variáveis	R$ 21.859	R$ 8.806	R$ 11.401	R$ 20.842	R$ 13.386	R$ 13.386
Investimentos	R$ 12.500	R$ 7.500	R$ 6.000	R$ 6.000	R$ 0	R$ 0
Financiamento – entrada	R$ 9.000	R$ 7.000	R$ 0	R$ 0	R$ 0	R$ 0
Financiamento – saída	R$ 0	R$ 1.871	R$ 3.705	R$ 3.684	R$ 3.663	R$ 3.642

A primeira coluna apresenta as contas orçamentárias. Utilizou-se a ordem adotada na apresentação dos orçamentos, o que reflete bem, na maioria das situações, a sua ordem de elaboração e uma sequência lógica de montagem (fluxos das atividades operacionais, das atividades de investimento e das atividades de financiamento). As demais colunas representam os períodos determinados no planejamento orçamentário. No exemplo, um período total de doze meses, divididos mensalmente.

A segunda linha (Receitas operacionais) apresenta as receitas operacionais derivadas da prestação dos serviços. Ela é uma conta sintética que totaliza as quatro linhas imediatamente abaixo dela. Tais valores são oriundos do orçamento de receitas operacionais.

Os valores da linha Custos produtivos vêm do orçamento de custos produtivos e são compostos pela soma dos valores projetados relacionados a matérias-primas, à mão de obra direta e aos custos indiretos.

As despesas operacionais (décima primeira linha) são compostas pelas despesas de natureza fixa e variável, cujos valores foram coletados dos orçamentos de despesas operacionais. No orçamento, esses elementos não tiveram apresentadas as contas analíticas que os compõem. Caso houvesse necessidade desse maior nível de detalhamento, essas contas poderiam ter sido acrescentadas. As três últimas linhas tiveram seus valores advindos dos orçamentos de investimento e de financiamento.

Nesse momento, deve-se observar se há necessidade de projetar outros fluxos de caixa derivados da consolidação dos orçamentos. Em algumas situações, somente após essa consolidação podem ser estimados outros fluxos de caixa. No presente exemplo, não foram identificadas necessidades remanescentes de projeção após a visão geral do fluxo de caixa.

O passo seguinte é mensurar os resultados da empresa para esse período orçamentário. No exemplo, são apresentados os resultados operacional e total. O resultado operacional representa os fluxos de caixa líquidos gerados unicamente pelas atividades operacionais da empresa, sendo restritos, assim, às receitas operacionais, aos custos produtivos e às despesas operacionais. O resultado total, por sua vez, refere-se ao fluxo de caixa líquido abrangendo todas as movimentações financeiras em cada período, independentemente de os fluxos de caixa serem de natureza operacional (ligados à atividade principal da empresa) ou de natureza não operacional (tais como investimentos e financiamentos).

Esses dois resultados são apresentados a seguir, a partir do fluxo de caixa projetado. A primeira linha apresenta os resultados operacionais (receitas operacionais menos custos produtivos menos despesas operacionais). A segunda linha apresenta os resultados totais, de todos os fluxos de caixa em cada período (resultado operacional menos investimentos mais entradas de financiamento menos saídas de financiamento).

TABELA 137 - RESULTADOS PROJETADOS

Contas	JAN	FEV	MAR	ABR	MAI	JUN
Resultado operacional	R$ 28.543	R$ 15.157	R$ 4.190	(R$ 2.298)	R$ 17.142	R$ 15.157
Resultado total	R$ 28.543	R$ 15.157	R$ 4.190	(R$ 2.298)	R$ 17.142	R$ 15.157

Contas	JUL	AGO	SET	OUT	NOV	DEZ
Resultado operacional	(R$ 20.510)	R$ 8.770	R$ 17.142	R$ 7.701	R$ 15.157	(R$ 12.037)
Resultado total	(R$ 24.010)	R$ 6.399	R$ 7.438	(R$ 1.983)	R$ 11.494	(R$ 15.679)

No exemplo, ao longo dos primeiros seis meses, tanto o resultado operacional quanto o total foram idênticos. Isso ocorreu porque, nesse ínterim, não houve movimentação das contas não operacionais (investimentos e financiamentos). A partir de julho, com o início dos fluxos de caixa de financiamento e de investimento, os resultados começam a diferir entre si.

Outros resultados, agregando diferentes categorias de fluxos de caixa, podem ser calculados. Isso depende eminentemente dos propósitos da análise e das características da empresa. Dessa forma, ao gestor cabe identificar quais informações são pertinentes e, consequentemente, que resultados são passíveis de análise.

Por fim, deve-se considerar o saldo inicial do período orçamentário, de modo a estimar os saldos finais em cada período intermediário a partir dos resultados totais projetados. Uma função predominante da projeção desses saldos é identificar momentos nos quais o saldo será excessivo, permitindo fazer investimentos em ativos fixos ou financeiros ou distribuir lucros aos proprietários. Igualmente importante é antecipar períodos nos quais os saldos previstos são negativos, quando são necessárias ações para recompor o caixa, tais como resgate de aplicações financeiras, antecipação de recebíveis, postergação de desembolsos ou captação de recursos externos.

Admitindo, por exemplo, que o saldo inicial de caixa no início do período orçamentário seja R$ 35.000,00, os saldos projetados no fim de cada mês do orçamento são dados na tabela a seguir.

TABELA 138 - SALDOS PROJETADOS

Contas	JAN	FEV	MAR	ABR	MAI	JUN
Saldo inicial	R$ 35.000	R$ 63.543	R$ 78.700	R$ 82.890	R$ 80.592	R$ 97.735
Receitas operacionais	R$ 154.750	R$ 154.750	R$ 131.800	R$ 131.800	R$ 154.750	R$ 154.750
Custos produtivos	R$ 102.157	R$ 102.157	R$ 90.174	R$ 90.174	R$ 102.157	R$ 102.157
Despesas operacionais	R$ 24.050	R$ 37.436	R$ 37.436	R$ 43.924	R$ 35.451	R$ 37.436
Investimentos	R$ 0	R$ 0	R$ 0	R$ 0	R$ 0	R$ 0
Financiamento - entrada	R$ 0	R$ 0	R$ 0	R$ 0	R$ 0	R$ 0
Financiamento – saída	R$ 0	R$ 0	R$ 0	R$ 0	R$ 0	R$ 0
Saldo final	R$ 63.543	R$ 78.700	R$ 82.890	R$ 80.592	R$ 97.735	R$ 112.892

Contas	JUL	AGO	SET	OUT	NOV	DEZ
Saldo inicial	R$ 112.892	R$ 88.882	R$ 95.281	R$ 102.719	R$ 100.736	R$ 112.230
Receitas operacionais	R$ 101.800	R$ 131.800	R$ 154.750	R$ 154.750	R$ 154.750	R$ 101.800
Custos produtivos	R$ 76.401	R$ 90.174	R$ 102.157	R$ 102.157	R$ 102.157	R$ 76.401
Despesas operacionais	R$ 45.909	R$ 32.856	R$ 35.451	R$ 44.892	R$ 37.436	R$ 37.436
Investimentos	R$ 12.500	R$ 7.500	R$ 6.000	R$ 6.000	R$ 0	R$ 0
Financiamento - entrada	R$ 9.000	R$ 7.000	R$ 0	R$ 0	R$ 0	R$ 0
Financiamento – saída	R$ 0	R$ 1.871	R$ 3.705	R$ 3.684	R$ 3.663	R$ 3.642
Saldo final	R$ 88.882	R$ 95.281	R$ 102.719	R$ 100.736	R$ 112.230	R$ 96.551

Na tabela anterior, perceba que foram apresentadas somente as contas sintéticas, a fim de facilitar a visualização dos saldos intermediários (o que não impede, naturalmente, de serem mostradas todas as contas se assim for necessário). No início do período, o saldo inicial é R$ 35.000,00. No fim do primeiro mês, o saldo final projetado é R$ 63.543, resultante do saldo inicial mais as receitas operacionais, menos os custos produtivos, menos as despesas operacionais, menos os investimentos mais as entradas de financiamento e menos as saídas de financiamento. O saldo final de janeiro é transportado para o saldo inicial de fevereiro, ao qual são feitas as mesmas operações descritas anteriormente para estimar o saldo final. Isso se repete até o último período projetado (dezembro, no caso).

Observe que, em nenhum período, o saldo final é negativo. Logo, não se indica a necessidade de captar recursos financeiros ou quaisquer outras ações com o objetivo de recompor o saldo de caixa. O gráfico a seguir permite a visualização dos saldos finais projetados.

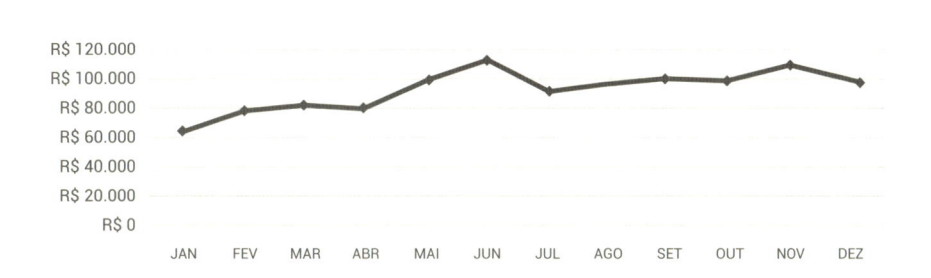

FIGURA 13 - SALDOS PROJETADOS

9.7.2 EMPRESA COMERCIAL

Nesse ponto, a empresa comercial deverá consolidar todos os orçamentos parciais e gerar o seu orçamento completo. Agregando os orçamentos de receitas, custos e despesas operacionais aos orçamentos de investimento e de financiamento, tem-se a seguinte tabela.

TABELA 139 - FLUXO DE CAIXA PROJETADO

FLUXO OPERACIONAL	JAN	FEV	MAR	ABR	MAI	JUN	JUL	AGO	SET	OUT	NOV	DEZ
RECEITAS OPERACIONAIS	R$ 190.757	R$ 600.245	R$ 649.082	R$ 639.802	R$ 681.060	R$ 655.791	R$ 650.447	R$ 687.611	R$ 675.227	R$ 682.889	R$ 694.396	R$ 682.022
LINHA I	R$ 62.252	R$ 133.991	R$ 126.449	R$ 111.225	R$ 134.644	R$ 136.913	R$ 131.454	R$ 137.085	R$ 134.365	R$ 131.401	R$ 131.687	R$ 136.820
LINHA II	R$ 128.505	R$ 144.143	R$ 147.245	R$ 139.951	R$ 141.257	R$ 132.209	R$ 138.760	R$ 148.269	R$ 145.382	R$ 144.937	R$ 140.345	R$ 141.750
LINHA III	R$ 0	R$ 30.748	R$ 64.918	R$ 99.224	R$ 99.890	R$ 99.201	R$ 96.882	R$ 98.951	R$ 96.697	R$ 99.131	R$ 98.645	R$ 98.334
LINHA IV	R$ 0	R$ 257.893	R$ 243.737	R$ 227.258	R$ 240.814	R$ 216.515	R$ 220.035	R$ 245.940	R$ 239.627	R$ 242.829	R$ 253.703	R$ 232.229
LINHA V	R$ 0	R$ 33.471	R$ 66.734	R$ 62.145	R$ 64.454	R$ 70.952	R$ 63.316	R$ 57.364	R$ 59.156	R$ 64.592	R$ 70.016	R$ 72.889
DESPESAS DE PESSOAL	R$ 52.138	R$ 47.562	R$ 48.707	R$ 49.118	R$ 49.488	R$ 57.621	R$ 53.110	R$ 48.763	R$ 48.530	R$ 48.121	R$ 72.093	R$ 71.982
SALÁRIOS	R$ 33.550	R$ 33.550	R$ 33.550	R$ 33.550	R$ 33.550	R$ 33.550	R$ 33.550	R$ 33.550	R$ 33.550	R$ 33.550	R$ 33.550	R$ 33.550
FÉRIAS	R$ 3.449	R$ 0	R$ 726	R$ 1.089	R$ 1.089	R$ 0	R$ 3.812	R$ 545	R$ 363	R$ 0	R$ 0	R$ 0
13 SALÁRIO	R$ 0	R$ 0	R$ 0	R$ 0	R$ 0	R$ 0	R$ 0	R$ 0	R$ 0	R$ 0	R$ 16.775	R$ 16.775
FGTS	R$ 2.960	R$ 2.684	R$ 2.742	R$ 2.771	R$ 2.771	R$ 2.684	R$ 2.989	R$ 2.728	R$ 2.713,00	R$ 2.684	R$ 4.026	R$ 4.026
INSS	R$ 7.400	R$ 6.710	R$ 6.855	R$ 6.928	R$ 6.928	R$ 6.710	R$ 7.472	R$ 6.819	R$ 6.783	R$ 6.710	R$ 10.065	R$ 10.065
VALES TRANSPORTES	R$ 360	R$ 306	R$ 378	R$ 360	R$ 360	R$ 387	R$ 426	R$ 368	R$ 368	R$ 387	R$ 387	R$ 348
VALES REFEIÇÃO	R$ 720	R$ 612	R$ 756	R$ 720	R$ 720	R$ 720	R$ 792	R$ 684	R$ 684	R$ 720	R$ 720	R$ 648
PLANO DE SAÚDE	R$ 3.700	R$ 3.700	R$ 3.700	R$ 3.700	R$ 4.070	R$ 4.070	R$ 4.070	R$ 4.070	R$ 4.070	R$ 4.070	R$ 4.070	R$ 4.070
TREINAMENTO	R$ 0	R$ 0	R$ 0	R$ 0	R$ 0	R$ 9.500	R$ 0	R$ 0	R$ 0	R$ 0	R$ 2.500	R$ 2.500
DESPESAS ADMINISTRATIVAS	R$ 13.408	R$ 13.408	R$ 14.408	R$ 13.526	R$ 13.526	R$ 13.526	R$ 14.026	R$ 13.526	R$ 13.526	R$ 13.526	R$ 13.526	R$ 13.526
ALUGUEL	R$ 2.500	R$ 2.500	R$ 2.500	R$ 2.619	R$ 2.619	R$ 2.619	R$ 2.619	R$ 2.619	R$ 2.619	R$ 2.619	R$ 2.619	R$ 2.619
ÁGUA/ESGOTO	R$ 396	R$ 396	R$ 396	R$ 396	R$ 396	R$ 396	R$ 396	R$ 396	R$ 396	R$ 396	R$ 396	R$ 396
ENERGIA ELÉTRICA	R$ 819	R$ 819	R$ 819	R$ 819	R$ 819	R$ 819	R$ 819	R$ 819	R$ 819	R$ 819	R$ 819	R$ 819
TELEFONIA FIXA/MÓVEL	R$ 1.734	R$ 1.734	R$ 1.734	R$ 1.734	R$ 1.734	R$ 1.734	R$ 1.734	R$ 1.734	R$ 1.734	R$ 1.734	R$ 1.734	R$ 1.734
MANUTENÇÕES EQUIP. / VEÍCULOS	R$ 921	R$ 921	R$ 1.921	R$ 921	R$ 921	R$ 921	R$ 1.421	R$ 921	R$ 921	R$ 921	R$ 921	R$ 921
INTERNET	R$ 125	R$ 125	R$ 125	R$ 125	R$ 125	R$ 125	R$ 125	R$ 125	R$ 125	R$ 125	R$ 125	R$ 125

(CONTINUA)

(CONTINUAÇÃO)

	JAN	FEV	MAR	ABR	MAI	JUN	JUL	AGO	SET	OUT	NOV	DEZ
SERVIÇOS CONTÁBEIS	R$ 2.200	R$ 2.200	R$ 2.200	R$ 2.200	R$ 2.200	R$ 2.200	R$ 2.200	R$ 2.200	R$ 2.200	R$ 2.200	R$ 2.200	R$ 2.200
SERVIÇOS JURÍDICOS	R$ 2.750	R$ 2.750	R$ 2.750	R$ 2.750	R$ 2.750	R$ 2.750	R$ 2.750	R$ 2.750	R$ 2.750	R$ 2.750	R$ 2.750	R$ 2.750
MATERIAL DE EXPEDIENTE	R$ 1.537	R$ 1.537	R$ 1.537	R$ 1.537	R$ 1.537	R$ 1.537	R$ 1.537	R$ 1.537	R$ 1.537	R$ 1.537	R$ 1.537	R$ 1.537
OUTRAS DESPESAS	R$ 426	R$ 426	R$ 426	R$ 426	R$ 426	R$ 426	R$ 426	R$ 426	R$ 426	R$ 426	R$ 426	R$ 426v
TAXAS/IMPOSTOS	**R$ 0,00**	**R$ 3.905,00**	**R$ 0,00**	**R$ 0,00**	**R$ 0,00**	**R$ 0,00**	**R$ 0,00**	**R$ 0,00**	**R$ 0,00**	**R$ 0,00**	**R$ 0,00**	**R$ 0,00**
IPTU	R$ 0	R$ 2.105	R$ 0	R$ 0	R$ 0	R$ 0	R$ 0	R$ 0	R$ 0	R$ 0	R$ 0	R$ 0
IPVA	R$ 0	R$ 1.800	R$ 0	R$ 0	R$ 0	R$ 0	R$ 0	R$ 0	R$ 0	R$ 0	R$ 0	R$ 0
TRIBUTOS SOBRE VENDAS	**R$ 89.993**	**R$ 94.611**	**R$ 87.509**	**R$ 89.367**	**R$ 93.083**	**R$ 84.046**	**R$ 92.638**	**R$ 90.326**	**R$ 94.919**	**R$ 93.403**	**R$ 92.381**	**R$ 95.152**
ICMS	R$ 69.467	R$ 73.114	R$ 67.838	R$ 69.130	R$ 71.899	R$ 65.032	R$ 71.556	R$ 69.883	R$ 73.372	R$ 72.231	R$ 71.350	R$ 73.543
PIS	R$ 3.661	R$ 3.835	R$ 3.509	R$ 3.610	R$ 3.779	R$ 3.392	R$ 3.761	R$ 3.647	R$ 3.844	R$ 3.777	R$ 3.752	R$ 3.855
COFINS	R$ 16.864	R$ 17.662	R$ 16.163	R$ 16.628	R$ 17.406	R$ 15.622	R$ 17.322	R$ 16.796	R$ 17.704	R$ 17.395	R$ 17.280	R$ 17.754
DESPESAS / CUSTOS COMERCIAIS	**R$ 106.524**	**R$ 335.049**	**R$ 421.462**	**R$ 466.539**	**R$ 469.996**	**R$ 466.008**	**R$ 459.835**	**R$ 465.880**	**R$ 474.146**	**R$ 479.988**	**R$ 480.517**	**R$ 482.215**
COMISSÕES	R$ 15.903	R$ 16.582	R$ 15.190	R$ 15.524	R$ 16.185	R$ 14.711	R$ 16.382	R$ 15.819	R$ 16.572	R$ 16.308	R$ 16.059	R$ 16.585
FRETE DE MATERIAL DESPACHADO	R$ 5.026	R$ 5.253	R$ 4.835	R$ 4.944	R$ 5.139	R$ 4.662	R$ 5.170	R$ 5.024	R$ 5.258	R$ 5.181	R$ 5.110	R$ 5.264
FORNECEDORES	R$ 85.595	R$ 313.214	R$ 401.437	R$ 446.072	R$ 448.671	R$ 446.635	R$ 438.283	R$ 445.037	R$ 452.316	R$ 458.499	R$ 459.348	R$ 460.366
FLUXO DE CAIXA OPERACIONAL	**-R$ 71.305**	**R$ 105.710**	**R$ 76.996**	**R$ 21.251**	**R$ 54.967**	**R$ 34.589**	**R$ 30.837**	**R$ 69.115**	**R$ 44.105**	**R$ 47.852**	**R$ 35.879**	**R$ 19.147**

	JAN	FEV	MAR	ABR	MAI	JUN	JUL	AGO	SET	OUT	NOV	DEZ
FLUXO DE INVESTIMENTOS												
INVESTIMENTOS	R$ 0	R$ 10.000	R$ 0	R$ 2.500	R$ 0	R$ 25.000	R$ 25.000	R$ 60.000	R$ 0	R$ 0	R$ 0	R$ 0
VENDAS DE ATIVOS	R$ 0	R$ 0	R$ 0	R$ 0	R$ 0	R$ 0	R$ 0	R$ 0	R$ 15.000	R$ 0	R$ 0	R$ 0

	JAN	FEV	MAR	ABR	MAI	JUN	JUL	AGO	SET	OUT	NOV	DEZ
FLUXO DE FINANCIAMENTO												
DIVIDENDOS			R$ 81.120			R$ 66.645			R$ 47.246			R$ 82.302

Os saldos finais e os resultados consolidados poderiam ser projetados neste momento. Porém, ainda falta a previsão de alguns elementos, cujos cálculos somente são possíveis após essa consolidação. Os elementos pendentes são dois tributos calculados sobre o lucro auferido em cada período. São eles o IRPJ (Imposto de Renda de Pessoa Jurídica) e a CSLL (Contribuição Social Sobre o Lucro Líquido), cujas alíquotas respectivas são 15,00% e 9,00%. A base de cálculo para esses dois tributos envolve o resultado operacional (receitas operacionais, menos custos e despesas operacionais) mais o resultado de investimentos (venda de ativos menos investimentos realizados) e a depreciação do período. Os desembolsos dos fluxos de financiamento relacionados ao pagamento de juros de dívidas também seriam considerados para o cálculo do IRPJ/CSLL, porém, neste exemplo, não há dívidas.

A base de cálculo é denominada lucro antes do IRPJ e CSLL e é dada por:

$$LA\_IR\_CS = \text{Fluxo operacional} - \text{Fluxo de investimentos} - \text{Juros} - \text{Depreciação}$$

Ressalte-se que se o lucro tributável acima for negativo, não haverá recolhimento desses tributos. Somente haverá tal recolhimento se efetivamente houver lucro tributável positivo.

Todos os elementos dessa base de cálculo efetivamente indicam fluxos de caixa reais, com exceção da depreciação. Ela é uma conta contábil que reflete a perda do valor patrimonial dos ativos incorporados pela empresa, mas que não reflete, de fato, saída de caixa. Assim, para fins de fluxo de caixa, a depreciação somente tem a função de permitir a determinação da base de cálculo para IRPJ e CSLL, não compondo os resultados de caixa previstos.

A contabilidade informou para a empresa a estimativa de depreciação ao longo do período orçamentário que está sendo projetado. Além de considerar os ativos previamente existentes, também foram admitidos os ativos a serem comprados, conforme o orçamento de investimentos. A tabela a seguir registra essas informações.

TABELA 140 - DEPRECIAÇÃO PROJETADA

Linhas	JAN	FEV	MAR	ABR	MAI	JUN	JUL	AGO	SET	OUT	NOV	DEZ
Depreciação	R$ 500	R$ 495	R$ 485	R$ 478	R$ 468	R$ 458	R$ 448	R$ 500	R$ 490	R$ 480	R$ 470	R$ 460

Com isso, podem ser feitas as estimativas de recolhimento do IRPJ e da CSLL na tabela a seguir.

TABELA 141 - IRPJ E CSLL PROJETADOS

IRPJ / CSLL	JAN	FEV	MAR	ABR	MAI	JUN
LUCRO ANTES IRPJ e CSLL	-R$ 71.805	R$ 95.215	R$ 76.511	R$ 18.273	R$ 54.499	R$ 9.131
IRPJ	R$ 0	R$ 14.282	R$ 11.477	R$ 2.741	R$ 8.175	R$ 1.370
CSLL	R$ 0	R$ 8.569	R$ 6.886	R$ 1.645	R$ 4.905	R$ 822

IRPJ / CSLL	JUL	AGO	SET	OUT	NOV	DEZ
LUCRO ANTES IRPJ e CSLL	R$ 5.389	R$ 8.615	R$ 58.615	R$ 47.372	R$ 35.409	R$ 18.687
IRPJ	R$ 808	R$ 1.292	R$ 8.792	R$ 7.106	R$ 5.311	R$ 2.803
CSLL	R$ 485	R$ 775	R$ 5.275	R$ 4.263	R$ 3.187	R$ 1.682

A primeira linha apresenta a base de cálculo para o IRPJ e para a CSLL. Ela foi calculada com o resultado operacional, menos os investimentos realizados, mais a venda de ativos e menos a depreciação. As duas linhas seguintes mostram as estimativas do IRPJ e da CSLL, mediante a multiplicação das respectivas alíquotas sobre os lucros tributáveis em cada período. No caso particular de janeiro, o lucro tributável foi negativo, não implicando recolhimento de IRPJ, nem de CSLL.

Antes de prosseguir, é fundamental registrar um aspecto importante. Os cálculos do IRPJ e da CSLL são realizados sobre os lucros tributáveis calculados no regime de competência. No caso apresentado, as bases de cálculo utilizadas foram estruturadas por regime de caixa, o que pode conferir (como de fato ocorre neste exemplo) uma diferença de projeção de valores. Sendo assim, é relevante que o leitor tenha isso em mente ao acompanhar o exemplo. A projeção mais aproximada do que será realizado é estimar esses tributos a partir de uma projeção por regime de competência.

Com essa última etapa concluída, podem-se estimar os resultados orçamentários completos para a empresa. Admitindo um saldo inicial de R$ 75.000, os resultados e saldos projetados são os seguintes.

TABELA 142 - RESULTADOS E SALDOS PROJETADOS

FLUXOS	JAN	FEV	MAR	ABR	MAI	JUN
SALDO INICIAL	R$ 75.000	R$ 3.695	R$ 76.553	R$ 54.066	R$ 68.432	R$ 110.319
OPERACIONAL	-R$ 71.305	R$ 105.710	R$ 76.996	R$ 21.251	R$ 54.967	R$ 34.589
INVESTIMENTOS	R$ 0	-R$ 10.000	R$ 0	-R$ 2.500	R$ 0	-R$ 25.000
IRPJ / CSLL	R$ 0	-R$ 22.852	-R$ 18.363	-R$ 4.386	-R$ 13.080	-R$ 2.191
DIVIDENDOS	R$ 0	R$ 0	-R$ 81.120	R$ 0	R$ 0	-R$ 66.645
SALDO FINAL	R$ 3.695	R$ 76.553	R$ 54.066	R$ 68.432	R$ 110.319	R$ 51.071

FLUXOS	JUL	AGO	SET	OUT	NOV	DEZ
SALDO INICIAL	R$ 51.071	R$ 55.614	R$ 62.662	R$ 60.454	R$ 96.936	R$ 124.317
OPERACIONAL	R$ 30.837	R$ 69.115	R$ 44.105	R$ 47.852	R$ 35.879	R$ 19.147
INVESTIMENTOS	-R$25.000	-R$ 60.000	R$ 15.000	R$ 0	R$ 0	R$ 0
IRPJ / CSLL	-R$ 1.293	-R$ 2.068	-R$ 14.068	-R$ 11.369	-R$ 8.498	-R$ 4.485
DIVIDENDOS	R$ 0	R$ 0	-R$ 47.246	R$ 0	R$ 0	-R$ 82.302
SALDO FINAL	R$ 55.614	R$ 62.662	R$ 60.454	R$ 96.936	R$ 124.317	R$ 56.677

Nessa projeção, observe que os fluxos de caixa estão apresentados de acordo com sua orientação (negativo para saída e positivo para entrada). Isso facilita a visualização e o entendimento do cálculo do saldo final. Observe também que, em nenhum mês da projeção, há expectativa de saldo final negativo, o que não sugere a necessidade de captar recursos externos.

9.7.3 EMPRESA INDUSTRIAL

Elaborados os orçamentos parciais anteriores, a próxima etapa é fazer a consolidação deles em um único orçamento global para a empresa. Agregando os orçamentos de receitas operacionais, custos produtivos, despesas operacionais e investimentos, tem-se o seguinte resultado.

TABELA 143 - FLUXO DE CAIXA PROJETADO

ATIVIDADE OPERACIONAL	JAN	FEV	MAR	ABR	MAI	JUN	JUL	AGO	SET	OUT	NOV	DEZ
RECEITAS OPERACIONAIS	R$ 91.125,00	R$ 81.775,00	R$ 69.200,00	R$ 69.200,00	R$ 69.200,00	R$ 69.200,00	R$ 73.925,00	R$ 81.775,00	R$ 69.200,00	R$ 78.650,00	R$ 94.350,00	R$ 83.375,00
Clubes de futebol	R$ 36.000,00	R$ 31.500,00	R$ 28.000,00	R$ 28.000,00	R$ 28.000,00	R$ 28.000,00	R$ 31.500,00	R$ 31.500,00	R$ 28.000,00	R$ 35.000,00	R$ 35.000,00	R$ 38.500,00
Lojas varejistas	R$ 49.000,00	R$ 45.375,00	R$ 36.300,00	R$ 36.300,00	R$ 36.300,00	R$ 36.300,00	R$ 36.300,00	R$ 45.375,00	R$ 36.300,00	R$ 36.300,00	R$ 54.450,00	R$ 36.300,00
Outros	R$ 6.125,00	R$ 4.900,00	R$ 4.900,00	R$ 4.900,00	R$ 4.900,00	R$ 4.900,00	R$ 6.125,00	R$ 4.900,00	R$ 4.900,00	R$ 7.350,00	R$ 4.900,00	R$ 8.575,00
CUSTOS PRODUTIVOS	R$ 52.536,20	R$ 48.255,50	R$ 41.504,27	R$ 41.350,95	R$ 41.257,95	R$ 41.443,95	R$ 41.257,95	R$ 48.059,68	R$ 41.350,95	R$ 44.724,95	R$ 65.429,42	R$ 51.577,95
Matérias-primas	R$ 36.870,00	R$ 34.008,68	R$ 27.206,95	R$ 27.206,95	R$ 27.206,95	R$ 27.206,95	R$ 27.206,95	R$ 34.008,68	R$ 27.206,95	R$ 27.206,95	R$ 40.810,42	R$ 27.206,95
Mão de obra direta	R$ 14.830,20	R$ 13.410,82	R$ 13.461,32	R$ 13.308,00	R$ 13.215,00	R$ 13.401,00	R$ 13.215,00	R$ 13.215,00	R$ 13.308,00	R$ 16.682,00	R$ 23.783,00	R$ 23.535,00
Custos indiretos	R$ 836,00	R$ 836,00	R$ 836,00	R$ 836,00	R$ 836,00	R$ 836,00	R$ 836,00	R$ 836,00	R$ 836,00	R$ 836,00	R$ 836,00	R$ 836,00
DESPESAS FIXAS	R$ 19.381,49	R$ 20.110,93	R$ 20.424,53	R$ 19.247,65	R$ 19.092,41	R$ 19.313,95	R$ 19.129,22	R$ 19.136,78	R$ 19.226,84	R$ 19.206,72	R$ 25.863,84	R$ 25.733,96
Despesas administrativas	R$ 4.120,89	R$ 4.165,89	R$ 4.165,89	R$ 4.220,89	R$ 4.225,19	R$ 4.225,19	R$ 4.262,00	R$ 4.262,00	R$ 4.262,00	R$ 4.262,00	R$ 4.262,00	R$ 4.262,00
Despesas com pessoal	R$ 15.260,60	R$ 15.945,04	R$ 16.258,64	R$ 15.026,76	R$ 14.867,22	R$ 15.088,76	R$ 14.867,22	R$ 14.874,78	R$ 14.964,84	R$ 14.944,72	R$ 21.601,84	R$ 21.471,96
DESPESAS VARIÁVEIS	R$ 13.529,79	R$ 12.591,37	R$ 10.387,93	R$ 10.034,82	R$ 10.083,92	R$ 10.125,78	R$ 10.173,36	R$ 12.411,95	R$ 10.756,42	R$ 10.376,33	R$ 14.864,68	R$ 11.347,05
Comissão	R$ 1.750,00	R$ 1.822,50	R$ 1.635,50	R$ 1.384,00	R$ 1.384,00	R$ 1.384,00	R$ 1.384,00	R$ 1.478,50	R$ 1.635,50	R$ 1.384,00	R$ 1.573,00	R$ 1.887,00
Propaganda	R$ 595,00	R$ 958,00	R$ 865,00	R$ 692,00	R$ 692,00	R$ 692,00	R$ 692,00	R$ 692,00	R$ 865,00	R$ 692,00	R$ 692,00	R$ 1.038,00
SIMPLES	R$ 11.184,79	R$ 9.810,87	R$ 7.887,43	R$ 7.958,82	R$ 8.007,92	R$ 8.049,78	R$ 8.097,36	R$ 10.241,45	R$ 8.255,92	R$ 8.300,33	R$ 12.599,68	R$ 8.422,05
RESULTADO OPERACIONAL	R$ 5.677,51	R$ 817,19	-R$ 3.116,73	-R$ 1.433,42	-R$ 1.234,28	-R$ 1.683,68	R$ 3.364,47	R$ 2.166,58	-R$ 2.134,20	R$ 4.342,00	-R$ 11.807,94	-R$ 5.283,96

ATIVIDADE DE INVESTIMENTO	JAN	FEV	MAR	ABR	MAI	JUN	JUL	AGO	SET	OUT	NOV	DEZ
Investimento em ativos	R$ 0,00	R$ 0,00	R$ 2.500,00	R$ 0,00	R$ 45.000,00	R$ 0,00	R$ 2.500,00	R$ 0,00	R$ 2.500,00	R$ 0,00	R$ 0,00	R$ 0,00
Venda de Ativos	R$ 0,00	R$ 0,00	R$ 0,00	R$ 0,00	R$ 17.500,00	R$ 0,00	R$ 0,00	R$ 0,00	R$ 0,00	R$ 0,00	R$ 0,00	R$ 0,00
RESULTADO INVESTIMENTO	R$ 0,00	R$ 0,00	-R$ 2.500,00	R$ 0,00	-R$ 27.500,00	R$ 0,00	-R$ 2.500,00	R$ 0,00	-R$ 2.500,00	R$ 0,00	R$ 0,00	R$ 0,00

Observe que em sete meses (março, abril, maio, junho, setembro, novembro e dezembro), os resultados operacionais foram negativos (receitas operacionais foram inferiores aos custos e às despesas). Nos demais meses, são esperados resultados operacionais positivos. Além disso, ainda há quatro meses nos quais serão realizados investimentos (março, maio, julho e setembro).

O passo seguinte é projetar os saldos finais em cada mês, o que requer a estimativa do saldo inicial do período orçamentário. No caso, estima-se que a empresa iniciará o ano com R$ 29.500,00 em caixa. Com isso, os saldos finais podem ser projetados a partir das atividades operacional e de investimento ao longo do período orçamentário.

TABELA 144 - RESULTADOS E SALDOS PROJETADOS

Contas	JAN	FEV	MAR	ABR	MAI	JUN
SALDO INICIAL	R$ 29.500,00	R$ 35.177,51	R$ 35.994,70	R$ 30.377,97	R$ 28.944,55	R$ 210,27
RESULTADO OPERACIONAL	R$ 5.677,51	R$ 817,19	-R$ 3.116,73	-R$ 1.433,42	-R$ 1.234,28	-R$ 1.683,68
RESULTADO INVESTIMENTO	R$ 0,00	R$ 0,00	-R$ 2.500,00	R$ 0,00	-R$ 27.500,00	R$ 0,00
SALDO FINAL	R$ 35.177,51	R$ 35.994,70	R$ 30.377,97	R$ 28.944,55	R$ 210,27	-R$ 1.473,41

Contas	JUL	AGO	SET	OUT	NOV	DEZ
SALDO INICIAL	-R$ 1.473,41	-R$ 608,94	R$ 1.557,64	-R$ 3.076,56	R$ 1.265,44	-R$ 10.542,50
RESULTADO OPERACIONAL	R$ 3.364,47	R$ 2.166,58	-R$ 2.134,20	R$ 4.342,00	-R$ 11.807,94	-R$ 5.283,96
RESULTADO INVESTIMENTO	-R$ 2.500,00	R$ 0,00	-R$ 2.500,00	R$ 0,00	R$ 0,00	R$ 0,00
SALDO FINAL	-R$ 608,94	R$ 1.557,64	-R$ 3.076,56	R$ 1.265,44	-R$ 10.542,50	-R$ 15.826,46

Partindo do saldo inicial de janeiro (R$ 29.500,00), adiciona-se R$ 5.677,51 (resultado operacional), resultando o saldo final projetado de R$ 35.177,51, o qual será o saldo inicial de fevereiro. Esse raciocínio se repete até o fim do período orçamentário, no qual o saldo final do ano será -R$ 15.826,46.

Perceba que há cinco meses (junho, julho, setembro, novembro e dezembro) com projeções de saldos finais negativos. Isso implica a necessidade de a empresa tomar decisões e ações no sentido de não permitir esses saldos negativos. Uma possibilidade é usar a linha de crédito de capital de giro descrita no capítulo anterior. O banco com o qual a empresa mantém relacionamento disponibilizou uma linha de crédito automática, na qual o recurso captado em um mês deve ser devolvido no mês seguinte mediante uma taxa de juros de 2,00% ao mês. Em vista disso, como as necessidades evidenciadas na projeção dos resultados são de curto prazo, pode-se recorrer a essa linha de crédito.

Dada essa necessidade, a estrutura do fluxo de caixa sofrerá uma mudança discreta, a fim de incorporar a captação do recurso quando necessário e o posterior pagamento ao credor. Essa nova estrutura está representada no quadro seguinte.

QUADRO 25 - ESTRUTURA DE PROJEÇÃO DE RESULTADOS E SALDOS

Contas	JAN	FEV	MAR	ABR	MAI	JUN	JUL	AGO	SET	OUT	NOV	DEZ
SALDO INICIAL												
RESULTADO OPERACIONAL												
RESULTADO INVESTIMENTO												
PAGAMENTO DE EMPRÉSTIMO												
SALDO INTERMEDIÁRIO												
CAPTAÇÃO DE EMPRÉSTIMO												
SALDO FINAL												

Antes do saldo final, serão acrescidas três linhas. São elas, respectivamente: pagamento do empréstimo, saldo intermediário e captação de empréstimo. Iniciando a explicação pela última linha acrescentada, esta somente será usada se o saldo intermediário for negativo. Caso isso ocorra, será necessário captar recursos no mesmo montante do saldo intermediário, no intuito de evitar usar mais recursos de terceiros do que o necessário, o que levaria a custos financeiros inconvenientes para a empresa. Caso tenham sido captados recursos em determinado mês, no mês imediatamente posterior a conta pagamento de empréstimo deverá registrar a sua amortização junto ao banco. Essa amortização será calculada pelo valor captado no mês anterior acrescido de juros mensurados pela multiplicação da taxa pactuada pelo valor do empréstimo.

A partir dessas explicações, pode-se preencher o novo fluxo de caixa com os valores projetados a partir dessa nova regra. A tabela seguinte registra isso.

TABELA 145 - RESULTADOS E SALDOS PROJETADOS

Contas	JAN	FEV	MAR	ABR	MAI	JUN
SALDO INICIAL	R$ 29.500,00	R$ 35.177,51	R$ 35.994,70	R$ 30.377,97	R$ 28.944,55	R$ 210,27
RESULTADO OPERACIONAL	R$ 5.677,51	R$ 817,19	-R$ 3.116,73	-R$ 1.433,42	-R$ 1.234,28	-R$ 1.683,68
RESULTADO INVESTIMENTO	R$ 0,00	R$ 0,00	-R$ 2.500,00	R$ 0,00	-R$ 27.500,00	R$ 0,00
PAGAMENTO DE EMPRÉSTIMO	R$ 0,00	R$ 0,00	R$ 0,00	R$ 0,00	R$ 0,00	R$ 0,00
SALDO INTERMEDIÁRIO	R$ 35.177,51	R$ 35.994,70	R$ 30.377,97	R$ 28.944,55	R$ 210,27	-R$ 1.473,41
CAPTAÇÃO DE EMPRÉSTIMO	R$ 0,00	R$ 0,00	R$ 0,00	R$ 0,00	R$ 0,00	R$ 1.473,41
SALDO FINAL	R$ 35.177,51	R$ 35.994,70	R$ 30.377,97	R$ 28.944,55	R$ 210,27	R$ 0,00

Contas	JUL	AGO	SET	OUT	NOV	DEZ
SALDO INICIAL	R$ 0,00	R$ 0,00	R$ 1.515,41	R$ 0,00	R$ 1.160,83	R$ 0,00
RESULTADO OPERACIONAL	R$ 3.364,47	R$ 2.166,58	-R$ 2.134,20	R$ 4.342,00	-R$ 11.807,94	-R$ 5.283,96

(CONTINUA)

						(CONTINUAÇÃO)
RESULTADO INVESTIMENTO	-R$ 2.500,00	R$ 0,00	-R$ 2.500,00	R$ 0,00	R$ 0,00	R$ 0,00
PAGAMENTO DE EMPRÉSTIMO	-R$ 1.502,88	-R$ 651,18	R$ 0,00	-R$ 3.181,17	R$ 0,00	-R$ 10.860,06
SALDO INTERMEDIÁRIO	-R$ 638,41	R$ 1.515,41	-R$ 3.118,80	R$ 1.160,83	-R$ 10.647,11	-R$ 16.144,02
CAPTAÇÃO DE EMPRÉSTIMO	R$ 638,41	R$ 0,00	R$ 3.118,80	R$ 0,00	R$ 10.647,11	R$ 16.144,02
SALDO FINAL	R$ 0,00	R$ 1.515,41	R$ 0,00	R$ 1.160,83	R$ 0,00	R$ 0,00

Até o mês de maio, considerando-se o saldo inicial do ano, os saldos intermediários e finais foram positivos, não se impondo a necessidade de recorrer ao financiamento. Em junho, no entanto, o saldo inicial será R$ 210,27 e os resultados operacional e de investimento serão respectivamente -R$ 1.683,68 e R$ 0,00. Com isso, seu saldo intermediário torna-se –R$ 1.473,41. Esse saldo negativo deve ser coberto e, utilizando-se da linha de crédito, a empresa capta recursos de R$ 1.473,41, fazendo com que o saldo final de junho seja zero.

Sendo assim, em julho, o saldo inicial previsto é zero, ao qual são somados algebricamente os resultados das atividades operacional (R$ 3.364,47) e de investimento (-R$ 2.500,00). Ademais, deve-se considerar que, nesse mês, deve-se amortizar o empréstimo captado em maio. Pelas regras da linha de financiamento, deve-se pagar o principal (R$ 1.473,41) acrescido dos juros de 2,00% (R$ 29,47), totalizando R$ 1.502,88.

Portanto, o saldo intermediário previsto de julho é –R$ 638,41 (R$ 0,00 + R$ 3.364,47 - R$ 2.500,00 – R$ 1.502,88). Isso indica que há necessidade de captar recursos novamente da linha de crédito de R$ 638,41, a fim de recompor esse saldo negativo. Ao fazer essa operação de financiamento, o saldo final de julho torna-se zero, sendo o saldo inicial de agosto.

Em agosto, tem-se um resultado operacional positivo de R$ 2.166,58, ao qual serão subtraídos os investimentos (R$ 0,00) e o pagamento do empréstimo captado no mês anterior acrescido dos juros (R$ 651,18). Isso gera um saldo intermediário de R$ 1.515,41, o qual não precisa ser coberto pela linha de financiamento, conduzindo a um saldo final igual a R$ 1.515,41.

Essa lógica mantém-se dessa maneira até chegar no fim de dezembro, cujo saldo previsto será igual a zero.

É importante destacar que esse saldo zero se deve à captação de recurso feita em dezembro no valor de R$ 16.144,02, de modo a compor o saldo intermediário negativo. Assim, apesar do saldo zero no fim desse período orçamentário, no primeiro período orçamentário do ano seguinte haverá a necessidade de pagar esse empréstimo.

Outro ponto a ser destacado é o impacto da taxa de juros sobre o fluxo de caixa projetado. Caso a taxa de juros seja menor, o esforço de remuneração do empreendimento diminui, permitindo melhores resultados. Admitindo, para fins de exemplo, que a taxa cobrada pelo banco fosse 1,00% ao mês, a nova projeção dos resultados seria a demonstrada na tabela a seguir.

TABELA 146 - RESULTADOS E SALDOS PROJETADOS

Contas	JAN	FEV	MAR	ABR	MAI	JUN
SALDO INICIAL	R$ 29.500,00	R$ 35.177,51	R$ 35.994,70	R$ 30.377,97	R$ 28.944,55	R$ 210,27
RESULTADO OPERACIONAL	R$ 5.677,51	R$ 817,19	-R$ 3.116,73	-R$ 1.433,42	-R$ 1.234,28	-R$ 1.683,68
RESULTADO INVESTIMENTO	R$ 0,00	R$ 0,00	-R$ 2.500,00	R$ 0,00	-R$ 27.500,00	R$ 0,00
PAGAMENTO DE EMPRÉSTIMO	R$ 0,00	R$ 0,00	R$ 0,00	R$ 0,00	R$ 0,00	R$ 0,00
SALDO INTERMEDIÁRIO	R$ 35.177,51	R$ 35.994,70	R$ 30.377,97	R$ 28.944,55	R$ 210,27	-R$ 1.473,41
CAPTAÇÃO DE EMPRÉSTIMO	R$ 0,00	R$ 0,00	R$ 0,00	R$ 0,00	R$ 0,00	R$ 1.473,41
SALDO FINAL	R$ 35.177,51	R$ 35.994,70	R$ 30.377,97	R$ 28.944,55	R$ 210,27	R$ 0,00

(CONTINUA)

Contas	JUL	AGO	SET	OUT	NOV	DEZ
SALDO INICIAL	R$ 0,00	R$ 0,00	R$ 1.536,67	R$ 0,00	R$ 1.213,49	R$ 0,00
RESULTADO OPERACIONAL	R$ 3.364,47	R$ 2.166,58	-R$ 2.134,20	R$ 4.342,00	-R$ 11.807,94	-R$ 5.283,96
RESULTADO INVESTIMENTO	-R$ 2.500,00	R$ 0,00	-R$ 2.500,00	R$ 0,00	R$ 0,00	R$ 0,00
PAGAMENTO DE EMPRÉSTIMO	-R$ 1.488,15	-R$ 629,91	R$ 0,00	-R$ 3.128,51	R$ 0,00	-R$ 10.700,39
SALDO INTERMEDIÁRIO	-R$ 623,68	R$ 1.536,67	-R$ 3.097,53	R$ 1.213,49	-R$ 10.594,45	-R$ 15.984,35
CAPTAÇÃO DE EMPRÉSTIMO	R$ 623,68	R$ 0,00	R$ 3.097,53	R$ 0,00	R$ 10.594,45	R$ 15.984,35
SALDO FINAL	R$ 0,00	R$ 1.536,67	R$ 0,00	R$ 1.213,49	R$ 0,00	R$ 0,00

Nesse caso, tanto a conta de captação quanto a de pagamento dos empréstimos seriam menores, visto que o custo do dinheiro seria menor. Com isso, os resultados previstos são melhores, evidenciados pela menor captação de recursos em dezembro (R$ 15.984,35).

De forma análoga, uma maior taxa de juros implicaria maior esforço para saldar os empréstimos captados, levando a resultados projetados piores. Para uma taxa de juros de 3,00% ao mês, a projeção dos resultados seria a exposta na tabela seguinte.

TABELA 147 - RESULTADOS E SALDOS PROJETADOS

Contas	JAN	FEV	MAR	ABR	MAI	JUN
SALDO INICIAL	R$ 29.500,00	R$ 35.177,51	R$ 35.994,70	R$ 30.377,97	R$ 28.944,55	R$ 210,27
RESULTADO OPERACIONAL	R$ 5.677,51	R$ 817,19	-R$ 3.116,73	-R$ 1.433,42	-R$ 1.234,28	-R$ 1.683,68
RESULTADO INVESTIMENTO	R$ 0,00	R$ 0,00	-R$ 2.500,00	R$ 0,00	-R$ 27.500,00	R$ 0,00
PAGAMENTO DE EMPRÉSTIMO	R$ 0,00	R$ 0,00	R$ 0,00	R$ 0,00	R$ 0,00	R$ 0,00
SALDO INTERMEDIÁRIO	R$ 35.177,51	R$ 35.994,70	R$ 30.377,97	R$ 28.944,55	R$ 210,27	-R$ 1.473,41
CAPTAÇÃO DE EMPRÉSTIMO	R$ 0,00	R$ 0,00	R$ 0,00	R$ 0,00	R$ 0,00	R$ 1.473,41
SALDO FINAL	R$ 35.177,51	R$ 35.994,70	R$ 30.377,97	R$ 28.944,55	R$ 210,27	R$ 0,00

Contas	JUL	AGO	SET	OUT	NOV	DEZ
SALDO INICIAL	R$ 0,00	R$ 0,00	R$ 1.493,85	R$ 0,00	R$ 1.107,43	R$ 0,00
RESULTADO OPERACIONAL	R$ 3.364,47	R$ 2.166,58	-R$ 2.134,20	R$ 4.342,00	-R$ 11.807,94	-R$ 5.283,96
RESULTADO INVESTIMENTO	-R$ 2.500,00	R$ 0,00	-R$ 2.500,00	R$ 0,00	R$ 0,00	R$ 0,00
PAGAMENTO DE EMPRÉSTIMO	-R$ 1.517,61	-R$ 672,74	R$ 0,00	-R$ 3.234,57	R$ 0,00	-R$ 11.021,52
SALDO INTERMEDIÁRIO	-R$ 653,14	R$ 1.493,85	-R$ 3.140,36	R$ 1.107,43	-R$ 10.700,51	-R$ 16.305,48
CAPTAÇÃO DE EMPRÉSTIMO	R$ 653,14	R$ 0,00	R$ 3.140,36	R$ 0,00	R$ 10.700,51	R$ 16.305,48
SALDO FINAL	R$ 0,00	R$ 1.493,85	R$ 0,00	R$ 1.107,43	R$ 0,00	R$ 0,00

Nessa outra circunstância, a captação de empréstimo em dezembro é maior do que as demais situações (R$ 16.305,48). Portanto, o aumento da taxa de juros do empréstimo reduz os resultados esperados.

INDICADORES ORÇAMENTÁRIOS

10.1 INTRODUÇÃO

Ao elaborar o orçamento e, assim, os fluxos de caixa projetados, os gestores podem usar alguns indicadores com o objetivo de fazer análises gerenciais sobre os resultados. Tais indicadores permitem aos gestores e às demais partes interessadas nos resultados financeiros da empresa fazerem análises comparativas temporais e/ou entre diferentes unidades e empresas, de forma a terem outros elementos para tomarem decisões operacionais, de investimentos e de financiamentos.

Esses mesmos indicadores podem ser aplicados aos fluxos de caixa realizados. Após a conclusão de determinado período, os indicadores podem ser aplicados como forma de demonstrar os resultados, servindo aos mesmos propósitos comentados anteriormente e para fins de comparação entre o projetado e o realizado.

Neste capítulo, são mostradas duas formas de análise gerencial. A primeira apresentada é composta pelas análises vertical e horizontal. A segunda é o cálculo do ponto de equilíbrio operacional.

10.2 ANÁLISE VERTICAL

O objetivo da análise vertical é apresentar a participação relativa de cada item em relação ao totalizador do qual aquele faz parte. Ela evidencia, portanto, a importância relativa de cada item em um conjunto.

Em um orçamento, considerando-se que ele é formado por contas orçamentárias sintéticas e analíticas, essa análise verifica a importância de cada conta em relação a um parâmetro global do período (normalmente a receita operacional total, a qual representa o nível de atividade) ou a um parâmetro específico do grupo de contas da qual ela faz parte. Com isso, ela permite a comparação, no mesmo período, do percentual de um dado item com o de outra empresa do mesmo setor, de modo que tenha algum efeito prático, ou entre diferentes unidades de negócio na empresa. Além disso, a análise vertical permite que sejam verificadas eventuais alterações de composições relativas das contas em diferentes momentos, o que é bastante relevante em termos gerenciais.

Veja o exemplo de um fluxo de caixa simplificado a seguir.

TABELA 148 - EXEMPLO DE FLUXO DE CAIXA

Contas	Valores
Receita operacional	R$ 225.000,00
Desembolsos fixos	R$ 36.350,00
Água	R$ 500,00
Energia elétrica	R$ 2.500,00
(CONTINUA)	

	(CONTINUAÇÃO)
Material de higiene	R$ 450,00
Material de limpeza	R$ 650,00
Serviços de segurança	R$ 1.000,00
Serviços de limpeza	R$ 1.250,00
Telefonia	R$ 1.500,00
Terceirizados	R$ 3.500,00
Salários fixos	R$ 25.000,00
Desembolsos variáveis	**R$ 168.750,00**
Impostos	R$ 56.250,00
Matérias-primas	R$ 101.250,00
Salários variáveis	R$ 11.250,00
Resultado operacional	**R$ 19.900,00**

Esse exemplo ilustra o resultado de um período (admita um mês, por exemplo). Nesse caso, o resultado operacional (R$ 19.900,00) foi calculado pela diferença entre a receita operacional do período (R$ 225.000,00) e os desembolsos fixo (conta sintética no valor de R$ 36.350,00) e variável (conta sintética no valor de R$ 168.750,00). Os desembolsos fixos são compostos por nove contas analíticas, desde "Água" até "Salários fixos". Os desembolsos variáveis, por sua vez, representam gastos com os itens "Impostos", "Matérias-primas" e "Salários variáveis".

Há duas maneiras de se elaborar a análise vertical. A primeira é considerar um único valor de referência para todas as contas orçamentárias. De modo geral, o melhor referencial é a receita total do período, uma vez que ela representa o nível de atividade da empresa e muitas contas podem ser estimadas a tomando por base, o que reforça essa sugestão. Além disso, ela é utilizada como referência porque representa os recursos gerados pela atividade operacional para fazer frente aos desembolsos operacionais. Logo, ao fazer a análise em relação à receita operacional, verifica-se quanto cada item de desembolso representa percentualmente da receita gerada pela atividade principal da empresa.

De acordo com o plano de contas adotado, algumas empresas podem usar como referência a receita bruta ou a líquida. Essa decisão fica a cargo da empresa, sendo apenas necessária uma uniformidade conceitual para que todos os envolvidos saibam sobre qual valor a análise é realizada. Na tabela a seguir, é apresentada uma terceira coluna contendo a análise vertical de cada conta orçamentária em relação à receita operacional.

TABELA 149 - ANÁLISE VERTICAL

Contas	Valores	AV%
Receita operacional	R$ 225.000,00	100,00%
Desembolsos fixos	**R$ 36.350,00**	**16,16%**
Água	R$ 500,00	0,22%
Energia elétrica	R$ 2.500,00	1,11%
Material de higiene	R$ 450,00	0,20%
Material de limpeza	R$ 650,00	0,29%
Serviços de segurança	R$ 1.000,00	0,44%
Serviços de limpeza	R$ 1.250,00	0,56%
Telefonia	R$ 1.500,00	0,67%
Terceirizados	R$ 3.500,00	1,56%
Salários fixos	R$ 25.000,00	11,11%
Desembolsos variáveis	**R$ 168.750,00**	**75,00%**
Impostos	R$ 56.250,00	25,00%
Matérias-primas	R$ 101.250,00	45,00%
Salários variáveis	R$ 11.250,00	5,00%
Resultado operacional	**R$ 19.900,00**	**8,84%**

A conta "Água", por exemplo, foi de R$ 500,00 no período, representando 0,22% da receita operacional (R$ 500,00 / R$ 225.000,00). As demais contas, inclusive as sintéticas, têm sua análise vertical calculada de maneira semelhante, dividindo o seu valor individual pela receita operacional do período.

Algumas informações relevantes podem ser derivadas dessa análise. Verifica-se que a conta "Matérias-primas" representa 45,00% das receitas operacionais. Essa é a conta mais representativa de todas, seguida imediatamente pelas contas "Impostos" (25,00%) e "Salários fixos" (11,11%). Essas três contas consomem 81,11% da receita operacional. A conta menos representativa é a "Material de higiene", comprometendo apenas 0,20% da receita operacional.

O percentual associado à conta "Resultado operacional" foi de 8,84%, sendo a representação percentual do resultado operacional do período. Esse percentual também pode ser designado margem de lucro operacional ou lucratividade operacional. Em particular, é um indicador interessante do resultado operacional alcançado, pois o apresenta de forma relativa à receita operacional.

Com ele, permite-se, por exemplo, realizar comparações das margens de lucro operacional entre diferentes empresas ou na mesma empresa em momentos distintos. No primeiro caso, pode-se verificar como a empresa está nesse quesito em relação a outras no mesmo setor de atuação, como forma de fazer um *benchmarking*. No segundo caso, podem-se analisar as margens alcançadas em diferentes períodos, o que possibilita identificar situações que influenciam esses resultados, assim como as margens de lucro alcançadas ao longo dos meses de um ano, como reflexo de algum fator de sazonalidade.

Conforme comentado, a análise vertical pode ser calculada de outra forma. Em vez de utilizar como parâmetro a receita operacional do período, podem ser usadas as contas sintéticas como referenciais. Nesse caso, cada conta analítica é comparada com a conta sintética da qual ela faz parte. Veja a seguir a nova configuração da análise vertical.

TABELA 150 - ANÁLISE VERTICAL

Contas	Valores	AV%
Receita operacional	R$ 225.000,00	100,00%
Desembolsos fixos	R$ 36.350,00	100,00%
Água	R$ 500,00	1,38%
Energia elétrica	R$ 2.500,00	6,88%
Material de higiene	R$ 450,00	1,24%
Material de limpeza	R$ 650,00	1,79%
Serviços de segurança	R$ 1.000,00	2,75%
Serviços de limpeza	R$ 1.250,00	3,44%

(CONTINUA)

		(CONTINUAÇÃO)
Telefonia	R$ 1.500,00	4,13%
Terceirizados	R$ 3.500,00	9,63%
Salários fixos	R$ 25.000,00	68,78%
Desembolsos variáveis	**R$ 168.750,00**	**100,00%**
Impostos	R$ 56.250,00	33,33%
Matérias-primas	R$ 101.250,00	60,00%
Salários variáveis	R$ 11.250,00	6,67%
Resultado operacional	**R$ 19.900,00**	**8,84%**

Nesse caso, as contas sintéticas representam a totalidade (100,00%). Tome como ilustração a conta sintética "Desembolsos fixos". Todas as contas analíticas pertinentes a ela ("Água" até "Salários fixos") têm suas análises verticais calculadas em relação ao total de desembolsos fixos. A conta "Salários fixos", por exemplo, é a mais representativa dos desembolsos fixos (R$ 25.000,00 / R$ 36.350,00 = 68,78%). A conta "Material de higiene", por sua vez, é a menos representativa (R$ 450,00 / R$ 36.350,00 = 1,24%).

A conta sintética "Desembolsos variáveis" também se torna uma referência para as contas constantes nela. Os impostos correspondem a um terço dos desembolsos variáveis, as matérias-primas, 60,00%, e os salários variáveis, 6,67%.

Por fim, o resultado operacional percentual é calculado sobre a receita operacional. Com isso, tem-se a margem de lucro operacional, que é um importante indicador operacional.

Ressalta-se que não há uma regra determinante sobre o tipo de análise vertical mais adequado. É sugerido que a empresa chegue a um consenso sobre qual critério será empregado. De outra forma, considerando os recursos computacionais disponíveis atualmente, a adoção de ambos os tipos não representa um custo adicional relevante à empresa.

10.3 ANÁLISE HORIZONTAL

A análise horizontal permite o exame da evolução histórica de uma série de valores em intervalos sequenciais de tempo. A partir de um índice base,

INDICADORES ORÇAMENTÁRIOS

representando o ponto de partida, calcula-se como as variáveis se comportam ao longo de alguns períodos.

Esse índice base pode ser apresentado em formato percentual ou em base 100. Ambas as formas conduzem ao mesmo entendimento, sugerindo que o emprego de uma ou de outra dependa predominantemente de com qual os gestores se sentem mais confortáveis de visualizar.

A análise horizontal tem duas variações. A primeira é chamada análise horizontal acumulada, na qual as comparações de todos os períodos são feitas em relação ao período base (primeiro período da série). Já a segunda variação é a chamada análise horizontal periódica. Nela, as comparações de cada período são feitas em relação ao período imediatamente anterior. Veja o seguinte exemplo, no qual são apresentados resultados operacionais de 4 anos.

TABELA 151 - RESULTADOS OPERACIONAIS

Período	Ano 1	Ano 2	Ano 3	Ano 4
Resultados operacionais	R$ 7.500,00	R$ 12.400,00	R$ 15.000,00	R$ 16.500,00

A partir desses valores históricos, monta-se inicialmente a análise horizontal acumulada, como representado na tabela a seguir.

TABELA 152 - ANÁLISE HORIZONTAL ACUMULADA

Período	Ano 1	Ano 2	Ano 3	Ano 4
Resultados operacionais	R$ 7.500,00	R$ 12.400,00	R$ 15.000,00	R$ 16.500,00
A. H. acumulada (%)	100,00%	65,33%	100,00%	120,00%

Na variação acumulada, o segundo ano em relação ao primeiro cresceu 65,33% ([12.400/7.500]-1). No terceiro ano, houve um crescimento de 100,00% ([15.000/7.500]-1) em relação ao ano base. No último ano, a variação foi de 120,00% ([16.500/7.500]-1) em relação ao primeiro valor da série.

Essa mesma análise horizontal acumulada poderia ter sido apresentada em base 100, conforme a tabela a seguir.

TABELA 153 - ANÁLISE HORIZONTAL ACUMULADA

Período	Ano 1	Ano 2	Ano 3	Ano 4
Resultados operacionais	R$ 7.500,00	R$ 12.400,00	R$ 15.000,00	R$ 16.500,00
A. H. acumulada	100,00	165,33	200,00	220,00

No primeiro período, a análise horizontal é representada por 100,00. No segundo ano, a análise horizontal é 165,33 ([12.400/7.500] x 100), representando, de outra forma, a mesma variação apresentada na análise com indicadores percentuais. No terceiro ano, o indicador calculado foi 200,00 ([15.000/7.500] x 100) e, no quarto ano, 220,00 ([16.500/7.500] x 100).

A seguir, é apresentada a análise horizontal periódica. Na mesma tabela, ela é mostrada tanto em forma percentual (terceira linha) quanto em base 100 (quarta linha).

TABELA 154 - ANÁLISE HORIZONTAL PERIÓDICA

Período	Ano 1	Ano 2	Ano 3	Ano 4
Resultados operacionais	R$ 7.500,00	R$ 12.400,00	R$ 15.000,00	R$ 16.500,00
A. H. periódica (%)	100,00%	65,33%	20,97%	10,00%
A. H. periódica	100,00	165,33	120,97	110,00

A análise periódica calcula os indicadores de um período em relação ao período imediatamente anterior. Portanto, na análise percentual do exemplo, o segundo ano em relação ao primeiro evidenciou uma variação de 65,33% ([12.400/7.500]-1). Pela análise em base 100, o valor calculado foi 165,33 ([12.400/7.500] x 100).

Observe que esses valores foram os mesmos calculados para a análise acumulada. Nesse ponto, ambas têm o mesmo denominador, o que indica os mesmos resultados tanto para a análise acumulada quanto para a periódica.

Dos demais pontos em diante, os valores não são mais coincidentes. O terceiro ano em relação ao segundo ano evidencia um aumento de 20,97% ([15.000/12.400]-1) ou 120,97 ([15.000/12.400] x 100). No último ano em relação ao penúltimo, os resultados são 10,00% ([16.500/15.000]-1) e 110,00 ([16.500/15.000] x 100).

Ressalta-se que as análises vertical e horizontal podem trabalhar em conjunto, visto que, apesar de terem funções informacionais diferentes, elas podem ser consideradas complementares. Juntamente da análise vertical, a análise horizontal auxilia na avaliação dos resultados financeiros, fornecendo valiosos dados de composição dos itens das demonstrações e de seu comportamento ao longo do tempo.

10.4 PONTO DE EQUILÍBRIO

O ponto de equilíbrio operacional (*break even point*) de um empreendimento é uma informação bastante relevante, tanto por ocasião da projeção orçamentária quanto ao longo da execução orçamentária. Por meio dele, é conhecido o nível mínimo de atividade que deve ser alcançado a fim de que não se incorra em prejuízo operacional. Em termos objetivos, é o nível de atividade do empreendimento que conduz ao resultado operacional igual a zero, nem gerando lucro, nem prejuízo. O ponto de equilíbrio operacional é um patamar de corte importante, pois qualquer nível de atividade inferior a ele acarreta prejuízo operacional; e qualquer nível de acima dele, lucro operacional.

Para entender seu cálculo, devem-se compreender dois aspectos iniciais. O primeiro é que o resultado operacional de um empreendimento é dado pela receita operacional menos todos os desembolsos operacionais (custos e despesas). Portanto, o resultado operacional é dado, genericamente, por $RES_O = R_T - CUS_T - DES_T$. Dessa forma, o ponto de equilíbrio operacional é o nível de atividade que leva o resultado operacional a ser igual a zero. Logo, $R_T - CUS_T - DES_T = 0 \rightarrow R_T = CUS_T + DES_T$.

O segundo aspecto é que o comportamento das receitas e dos desembolsos operacionais varia em função do nível de atividade do empreendimento, o qual pode se modificar consideravelmente ao longo do tempo e como consequência de períodos específicos de sazonalidade. Alguns itens de desembolso variam de maneira proporcional à variação do nível de atividade, enquanto outros, não. Os itens de desembolsos categorizados como variáveis (despesas variáveis e custos variáveis) têm comportamento proporcional ao nível de atividade do empreendimento, ao passo que os fixos (despesas fixas e custos fixos) não têm esse comportamento diretamente proporcional (mantêm-se relativamente uniformes para certas faixas de nível de atividade, havendo mudanças pontuais a partir de certos níveis). Com isso, no ponto de equilíbrio, têm-se as receitas operacionais totais iguais à soma de todos os custos e despesas fixos e variáveis ($R_T = CUS_F + CUS_V + DES_F + DES_V$).

De forma a facilitar a argumentação e a demonstração de como se calcula o ponto de equilíbrio operacional, admita duas circunstâncias. A primeira é que os desembolsos aqui tratados agreguem tanto despesas operacionais quanto custos produtivos. Assim, custos e despesas, para fins de demonstração da fórmula, estão agregados no termo D. Desse modo, a soma de custos fixos (CUS_F) e de despesas fixas (DES_F) será tratada como desembolsos fixos (D_F). A soma de custos variáveis (CUS_V) com despesas variáveis (DES_V) será tratada como desembolsos variáveis (D_V).

Para a segunda circunstância, aborda-se inicialmente o problema em um empreendimento que trabalha com um único produto. Em seguida, são abordados empreendimentos com vários produtos.

Posto isso, em um empreendimento com um único produto, o comportamento das receitas operacionais é esquematizado em um plano cartesiano com o eixo horizontal contendo o nível de atividade dado em quantidades vendidas desse único produto, e o eixo vertical, em unidades monetárias. Nesse plano, as receitas operacionais crescem linearmente de acordo com o seu nível de atividade, partindo do ponto zero. Nenhuma quantidade vendida gera zero unidades monetárias de receita operacional. À medida que as quantidades vendidas aumentam, as receitas operacionais totais aumentam proporcionalmente, em função da multiplicação da quantidade vendida pelo preço de venda unitário do produto.

FIGURA 14 - RECEITA OPERACIONAL TOTAL

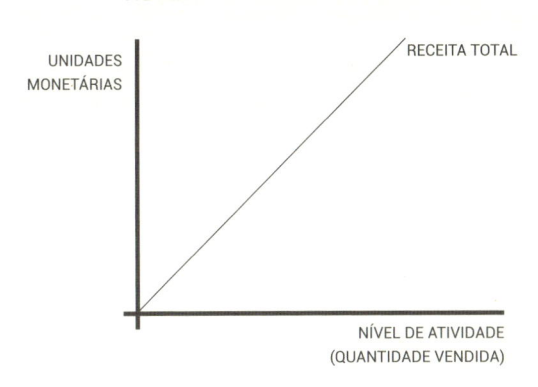

A análise passa agora para os desembolsos de natureza variável, os quais oscilam proporcionalmente à variação do nível de atividade do empreendimento. O que se espera, nessa circunstância, é que o coeficiente angular das receitas operacionais seja maior do que o coeficiente angular dos desembolsos variáveis. Assim, o gráfico de comportamento dos desembolsos variáveis para diversos níveis de atividade é dado a seguir.

FIGURA 15 - DESEMBOLSOS OPERACIONAIS VARIÁVEIS

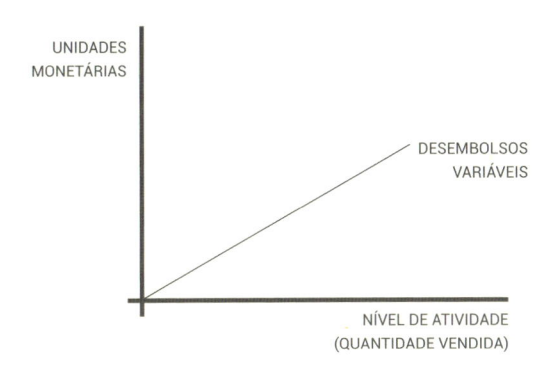

Aqui, há uma simplificação da realidade que merece explicação. Conceitualmente, custos e despesas referem-se a gastos operacionais, mas em contextos distintos. Custos estão associados ao esforço de gerar o produto ou serviço, ao passo que despesas estão associadas aos esforços administrativos, comerciais e logísticos. Portanto, quando se trata de custos variáveis, sua referência é o nível de produção, ao passo que a referência para as despesas variáveis é o nível de venda. O nível de atividade está simplificado, pois admitiu-se que os níveis de produção e venda seguem o mesmo comportamento.

Por fim, os desembolsos fixos mantêm comportamento relativamente constante e alheio ao nível de atividade alcançado, apesar de poderem passar a outro patamar. O gráfico a seguir ilustra o comportamento desses desembolsos em relação ao nível de atividade.

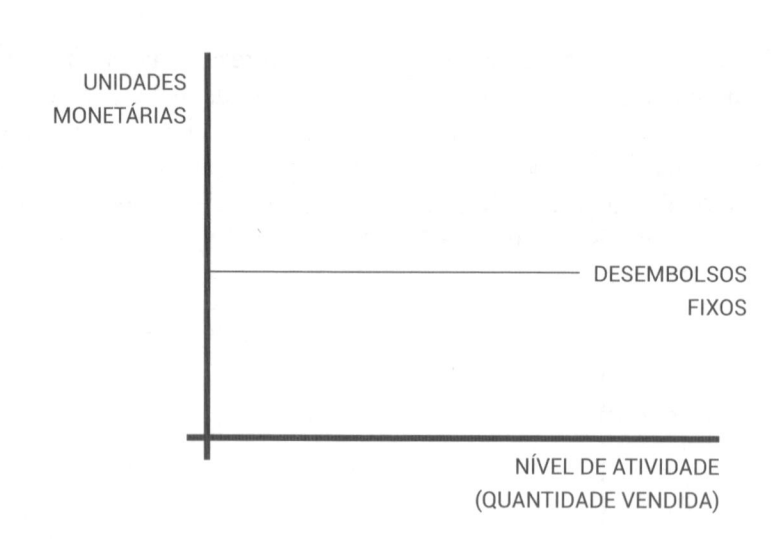

FIGURA 16 - DESEMBOLSOS OPERACIONAIS FIXOS

Observando-se o comportamento gráfico dos desembolsos fixos e variáveis em função do nível de atividade do empreendimento, pode-se montar o comportamento dos desembolsos totais, conforme figura a seguir.

FIGURA 17 - DESEMBOLSOS OPERACIONAIS TOTAIS

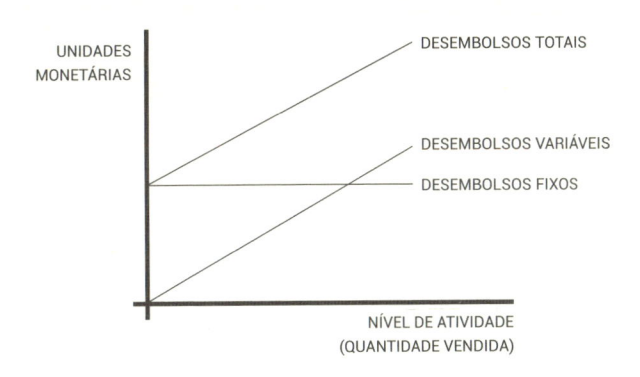

[Gráfico: eixo vertical "UNIDADES MONETÁRIAS", eixo horizontal "NÍVEL DE ATIVIDADE (QUANTIDADE VENDIDA)", com retas "DESEMBOLSOS TOTAIS", "DESEMBOLSOS VARIÁVEIS" e "DESEMBOLSOS FIXOS"]

A reta que representa os desembolsos totais é uma soma, para cada ponto do eixo horizontal, do valor do desembolso fixo e do desembolso variável nesse ponto. Sobrepondo as retas de receita total e de desembolso total, tem-se a configuração gráfica determinada na figura seguinte.

FIGURA 18 - QUANTIDADE DE EQUILÍBRIO OPERACIONAL

[Gráfico: eixo vertical "UNIDADES MONETÁRIAS", eixo horizontal "NÍVEL DE ATIVIDADE (QUANTIDADE VENDIDA)", com retas "RECEITA TOTAL" e "DESEMBOLSO TOTAL" e indicação do "PONTO DE EQUILÍBRIO"]

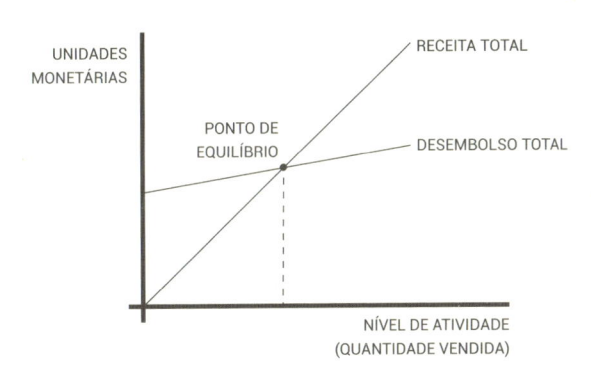

Nota-se que a receita operacional total parte do ponto zero do gráfico. Já o desembolso operacional total intercepta o eixo vertical no ponto de desembolso operacional fixo, tendo, por outro lado, uma declividade menor do que a declividade da receita operacional total. Essa estrutura apresenta um ponto de interseção entre as retas, indicando que a receita operacional total se iguala ao desembolso operacional total. Esse é o denominado ponto de equilíbrio operacional.

Observe na figura que, à esquerda do ponto de equilíbrio operacional, a reta do desembolso operacional total está acima da reta da receita operacional total. Ao longo dessa área, em que o desembolso operacional total está acima da receita operacional total, tem-se uma situação de prejuízo operacional. À direita do ponto de equilíbrio operacional, percebe-se que reta da receita operacional total se situa acima da reta de desembolso operacional total, mostrando uma situação de lucro operacional.

Averiguou-se na demonstração gráfica anterior que o ponto de equilíbrio operacional ocorre quando a receita operacional total se iguala ao desembolso operacional total (RT=DT). Nesse ponto, o resultado operacional é igual a zero (RO = 0 = RT - DT).

Considerando-se, para simplificar a demonstração, que o empreendimento atue apenas com um produto/serviço, a receita operacional total é dada pelo produto da quantidade produzida/prestada pelo preço de venda. O desembolso operacional total, por sua vez, é a soma dos desembolsos fixos e variáveis. Esse último é função da quantidade vendida e do desembolso operacional variável unitário de cada produto/serviço. Assim, tem-se:

RT = DT
Qtd x PVU = DF + DV
Qtd x PVU = DF + (Qtd x DVU)

Em que:

RT = Receita operacional total
DT = Desembolso operacional total
Qtd = Quantidade produzida/vendida do produto/serviço
PVU = Preço de venda unitário
DF = Desembolso operacional fixo total
DV = Desembolso operacional variável total
DVU = Desembolso operacional variável unitário

Realizadas algumas operações na fórmula anterior, tem-se o seguinte rearranjo:

(Qtd x PVU) − (Qtd x DVU) = DF
Qtd = DF / (PVU - DVU)   (equação I)

A fórmula resultante mostra a quantidade vendida do produto de forma a alcançar uma igualdade entre a receita operacional total e o desembolso operacional total, representando, portanto, a quantidade de equilíbrio operacional. Assim, é a quantidade de produtos vendida ou serviços prestados para atingir o ponto de equilíbrio operacional. Se as unidades vendidas ficarem abaixo dessa quantidade calculada, o empreendimento terá prejuízo operacional, pois não conseguirá pagar totalmente os desembolsos operacionais fixos e variáveis. Caso a quantidade vendida seja superior a essa quantidade de equilíbrio, o empreendimento terá uma receita operacional superior ao seu desembolso operacional total, alcançando resultado operacional positivo (lucro operacional).

A expressão PVU-DVU é chamada margem de contribuição unitária (MCU). A MCU é dada pelo preço de venda do produto menos o seu desembolso variável unitário. O resultado dessa subtração é a parcela do produto que contribui para o pagamento dos desembolsos fixos da empresa e para a formação do lucro operacional, quando agregadas todas as margens de contribuição unitárias de todos os produtos/serviços. O conceito de margem de contribuição é relacionado ao método de custeio variável ou direto.

Quando se trata de um empreendimento com um único produto, o cálculo do ponto de equilíbrio operacional em termos de quantidade é adequado. No entanto, quando se trata de um empreendimento com vários produtos, não é viável pensar em calcular uma quantidade de equilíbrio para cada produto. Nesse caso, em vez de quantidade de equilíbrio, deve-se pensar em receita de equilíbrio operacional.

Calculada a quantidade de equilíbrio operacional, pode-se chegar à receita de equilíbrio operacional. Veja a figura seguinte.

FIGURA 19 - RECEITA DE EQUILÍBRIO OPERACIONAL

[Gráfico com eixo vertical "UNIDADES MONETÁRIAS" e eixo horizontal "NÍVEL DE ATIVIDADE (QUANTIDADE VENDIDA)". Linhas de RECEITA TOTAL e DESEMBOLSO TOTAL cruzam-se no ponto de equilíbrio, indicando RECEITA DE EQUILÍBRIO e QUANTIDADE EQUILÍBRIO.]

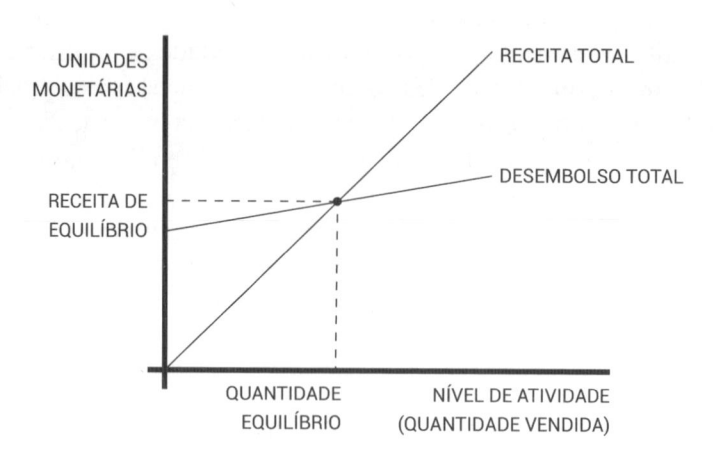

Se no lado esquerdo da equação I tem-se a quantidade de equilíbrio, para obter a receita de equilíbrio, basta multiplicar os dois lados da equação pelo preço de venda unitário (PVU). A equação fica como se segue:

PVU x Qtd = PVU x DF / MCU

RT = DF / (MCU/PVU)

RT = DF / PercMC   (equação II)

Na dedução da equação II, vê-se que a variável PVU incorporada ao lado direito da equação I foi transformada em denominador da variável margem de contribuição unitária (MCU). Com esse rearranjo, a expressão MCU/PVU representa a margem de contribuição em termos percentuais (PercMC), ou seja, o quanto a margem de contribuição unitária representa em relação ao preço de venda unitário.

Ressalte-se que a receita operacional de equilíbrio é a total, abrangendo todos os produtos e serviços. Não se busca a receita de equilíbrio por produto/serviço, da mesma forma que não se busca a quantidade de equilíbrio por produto/serviço. Tal busca seria inviável, pois seria requerida a distribuição dos elementos de desembolsos operacionais fixos para cada produto/serviço (imagine uma empresa com centenas ou milhares de itens de produtos).

Ao usar a receita operacional total, toda a carteira de produtos/serviços está refletida financeiramente na exata proporção de suas respectivas participações. Em decorrência, os desembolsos operacionais também representam essa proporção em seus valores, o que permite o cálculo da receita de equilíbrio considerando o desempenho completo do empreendimento.

Com essa fórmula, o cálculo da receita de equilíbrio pode ser feito a partir da análise do fluxo de caixa operacional da empresa, consolidado no orçamento final. Tome o fluxo de caixa utilizado para exemplificar a análise vertical, acompanhado dessa análise referenciada na receita operacional.

TABELA 155 - FLUXO DE CAIXA

Contas	Valores	AV%
Receita operacional	R$ 225.000,00	100,00%
Despesas fixas	R$ 36.350,00	16,16%
Água	R$ 500,00	0,22%
Energia elétrica	R$ 2.500,00	1,11%
Material de higiene	R$ 450,00	0,20%
Material de limpeza	R$ 650,00	0,29%
Serviços de segurança	R$ 1.000,00	0,44%
Serviços de limpeza	R$ 1.250,00	0,56%
Telefonia	R$ 1.500,00	0,67%
Terceirizados	R$ 3.500,00	1,56%
Salários fixos	R$ 25.000,00	11,11%
Despesas variáveis	R$ 168.750,00	75,00%
Impostos	R$ 56.250,00	25,00%
Matérias-primas	R$ 101.250,00	45,00%
Salários variáveis	R$ 11.250,00	5,00%
Resultado operacional	R$ 19.900,00	8,84%

Essa planilha contém todos os elementos necessários ao cálculo do ponto de equilíbrio da empresa em termos de receita. Sabendo que a receita de equilíbrio é dada pela divisão entre a despesa fixa total e a margem de contribuição percentual, basta identificar esses dois elementos no fluxo de caixa. A despesa fixa total é facilmente identificada. Seu valor é R$36.350,00.

Para calcular a margem de contribuição percentual, serão necessários alguns passos. O primeiro passo é calcular a margem de contribuição total. Seu conceito é a diferença entre a receita total e todos os desembolsos de natureza variável incorridos. A estruturação do fluxo de caixa permite esse cálculo facilmente:

Margem de contribuição total = Receita total − Desembolsos variáveis
Margem de contribuição total = 225.000,00 − 168.750,00
Margem de contribuição total = 56.250,00

A fim de computar a margem de contribuição percentual, necessária ao cálculo da receita de equilíbrio, basta dividir a margem de contribuição total pela receita total. Assim, tem-se:

Margem de contribuição percentual =
Margem de contribuição total / Receita total
Margem de contribuição percentual = 56.250,00 / 225.000,00
Margem de contribuição percentual = 25,00%

Nesse ponto, é viável calcular a receita de equilíbrio:

Receita de equilíbrio = Despesa fixa total / Margem de contribuição percentual
Receita de equilíbrio = 36.350,00 / 0,25
Receita de equilíbrio = 145.400,00

Isso posto, se a empresa gerar R$ 145.400,00 de receita operacional, mantidas sua estrutura atual de despesas fixas e a relação percentual das despesas de natureza variável, ela estará no ponto de equilíbrio. Receitas acima desse valor acarretam resultado operacional positivo e receitas inferiores a esse patamar indicam resultado operacional negativo.

O cálculo da margem de contribuição percentual também poderia ter sido realizado utilizando a análise vertical. Note que a análise vertical apresenta a relação entre despesa variável e a receita operacional de 75,00%. Como a margem de contribuição é a diferença entre a receita total e a despesa variável total, então a margem de contribuição percentual é a diferença entre o percentual de receita total (representado por 100,00%) e o percentual de despesa variável. No exemplo, 100,00% - 75,00% resultando 25,00%.

10.5 EXEMPLOS

10.5.1 EMPRESA PRESTADORA DE SERVIÇOS

Com o orçamento projetado da clínica, podem ser calculados os seus indicadores orçamentários. Iniciando pela análise horizontal, a seguir é apresentada a do tipo acumulada.

TABELA 156 - ANÁLISE HORIZONTAL ACUMULADA

Contas	JAN	FEV	MAR	ABR	MAI	JUN	JUL	AGO	SET	OUT	NOV	DEZ
Receitas operacionais	100%	0,00%	-14,83%	-14,83%	0,00%	0,00%	-34,22%	-14,83%	0,00%	0,00%	0,00%	-34,22%
Atendimento clínico	100%	0,00%	-10,00%	-10,00%	0,00%	0,00%	-20,00%	-10,00%	0,00%	0,00%	0,00%	-20,00%
Cirurgia I	100%	0,00%	-20,00%	-20,00%	0,00%	0,00%	-50,00%	-20,00%	0,00%	0,00%	0,00%	-50,00%
Cirurgia II	100%	0,00%	-20,00%	-20,00%	0,00%	0,00%	-48,00%	-20,00%	0,00%	0,00%	0,00%	-48,00%
Cirurgia III	100%	0,00%	-20,00%	-20,00%	0,00%	0,00%	-50,00%	-20,00%	0,00%	0,00%	0,00%	-50,00%
Custos produtivos	100%	0,00%	-11,73%	-11,73%	0,00%	0,00%	-25,21%	-11,73%	0,00%	0,00%	0,00%	-25,21%
Matérias-primas	100%	0,00%	-11,33%	-11,33%	0,00%	0,00%	-23,88%	-11,33%	0,00%	0,00%	0,00%	-23,88%
MOD	100%	0,00%	-13,37%	-13,37%	0,00%	0,00%	-29,86%	-13,37%	0,00%	0,00%	0,00%	-29,86%
CIP	100%	0,00%	0,00%	0,00%	0,00%	0,00%	0,00%	0,00%	0,00%	0,00%	0,00%	0,00%
Despesas operacionais	100%	55,66%	55,66%	82,63%	47,40%	55,66%	90,89%	36,61%	47,40%	86,66%	55,66%	55,66%
Despesas fixas	100%	0,00%	0,00%	0,00%	0,00%	0,00%	0,00%	0,00%	0,00%	0,00%	0,00%	0,00%

(CONTINUA)

										(CONTINUAÇÃO)
Despesas variáveis	100%									
Investimentos	100%									
Financiamento - entrada	100%									
Financiamento - saída	100%									

A estrutura é similar à do orçamento consolidado, o que facilita a montagem das planilhas de análise. Na coluna referente ao primeiro período de análise (janeiro), há os valores que servirão como base de comparação para a análise horizontal acumulada. Logo, seus valores são 100%. A partir da segunda coluna, são calculadas as variações percentuais sobre os valores da primeira coluna.

Observe, por exemplo, que as receitas operacionais apresentam uma variação de janeiro a dezembro de -34,22%. Tal variação é explicada pelas variações percentuais dos seus elementos constituintes (atendimento clínico e cirurgias I, II e III) em relação ao primeiro período da série.

Com relação aos custos produtivos, de janeiro a dezembro, seus valores se reduziram em 25,21%, sendo explicado por variações negativas nos orçamentos de matérias-primas e mão de obra direta respectivamente de 23,88% e 29,86%. Não houve variação para os custos indiretos de produção.

As despesas operacionais fixas tiveram um aumento de 55,66% de janeiro a dezembro. Já as despesas variáveis não apresentaram valores percentuais, porque, no primeiro período da série, seu fluxo de caixa foi zero, não sendo possível fazer uma divisão, em qualquer dos períodos posteriores, por zero. Desse modo, não foi feita essa análise horizontal acumulada. De forma semelhante às despesas variáveis, não foram realizadas análises horizontais acumuladas para os investimentos e financiamentos (entradas e saídas).

Ainda no que diz respeito à análise horizontal acumulada, em alguns meses, como há similaridades de fluxos de caixa em relação aos respectivos fluxos de caixa de janeiro, as variações percentuais foram nulas. Os custos indiretos de produção, assim como as despesas fixas, mantiveram-se uniformes ao longo de todos os meses, o que explica as variações percentuais nulas. Pode-se passar agora para a análise horizontal periódica, apresentada na seguinte tabela.

TABELA 157 - ANÁLISE HORIZONTAL PERIÓDICA

Contas	JAN	FEV	MAR	ABR	MAI	JUN	JUL	AGO	SET	OUT	NOV	DEZ
Receitas operacionais	100%	0,00%	-14,83%	0,00%	17,41%	0,00%	-34,22%	29,47%	17,41%	0,00%	0,00%	-34,22%
Atendimento clínico	100%	0,00%	-10,00%	0,00%	11,11%	0,00%	-20,00%	12,50%	11,11%	0,00%	0,00%	-20,00%
Cirurgia I	100%	0,00%	-20,00%	0,00%	25,00%	0,00%	-50,00%	60,00%	25,00%	0,00%	0,00%	-50,00%
Cirurgia II	100%	0,00%	-20,00%	0,00%	25,00%	0,00%	-48,00%	53,85%	25,00%	0,00%	0,00%	-48,00%
Cirurgia III	100%	0,00%	-20,00%	0,00%	25,00%	0,00%	-50,00%	60,00%	25,00%	0,00%	0,00%	-50,00%
Custos produtivos	100%	0,00%	-11,73%	0,00%	13,29%	0,00%	-25,21%	18,03%	13,29%	0,00%	0,00%	-25,21%
Matérias-primas	100%	0,00%	-11,33%	0,00%	12,78%	0,00%	-23,88%	16,49%	12,78%	0,00%	0,00%	-23,88%
MOD	100%	0,00%	-13,37%	0,00%	15,43%	0,00%	-29,86%	23,51%	15,43%	0,00%	0,00%	-29,86%
CIP	100%	0,00%	0,00%	0,00%	0,00%	0,00%	0,00%	0,00%	0,00%	0,00%	0,00%	0,00%
Despesas operacionais	100%	55,66%	0,00%	17,33%	-19,29%	5,60%	22,63%	-28,43%	7,90%	26,63%	-16,61%	0,00%
Despesas fixas	100%	0,00%	0,00%	0,00%	0,00%	0,00%	0,00%	0,00%	0,00%	0,00%	0,00%	0,00%
Despesas variáveis	100%		0,00%	48,47%	-42,63%	17,41%	63,30%	-59,72%	29,47%	82,82%	-35,78%	0,00%
Investimentos	100%							-40,00%	-20,00%	0,00%	-100%	
Financiamento - entrada	100%							-22,22%	-100%			
Financiamento - saída	100%								98,03%	-0,57%	-0,57%	-0,57%

Segue-se a mesma estrutura anteriormente montada e são atribuídos valores 100% aos indicadores de janeiro. A cada mês posterior, é calculada a variação percentual em relação ao mês anterior. As células sem valores indicam que o valor da célula do mês anterior é zero, impossibilitando uma divisão por zero. Em seguida, utilizando-se da mesma estrutura, pode-se apresentar a tabela contendo a análise vertical das contas em relação à receita operacional.

TABELA 158 - ANÁLISE VERTICAL EM RELAÇÃO À RECEITA OPERACIONAL

Contas	JAN	FEV	MAR	ABR	MAI	JUN	JUL	AGO	SET	OUT	NOV	DEZ
Receitas operacionais	100%	100%	100%	100%	100%	100%	100%	100%	100%	100%	100%	100%
Atendimento clínico	51,70%	51,70%	54,63%	54,63%	51,70%	51,70%	62,87%	54,63%	51,70%	51,70%	51,70%	62,87%
Cirurgia I	21,00%	21,00%	19,73%	19,73%	21,00%	21,00%	15,96%	19,73%	21,00%	21,00%	21,00%	15,96%
Cirurgia II	13,73%	13,73%	12,90%	12,90%	13,73%	13,73%	10,85%	12,90%	13,73%	13,73%	13,73%	10,85%
Cirurgia III	13,57%	13,57%	12,75%	12,75%	13,57%	13,57%	10,31%	12,75%	13,57%	13,57%	13,57%	10,31%
Custos produtivos	66,01%	66,01%	68,42%	68,42%	66,01%	66,01%	75,05%	68,42%	66,01%	66,01%	66,01%	75,05%
Matérias-primas	45,70%	45,70%	47,58%	47,58%	45,70%	45,70%	52,88%	47,58%	45,70%	45,70%	45,70%	52,88%
MOD	19,18%	19,18%	19,51%	19,51%	19,18%	19,18%	20,45%	19,51%	19,18%	19,18%	19,18%	20,45%
CIP	1,13%	1,13%	1,33%	1,33%	1,13%	1,13%	1,72%	1,33%	1,13%	1,13%	1,13%	1,72%
Despesas operacionais	15,54%	24,19%	28,40%	33,33%	22,91%	24,19%	45,10%	24,93%	22,91%	29,01%	24,19%	36,77%
Despesas fixas	15,54%	15,54%	18,25%	18,25%	15,54%	15,54%	23,62%	18,25%	15,54%	15,54%	15,54%	23,62%
Despesas variáveis	0,00%	8,65%	10,16%	15,08%	7,37%	8,65%	21,47%	6,68%	7,37%	13,47%	8,65%	13,15%
Investimentos	0,00%	0,00%	0,00%	0,00%	0,00%	0,00%	12,28%	5,69%	3,88%	3,88%	0,00%	0,00%
Financiamento – entrada	0,00%	0,00%	0,00%	0,00%	0,00%	0,00%	8,84%	5,31%	0,00%	0,00%	0,00%	0,00%
Financiamento - saída	0,00%	0,00%	0,00%	0,00%	0,00%	0,00%	0,00%	1,42%	2,39%	2,38%	2,37%	3,58%
Resultado operacional	18,44%	9,79%	3,18%	-1,74%	11,08%	9,79%	-20,15%	6,65%	11,08%	4,98%	9,79%	-11,82%

Em cada período, é dada a análise vertical em relação à receita operacional do respectivo período. Pode-se observar, por exemplo, a participação percentual de todos os elementos que compõem a receita operacional em relação ao seu total. Também se pode notar o quanto da receita operacional é destinado ao pagamento dos custos produtivos e despesas operacionais e seus componentes, bem como aos demais elementos de investimento e financiamento.

A tabela tal como foi montada também permite serem observadas as variações na análise vertical ao longo de todos os períodos orçamentários. Os custos produtivos, por exemplo, têm participações percentuais em relação à receita operacional que vão desde 66,01% até 75,05%.

Uma informação particularmente importante é apresentada na última linha. A linha de resultado operacional apresenta a relação percentual entre o resultado operacional e a receita operacional. Portanto, indica a margem de lucro operacional (ou lucratividade) atingida em cada período. Em alguns meses (abril, julho e dezembro), os resultados operacionais foram negativos, indicando igualmente que a lucratividade é negativa. Nos demais meses, foram observados resultados operacionais positivos e, consequentemente, lucratividade também positiva.

A outra forma de apresentar a análise vertical é fazendo referência às contas sintéticas das quais as contas analíticas ou sintéticas em menor nível fazem parte. A tabela a seguir mostra essa forma.

TABELA 159 - ANÁLISE VERTICAL EM RELAÇÃO AO GRUPO DE CONTAS

Contas	JAN	FEV	MAR	ABR	MAI	JUN	JUL	AGO	SET	OUT	NOV	DEZ
Receitas operacionais	100%	100%	100%	100%	100%	100%	100%	100%	100%	100%	100%	100%
Atendimento clínico	51,70%	51,70%	54,63%	54,63%	51,70%	51,70%	62,87%	54,63%	51,70%	51,70%	51,70%	62,87%
Cirurgia I	21,00%	21,00%	19,73%	19,73%	21,00%	21,00%	15,96%	19,73%	21,00%	21,00%	21,00%	15,96%
Cirurgia II	13,73%	13,73%	12,90%	12,90%	13,73%	13,73%	10,85%	12,90%	13,73%	13,73%	13,73%	10,85%
Cirurgia III	13,57%	13,57%	12,75%	12,75%	13,57%	13,57%	10,31%	12,75%	13,57%	13,57%	13,57%	10,31%
Custos produtivos	100%	100%	100%	100%	100%	100%	100%	100%	100%	100%	100%	100%
Matérias-primas	69,23%	69,23%	69,54%	69,54%	69,23%	69,23%	70,46%	69,54%	69,23%	69,23%	69,23%	70,46%

(CONTINUA)

												(CONTINUAÇÃO)
MOD	29,06%	29,06%	28,52%	28,52%	29,06%	29,06%	27,25%	28,52%	29,06%	29,06%	29,06%	27,25%
CIP	1,71%	1,71%	1,94%	1,94%	1,71%	1,71%	2,29%	1,94%	1,71%	1,71%	1,71%	2,29%
Despesas operacionais	100%	100%	100%	100%	100%	100%	100%	100%	100%	100%	100%	100%
Despesas fixas	100%	64,24%	64,24%	54,75%	67,84%	64,24%	52,39%	73,20%	67,84%	53,57%	64,24%	64,24%
Despesas variáveis	0,00%	35,76%	35,76%	45,25%	32,16%	35,76%	47,61%	26,80%	32,16%	46,43%	35,76%	35,76%
Investimentos												
Financiamento - entrada												
Financiamento - saída												

No grupamento de receitas operacionais, composto pelo atendimento clínico e os três tipos de cirurgias, não houve diferença de percentuais quando se compara com a análise vertical anterior. Isso ocorre pois os denominadores são semelhantes (receitas operacionais totais).

No grupamento de custos produtivos, por sua vez, há uma diferença nos percentuais em relação à outra análise vertical. Os custos produtivos totais equivalem a 100%. As participações relativas das matérias-primas, da mão de obra direta e dos custos indiretos de produção, que fazem parte desse grupamento, são calculadas em relação ao denominador de custos produtivos. Assim, em janeiro, 69,23% dos custos produtivos são destinados a matérias-primas, 29,06%, à mão de obra direta e 1,71%, aos custos indiretos de produção. Raciocínio semelhante para os demais meses do período orçamentário.

No grupamento de despesas operacionais, composto pelas despesas fixas e variáveis (sintéticas em menor nível), cálculos semelhantes são realizados. Especificamente, em janeiro, não há previsão de desembolsos variáveis, por conta do prazo de pagamento de suas contas. Desse modo, sua colaboração é zero, implicando a participação de 100% das despesas fixas. Nos demais meses, as despesas variáveis evidenciam participação nas despesas totais.

Como no orçamento consolidado as contas relacionadas a investimentos e financiamentos foram apresentadas somente pelas contas sintéticas de maior nível, não foi viável apresentar a análise vertical. Porém, se essas contas forem abertas para os níveis menores, tal análise poderá ser executada. Essa última observação vale igualmente para outros elementos do orçamento consolidado, como matérias-primas, mão de obra direta, custos indiretos de produção, despesas fixas e despesas variáveis.

Por fim, pode-se calcular a receita de equilíbrio da empresa, em seus vários meses projetados. Para tanto, foi calculada a tabela a seguir.

TABELA 160 - RECEITA DE EQUILÍBRIO OPERACIONAL

Meses	JAN	FEV	MAR	ABR	MAI	JUN
Desembolsos Operacionais de Natureza Variável %	64,88%	73,53%	77,25%	82,17%	72,25%	73,53%
Margem de Contribuição %	35,12%	26,47%	22,75%	17,83%	27,75%	26,47%
Desembolsos Operacionais de Natureza Fixa	R$ 25.800,00	R$ 25.800,00	R$ 25.800,00	R$ 25.800,00	R$ 25.800,00	R$ 25.800,00
Receita de Equilíbrio Operacional	R$ 73.469,00	R$ 97.481,00	R$ 113.386,00	R$ 144.687,00	R$ 92.974,00	R$ 97.481,00

Meses	JUL	AGO	SET	OUT	NOV	DEZ	MÉDIA
Desembolsos Operacionais de Natureza Variável %	94,80%	73,77%	72,25%	78,35%	73,53%	86,48%	76,90%
Margem de Contribuição %	5,20%	26,23%	27,75%	21,65%	26,47%	13,52%	23,10%
Desembolsos Operacionais de Natureza Fixa	R$ 25.800,00	R$ 25.800,00	R$ 25.800,00	R$ 25.800,00	R$ 25.800,00	R$ 25.800,00	R$ 25.800,00
Receita de Equilíbrio Operacional	R$ 496.516,00	R$ 98.364,00	R$ 92.974,00	R$ 119.177,00	R$ 97.481,00	R$ 190.838,00	R$ 142.902,00

A primeira linha após a linha de cabeçalho calcula a relação percentual de todos os desembolsos de natureza variável (matérias-primas, mão de obra direta e despesas variáveis) em relação à receita operacional total. Em cada mês, dividindo-se a soma das matérias-primas, da mão de obra direta e das despesas variáveis pela receita operacional do respetivo mês, chega-se aos percentuais apresentados nessa linha.

A linha seguinte apresenta a margem de contribuição em termos percentuais em cada mês. Para seu cálculo, basta diminuir 100% (representando a receita operacional total) do percentual de desembolsos operacionais variáveis, calculados anteriormente. Em seguida, somam-se todos os desembolsos operacionais de natureza fixa. Eles são formados pela soma dos custos indiretos de produção com as despesas de natureza fixa.

Na última linha, as receitas de equilíbrio em cada mês são calculadas, dividindo os desembolsos de natureza fixa (linha anterior) pelas margens de contribuição percentuais (duas linhas anteriores) em cada mês. Observe que, nos meses de resultado operacional negativo, a receita operacional de fato foi menor que a receita de equilíbrio calculada acima.

A última coluna dessa tabela apresenta os valores médios, calculados com os valores mensais. Em média, ao longo dos doze meses, a margem de contribuição foi de 23,10% e as despesas de natureza fixa foram R$ 25.800,00. Portanto, a receita de equilíbrio média do período orçamentário foi R$ 142.902 (R$ 25.800 / 0,2310).

10.5.2 EMPRESA COMERCIAL

A análise do orçamento elaborado para a empresa comercial pode se iniciar pelas análises horizontais acumulada e periódica. Ambas são apresentadas na tabela seguinte para as contas sintéticas.

TABELA 161 - ANÁLISES HORIZONTAIS ACUMULADA E PERIÓDICA

CONTAS	FEV	MAR	ABR	MAI	JUN	JUL	AGO	SET	OUT	NOV	DEZ
RECEITAS OPERACIONAIS	214,66%	240,27%	235,40%	257,03%	243,78%	240,98%	260,46%	253,97%	257,99%	264,02%	257,53%
DESPESAS DE PESSOAL	-8,78%	-6,58%	-5,79%	-5,08%	10,52%	1,86%	-6,47%	-6,92%	-7,70%	38,27%	38,06%
DESPESAS ADMINISTRATIVAS	0,00%	7,46%	0,89%	0,89%	0,89%	4,61%	0,89%	0,89%	0,89%	0,89%	0,89%
TAXAS/IMPOSTOS											

(CONTINUA)

INDICADORES ORÇAMENTÁRIOS

(CONTINUAÇÃO)

TRIBUTOS SOBRE VENDAS	5,13%	-2,76%	-0,69%	3,43%	-6,61%	2,94%	0,37%	5,47%	3,79%	2,65%	5,73%
DESPESAS / CUSTOS COMERCIAIS	214,53%	295,65%	337,97%	341,21%	337,47%	331,67%	337,35%	345,11%	350,59%	351,09%	352,68%
FLUXO DE CAIXA OPERACIONAL	-248,25%	-207,98%	-129,80%	-177,09%	-148,51%	-143,25%	-196,93%	-161,85%	-167,11%	-150,32%	-126,85%
INVESTIMENTOS											
VENDAS DE ATIVOS											
IRPJ											
CSLL											
DIVIDENDOS											

CONTAS	FEV	MAR	ABR	MAI	JUN	JUL	AGO	SET	OUT	NOV	DEZ
RECEITAS OPERACIONAIS	214,66%	8,14%	-1,43%	6,45%	-3,71%	-0,81%	5,71%	-1,80%	1,13%	1,68%	-1,78%
DESPESAS DE PESSOAL	-8,78%	2,41%	0,84%	0,75%	16,43%	-7,83%	-8,19%	-0,48%	-0,84%	49,82%	-0,15%
DESPESAS ADMINISTRATIVAS	0,00%	7,46%	-6,12%	0,00%	0,00%	3,70%	-3,56%	0,00%	0,00%	0,00%	0,00%
TAXAS/IMPOSTOS		-100,00%									
TRIBUTOS SOBRE VENDAS	5,13%	-7,51%	2,12%	4,16%	-9,71%	10,22%	-2,50%	5,09%	-1,60%	-1,09%	3,00%
DESPESAS / CUSTOS COMERCIAIS	214,53%	25,79%	10,70%	0,74%	-0,85%	-1,32%	1,31%	1,77%	1,23%	0,11%	0,35%
FLUXO DE CAIXA OPERACIONAL	-248,25%	-27,16%	-72,40%	158,65%	-37,07%	-10,85%	124,13%	-36,19%	8,49%	-25,02%	-46,64%
INVESTIMENTOS		-100,00%		-100,00%		0,00%	140,00%	-100,00%			
VENDAS DE ATIVOS									-100,00%		
IRPJ		-19,64%	-76,12%	198,25%	-83,25%	-40,98%	59,87%	580,39%	-19,18%	-25,25%	-47,23%
CSLL		-19,64%	-76,12%	198,25%	-83,25%	-40,98%	59,87%	580,39%	-19,18%	-25,25%	-47,23%
DIVIDENDOS			-100,00%			-100,00%			-100,00%		

Um ponto de destaque nessas análises é que o período base (janeiro) foi um mês atípico. Nele, o resultado operacional foi negativo, ao contrário dos demais meses. Por consequência, em janeiro, não houve recolhimento dos tributos sobre resultado (IRPJ e CSLL).

Outra análise é a vertical, apresentada na tabela seguinte. Com ela, podem ser evidenciados os elementos mais relevantes do fluxo de caixa, subsidiando decisões orçamentárias posteriores.

TABELA 162 - ANÁLISE VERTICAL

FLUXO OPERACIONAL	TOTAL	AV %
RECEITAS OPERACIONAIS	R$ 7.489.328,00	100,00%
LINHA I	R$ 1.508.286,00	20,14%
LINHA II	R$ 1.692.753,00	22,60%
LINHA III	R$ 982.622,00	13,12%
LINHA IV	R$ 2.620.580,00	34,99%
LINHA V	R$ 685.089,00	9,15%
DESPESAS DE PESSOAL	R$ 647.234,00	8,64%
SALÁRIOS	R$ 402.600,00	5,38%
FÉRIAS	R$ 11.072,00	0,15%
13 SALÁRIO	R$ 33.550,00	0,45%
FGTS	R$ 35.778,00	0,48%
INSS	R$ 89.444,00	1,19%
VALES TRANSPORTES	R$ 4.434,00	0,06%
VALES REFEIÇÃO	R$ 8.496,00	0,11%
PLANO DE SAÚDE	R$ 47.360,00	0,63%
TREINAMENTO	R$ 14.500,00	0,19%
DESPESAS ADMINISTRATIVAS	R$ 163.460,00	2,18%
ALUGUEL	R$ 31.069,00	0,41%
ÁGUA/ESGOTO	R$ 4.748,00	0,06%
ENERGIA ELÉTRICA	R$ 9.828,00	0,13%
TELEFONIA FIXA/MÓVEL	R$ 20.810,00	0,28%

(CONTINUA)

		(CONTINUAÇÃO)
MANUTENÇÕES EQUIP. / VEÍCULOS	R$ 12.551,00	0,17%
INTERNET	R$ 1.500,00	0,02%
SERVIÇOS CONTÁBEIS	R$ 26.400,00	0,35%
SERVIÇOS JURÍDICOS	R$ 33.000,00	0,44%
MATERIAL DE EXPEDIENTE	R$ 18.440,00	0,25%
OUTRAS DESPESAS	R$ 5.115,00	0,07%
TAXAS/IMPOSTOS	**R$ 3.905,00**	**0,05%**
IPTU	R$ 2.105,00	0,03%
IPVA	R$ 1.800,00	0,02%
TRIBUTOS SOBRE VENDAS	**R$ 1.097.429,00**	**14,65%**
ICMS	R$ 848.413,00	11,33%
PIS	R$ 44.419,00	0,59%
COFINS	R$ 204.596,00	2,73%
DESPESAS / CUSTOS COMERCIAIS	**R$ 5.108.159,00**	**68,21%**
COMISSÕES	R$ 191.819,00	2,56%
FRETE DE MATERIAL DESPACHADO	R$ 60.866,00	0,81%
FORNECEDORES	R$ 4.855.474,00	64,83%
FLUXO DE CAIXA OPERACIONAL	**R$ 469.142,00**	**6,26%**

FLUXO DE INVESTIMENTOS	TOTAL	AV %
INVESTIMENTOS	R$ 122.500,00	1,64%
VENDAS DE ATIVOS	R$ 15.000,00	0,20%

IRPJ / CSLL	TOTAL	AV %
DEPRECIAÇÃO	R$ 5.732,00	0,08%
LUCRO ANTES IRPJ e CSLL	R$ 355.910,00	4,75%
IRPJ	R$ 64.157,00	0,86%
CSLL	R$ 38.494,00	0,51%

FLUXO DE FINANCIAMENTO	TOTAL	AV %
DIVIDENDOS	R$ 277.313,00	3,70%

Por último, pode ser calculado o ponto de equilíbrio operacional da empresa. A tabela seguinte apresenta os cálculos necessários para chegar ao ponto de equilíbrio operacional.

TABELA 163 - RECEITA DE EQUILÍBRIO OPERACIONAL

CONTAS	JAN	FEV	MAR	ABR	MAI	JUN
Desembolso operacional fixo	R$ 65.546,00	R$ 64.875,00	R$ 63.115,00	R$ 62.644,00	R$ 63.014,00	R$ 71.147,00
Desembolso operacional variável	R$ 196.516,00	R$ 452.512,00	R$ 527.334,00	R$ 560.292,00	R$ 576.159,00	R$ 552.246,00
Desembolso operacional fixo %	34,36%	10,81%	9,72%	9,79%	9,25%	10,85%
Desembolso operacional variável %	103,02%	75,39%	81,24%	87,57%	84,60%	84,21%
Margem de contribuição %	-3,02%	24,61%	18,76%	12,43%	15,40%	15,79%
Margem de lucro operacional %	-37,38%	17,61%	11,86%	3,32%	8,07%	5,27%
Receita de equilíbrio	-R$ 2.171.059,00	R$ 263.588,00	R$ 336.488,00	R$ 504.088,00	R$ 409.113,00	R$ 450.604,00

CONTAS	JUL	AGO	SET	OUT	NOV	DEZ
Desembolso operacional fixo	R$ 67.137,00	R$ 62.289,00	R$ 62.057,00	R$ 61.647,00	R$ 85.619,00	R$ 85.509,00
Desembolso operacional variável	R$ 553.766,00	R$ 558.274,00	R$ 583.133,00	R$ 584.760,00	R$ 581.396,00	R$ 581.851,00
Desembolso operacional fixo %	10,32%	9,06%	9,19%	9,03%	12,33%	12,54%
Desembolso operacional variável %	85,14%	81,19%	86,36%	85,63%	83,73%	85,31%
Margem de contribuição %	14,86%	18,81%	13,64%	14,37%	16,27%	14,69%
Margem de lucro operacional %	4,74%	10,05%	6,53%	7,01%	5,17%	2,81%
Receita de equilíbrio	R$ 451.684,00	R$ 331.157,00	R$ 454.994,00	R$ 429.007,00	R$ 526.138,00	R$ 582.195,00

A primeira linha apresenta a soma de todos os desembolsos operacionais de natureza fixa (despesas de pessoal, despesas administrativas e taxas/impostos). A segunda linha agrega todos os desembolsos operacionais de natureza variável (tributos sobre vendas, despesas / custos comerciais, IRPJ e CSLL). A terceira linha calcula a relação percentual entre os desembolsos operacionais fixos e a receita operacional. A quarta linha apresenta a relação percentual entre os desembolsos operacionais variáveis e as receitas operacionais.

A quinta linha apresenta a margem de contribuição percentual, dada por 100% menos o percentual de desembolso operacional variável. A sexta linha apresenta a margem percentual de lucro operacional e seu cálculo foi dado pela diminuição dos desembolsos fixos percentuais das margens de contribuição percentuais, calculadas na linha anterior. A última linha, por sua vez, apresenta a receita de equilíbrio e seu cálculo foi realizado pela divisão dos desembolsos operacionais de natureza fixa pela margem de contribuição percentual.

Observe que o mês de janeiro evidenciou um período de prejuízo operacional (margem de lucro negativa). Nesse período, até a margem de contribuição foi negativa (a receita operacional não foi suficiente sequer para pagar os desembolsos variáveis). Em função disso, não foi possível o cálculo da receita de equilíbrio nesse mês, gerando-se um valor incoerente.

10.5.3 EMPRESA INDUSTRIAL

A empresa industrial apresenta a seguinte análise horizontal acumulada.

TABELA 164 - ANÁLISE HORIZONTAL ACUMULADA

ATIVIDADE OPERACIONAL	FEV	MAR	ABR	MAI	JUN	JUL	AGO	SET	OUT	NOV	DEZ
RECEITAS OPERACIONAIS	-10,26%	-24,06%	-24,06%	-24,06%	-24,06%	-18,88%	-10,26%	-24,06%	-13,69%	3,54%	-8,50%
Clubes de futebol	-12,50%	-22,22%	-22,22%	-22,22%	-22,22%	-12,50%	-12,50%	-22,22%	-2,78%	-2,78%	6,94%
Lojas varejistas	-7,40%	-25,92%	-25,92%	-25,92%	-25,92%	-25,92%	-7,40%	-25,92%	-25,92%	11,12%	-25,92%
Outros	-20,00%	-20,00%	-20,00%	-20,00%	-20,00%	0,00%	-20,00%	-20,00%	20,00%	-20,00%	40,00%
CUSTOS PRODUTIVOS	-8,15%	-21,00%	-21,29%	-21,47%	-21,11%	-21,47%	-8,52%	-21,29%	-14,87%	24,54%	-1,82%
Matérias-primas	-7,76%	-26,21%	-26,21%	-26,21%	-26,21%	-26,21%	-7,76%	-26,21%	-26,21%	10,69%	-26,21%
Mão de obra direta	-9,57%	-9,23%	-10,26%	-10,89%	-9,64%	-10,89%	-10,89%	-10,26%	12,49%	60,37%	58,70%
Custos indiretos	0,00%	0,00%	0,00%	0,00%	0,00%	0,00%	0,00%	0,00%	0,00%	0,00%	0,00%
DESPESAS FIXAS	3,76%	5,38%	-0,69%	-1,49%	-0,35%	-1,30%	-1,26%	-0,80%	-0,90%	33,45%	32,78%
Despesas administrativas	1,09%	1,09%	2,43%	2,53%	2,53%	3,42%	3,42%	3,42%	3,42%	3,42%	3,42%
Despesas com pessoal	4,49%	6,54%	-1,53%	-2,58%	-1,13%	-2,58%	-2,53%	-1,94%	-2,07%	41,55%	40,70%
DESPESAS VARIÁVEIS	-6,94%	-23,22%	-25,83%	-25,47%	-25,16%	-24,81%	-8,26%	-20,50%	-23,31%	9,87%	-16,13%
Comissão	4,14%	-6,54%	-20,91%	-20,91%	-20,91%	-20,91%	-15,51%	-6,54%	-20,91%	-10,11%	7,83%
Propaganda	61,01%	45,38%	16,30%	16,30%	16,30%	16,30%	16,30%	45,38%	16,30%	16,30%	74,45%
SIMPLES	-12,28%	-29,48%	-28,84%	-28,40%	-28,03%	-27,60%	-8,43%	-26,19%	-25,79%	12,65%	-24,70%
RESULTADO OPERACIONAL	-85,61%	-154,90%	-125,25%	-121,74%	-129,65%	-40,74%	-61,84%	-137,59%	-23,52%	-307,98%	-193,07%

A análise horizontal periódica ao longo do mesmo período é dada a seguir.

TABELA 165 - ANÁLISE HORIZONTAL PERIÓDICA

ATIVIDADE OPERACIONAL	FEV	MAR	ABR	MAI	JUN	JUL	AGO	SET	OUT	NOV	DEZ
RECEITAS OPERACIONAIS	-10,26%	-15,38%	0,00%	0,00%	0,00%	6,83%	10,62%	-15,38%	13,66%	19,96%	-11,63%
Clubes de futebol	-12,50%	-11,11%	0,00%	0,00%	0,00%	12,50%	0,00%	-11,11%	25,00%	0,00%	10,00%
Lojas varejistas	-7,40%	-20,00%	0,00%	0,00%	0,00%	0,00%	25,00%	-20,00%	0,00%	50,00%	-33,33%
Outros	-20,00%	0,00%	0,00%	0,00%	0,00%	25,00%	-20,00%	0,00%	50,00%	-33,33%	75,00%
CUSTOS PRODUTIVOS	-8,15%	-13,99%	-0,37%	-0,22%	0,45%	-0,45%	16,49%	-13,96%	8,16%	46,29%	-21,17%
Matérias-primas	-7,76%	-20,00%	0,00%	0,00%	0,00%	0,00%	25,00%	-20,00%	0,00%	50,00%	-33,33%
Mão de obra direta	-9,57%	0,38%	-1,14%	-0,70%	1,41%	-1,39%	0,00%	0,70%	25,35%	42,57%	-1,04%
Custos indiretos	0,00%	0,00%	0,00%	0,00%	0,00%	0,00%	0,00%	0,00%	0,00%	0,00%	0,00%
DESPESAS FIXAS	3,76%	1,56%	-5,76%	-0,81%	1,16%	-0,96%	0,04%	0,47%	-0,10%	34,66%	-0,50%
Despesas administrativas	1,09%	0,00%	1,32%	0,10%	0,00%	0,87%	0,00%	0,00%	0,00%	0,00%	0,00%
Despesas com pessoal	4,49%	1,97%	-7,58%	-1,06%	1,49%	-1,47%	0,05%	0,61%	-0,13%	44,54%	-0,60%
DESPESAS VARIÁVEIS	-6,94%	-17,50%	-3,40%	0,49%	0,42%	0,47%	22,00%	-13,34%	-3,53%	43,26%	-23,66%
Comissão	4,14%	-10,26%	-15,38%	0,00%	0,00%	0,00%	6,83%	10,62%	-15,38%	13,66%	19,96%
Propaganda	61,01%	-9,71%	-20,00%	0,00%	0,00%	0,00%	0,00%	25,00%	-20,00%	0,00%	50,00%
SIMPLES	-12,28%	-19,61%	0,91%	0,62%	0,52%	0,59%	26,48%	-19,39%	0,54%	51,80%	-33,16%
RESULTADO OPERACIONAL	-85,61%	-481,40%	-54,01%	-13,89%	36,41%	-299,83%	-35,60%	-198,51%	-303,45%	-371,95%	-55,25%

A tabela seguinte apresenta a análise vertical em todos os períodos. Essa análise foi elaborada em relação às receitas operacionais.

TABELA 166 - ANÁLISE VERTICAL

ATIVIDADE OPERACIONAL	JAN	FEV	MAR	ABR	MAI	JUN	JUL	AGO	SET	OUT	NOV	DEZ
RECEITAS OPERACIONAIS	100,00%	100,00%	100,00%	100,00%	100,00%	100,00%	100,00%	100,00%	100,00%	100,00%	100,00%	100,00%
Clubes de futebol	39,51%	38,52%	40,46%	40,46%	40,46%	40,46%	42,61%	38,52%	40,46%	44,50%	37,10%	46,18%
Lojas varejistas	53,77%	55,49%	52,46%	52,46%	52,46%	52,46%	49,10%	55,49%	52,46%	46,15%	57,71%	43,54%
Outros	6,72%	5,99%	7,08%	7,08%	7,08%	7,08%	8,29%	5,99%	7,08%	9,35%	5,19%	10,28%
CUSTOS PRODUTIVOS	57,65%	59,01%	59,98%	59,76%	59,62%	59,89%	55,81%	58,77%	59,76%	56,87%	69,35%	61,86%
Matérias-primas	40,46%	41,59%	39,32%	39,32%	39,32%	39,32%	36,80%	41,59%	39,32%	34,59%	43,25%	32,63%
Mão de obra direta	16,27%	16,40%	19,45%	19,23%	19,10%	19,37%	17,88%	16,16%	19,23%	21,21%	25,21%	28,23%
Custos indiretos	0,92%	1,02%	1,21%	1,21%	1,21%	1,21%	1,13%	1,02%	1,21%	1,06%	0,89%	1,00%
DESPESAS FIXAS	21,27%	24,59%	29,52%	27,81%	27,59%	27,91%	25,88%	23,40%	27,78%	24,42%	27,41%	30,87%
Despesas administrativas	4,52%	5,09%	6,02%	6,10%	6,11%	6,11%	5,77%	5,21%	6,16%	5,42%	4,52%	5,11%
Despesas com pessoal	16,75%	19,50%	23,50%	21,71%	21,48%	21,80%	20,11%	18,19%	21,63%	19,00%	22,90%	25,75%
DESPESAS VARIÁVEIS	14,85%	15,40%	15,01%	14,50%	14,57%	14,63%	13,76%	15,18%	15,54%	13,19%	15,75%	13,61%
Comissão	1,92%	2,23%	2,36%	2,00%	2,00%	2,00%	1,87%	1,81%	2,36%	1,76%	1,67%	2,26%
Propaganda	0,65%	1,17%	1,25%	1,00%	1,00%	1,00%	0,94%	0,85%	1,25%	0,88%	0,73%	1,24%
SIMPLES	12,27%	12,00%	11,40%	11,50%	11,57%	11,63%	10,95%	12,52%	11,93%	10,55%	13,35%	10,10%
RESULTADO OPERACIONAL	6,23%	1,00%	-4,50%	-2,07%	-1,78%	-2,43%	4,55%	2,65%	-3,08%	5,52%	-12,52%	-6,34%

ATIVIDADE DE INVESTIMENTO	JAN	FEV	MAR	ABR	MAI	JUN	JUL	AGO	SET	OUT	NOV	DEZ
Investimento em ativos	0,00%	0,00%	3,61%	0,00%	65,03%	0,00%	3,38%	0,00%	3,61%	0,00%	0,00%	0,00%
Venda de Ativos	0,00%	0,00%	0,00%	0,00%	25,29%	0,00%	0,00%	0,00%	0,00%	0,00%	0,00%	0,00%
RESULTADO INVESTIMENTO	0,00%	0,00%	-3,61%	0,00%	-39,74%	0,00%	-3,38%	0,00%	-3,61%	0,00%	0,00%	0,00%

Para calcular as receitas de equilíbrio operacional da empresa em cada mês e em média para o ano, foi elaborada a tabela a seguir.

TABELA 167 - RECEITA DE EQUILÍBRIO OPERACIONAL

Contas	JAN	FEV	MAR	ABR	MAI	JUN
Desembolsos operacionais fixos	R$ 20.217,49	R$ 20.946,93	R$ 21.260,53	R$ 20.083,65	R$ 19.928,41	R$ 20.149,95
Desembolsos operacionais variáveis	R$ 65.229,99	R$ 60.010,88	R$ 51.056,20	R$ 50.549,77	R$ 50.505,87	R$ 50.733,73
Margem de contribuição total	R$ 25.895,01	R$ 21.764,12	R$ 18.143,80	R$ 18.650,23	R$ 18.694,13	R$ 18.466,27
Margem de contribuição percentual	28,42%	26,61%	26,22%	26,95%	27,01%	26,69%
Receita de equilíbrio	R$ 71.145,72	R$ 78.704,55	R$ 81.087,15	R$ 74.518,58	R$ 73.768,93	R$ 75.509,37

Contas	JUL	AGO	SET	OUT	NOV	DEZ	MÉDIA
Desembolsos operacionais fixos	R$ 19.965,22	R$ 19.972,78	R$ 20.062,84	R$ 20.042,72	R$ 26.699,84	R$ 26.569,96	R$ 21.325,03
Desembolsos operacionais variáveis	R$ 50.595,31	R$ 59.635,64	R$ 51.271,36	R$ 54.265,28	R$ 79.458,10	R$ 62.089,00	R$ 57.116,76
Margem de contribuição total	R$ 23.329,69	R$ 22.139,36	R$ 17.928,64	R$ 24.384,72	R$ 14.891,90	R$ 21.286,00	R$ 20.464,49
Margem de contribuição percentual	31,56%	27,07%	25,91%	31,00%	15,78%	25,53%	26,38%
Receita de equilíbrio	R$ 63.263,97	R$ 73.772,41	R$ 77.437,49	R$ 64.645,39	R$ 169.161,09	R$ 104.071,71	R$ 80.843,57

A primeira linha apresenta os desembolsos operacionais de natureza fixa (custos indiretos de produção mais as despesas fixas). A segunda linha apresenta os desembolsos operacionais variáveis (desembolsos com matérias-primas, mão de obra direta e despesas variáveis).

A terceira linha calcula a margem de contribuição total em cada período, a partir da subtração dos desembolsos operacionais variáveis das receitas operacionais. A linha seguinte calcula a margem de contribuição em termos percentuais, pela divisão entre a margem de contribuição calculada anteriormente e a receita operacional. A última linha apresenta as receitas de equilíbrio, calculadas pela divisão entre os desembolsos de natureza fixa e a margem de contribuição em termos percentuais.

Em média, os desembolsos operacionais fixos e variáveis são respectivamente R$ 21.325,03 e R$ 57.116,76 e a receita operacional média projetada é R$ 77.581,25. Portanto, em média, a margem de contribuição em termos monetários é R$ 20.464,49 e, em termos percentuais, 26,38%. Assim, a receita de equilíbrio operacional média mensal é de R$ 80.843,57 (R$ 21.325,03 / 0,2638).

Observe que, em alguns meses ao longo do ano, apesar de a receita operacional ter sido maior do que a receita de equilíbrio operacional média calculada, houve resultado negativo. Isso se deve a eventuais sazonalidades nos desembolsos, o que é comum em muitas empresas. Logo, a receita média de equilíbrio representa uma expectativa média, passível de desvios em alguns períodos específicos.

PALAVRAS FINAIS

Caro leitor, espero ter trazido a você conhecimentos de cunho teórico-prático aplicáveis na empresa em que atua. O livro foi concebido de forma que todos os conceitos apresentados tivessem uma relação com a prática, permitindo, dessa maneira, seu emprego direto.

Com isso, minha expectativa é que o uso desses conhecimentos gere benefícios observáveis, contribuindo para decisões bem subsidiadas e, como consequência, para melhores resultados (sobretudo os de natureza financeira).

Pelas páginas anteriores, você pôde perceber que a condução de um processo orçamentário, ainda que em empresas de pequeno porte, requer esforço considerável. Mais enfático do que esse esforço, é a responsabilidade assumida, uma vez que todas as atividades da empresa serão permeadas por aspectos ligados ao orçamento e aos resultados financeiros.

Entretanto, esse esforço e essa responsabilidade, partilhados por muitos colaboradores e departamentos, podem alcançar seus objetivos somente com o emprego de disciplina e organização, ambas características desejáveis para todos os que participam desse processo. Por mais que o livro tenha apresentado conceitos, técnicas e exemplos, o efetivo resultado se dará com a realização de todas as tarefas com disciplina e organização.

Por fim, prezado leitor, gostaria de registrar meus sinceros agradecimentos pelo interesse nesta obra, cuja elaboração também demandou muito esforço e disciplina.

Obrigado.

ÍNDICE

A

abordagens 52
ações conflitantes 25
algebricamente 301
alíquotas 140
amortização 54, 265
amplitude 90
análise
  de regressão 102
  gerencial 308
  horizontal 312
  situacional 39
  vertical 308
análises
  mercadológicas 96
  setoriais 286
aspecto
  conceitual 40
  financeiro 40
ativos disponíveis 39
avaliação crítica 80

B

benchmarking 311
benefícios 140
bloqueios de desembolsos 66
break even point 315

C

capital 36
Capital de giro 285
captação de empréstimo 305
centros
  de custo 58
  de investimento 58
  de lucro 58
Ciclo financeiro 267
cláusulas restritivas 263
coeficiente 110
COFINS 193
colaboradores 33
combinação de elementos 253
comitê orçamentário 63
comportamento 126
comunicação 42, 70
concessão de crédito 48
concorrentes 102
condições de crédito 78
confiabilidade 72
conflitos decisórios 254
consecução 29
consubstanciado 54
consultoria econômica 77
contas 49
contratações 165
contratos 39
convenções coletivas 140
cortes orçamentários 87

credores 37
cronograma 61
CSLL 193
Custos produtivos 124

D

decisão operacional 24
decisões
  financeiras 24
  financeiras estratégicas 25
  táticas 24
declividade 319
demanda 118
desembolso 36
desmotivar 78
desperdício 26
despesas fixas 176
despesas variáveis 176
desvio-padrão 110
desvio positivo 90
desvios 86
dicotomia 158
disciplina 35
discrepâncias 30, 60, 80
dispersão 73
divergências 42
dívidas 22
dividendos 23, 269
divisão 55
documentos de premissas 87
dotações orçamentárias 95

E

efetividade dos resultados 26
eficácia 87
elaboração de análises 37
elementos 329
encargos sociais 140
encerramento 51
entendimento conceitual 33
escala 142
escopo 42
especialistas 71
estimativa 93
estocagem 137
ex-ante 38
exercício fiscal 24
expectativas mercadológicas 77
ex-post 38
extrapolação do orçamento 83

F

falta de recursos 61
fluxogramas 80
fluxos de caixa 34
fontes de capital 261
fornecedores 27
fundos de investimento 24

G

gestor 21
gráficos de Gantt 80

H
hedge cambial 20

I
ICMS 216
IGPM 197
impactos da não execução 75
impostos
　federais 92
　sobre serviços 92
incorporação 22
incrementos 110
indicadores financeiros 55, 176
índices de ajuste 106
ingerência 40
insatisfação 127
instrumentos 66
insumos 92
interface 68
IPTU 198
IRPJ 193

J
junção 91
juros 268, 276
　periódicos 268
justificativa 279

L
LAIR 284

liquidez 35, 40
lucratividade 84, 329
lucro tributável 193, 294

M
manutenção 133
margem de lucro 311
Metas realistas 78
método
　Delphi 71
　SAC 274
métodos
　determinísticos 73
　probabilísticos 73
moderador 71
moeda nacional 75
movimentações financeiras 67
multas trabalhistas 140
multidisciplinar 61

O
ociosa 264
operacional 55
orçamentação 60
orçamentos departamentais 57

P
parâmetros 41, 74
parceiros comerciais 102
percentuais do faturamento 113
percentual de retenção 278

período 41
pesquisa de mercado 100
PIS 193
planejamento estratégico 21
planilhas 66
plano de produção 133
ponto de equilíbrio operacional 315
ponto de interseção 319
prazo 54
premissas de receitas 78
prerrogativas 268
processo produtivo 125
produção
  cíclica 127
  constante 127
  proporcional 127
produto final 79, 135
projeções 54

Q
qualidade 80
quitada 83

R
rateios 134
receita de equilíbrio 324
recolhimento 92
recursos 22
  externos 262
  financeiros 45
reduções 261

redundância 26
reflexos financeiros 94
reinvestimentos 262
remanejamentos 30
repasse 95
restrições 78
  ambientais 78
  externas 99
  financeiras 79
  internas 99
  jurídicas 79
  tecnológicas 79
resultados 29
  financeiros 34
  projetados 67
revisões
  orçamentárias 46
  periódicas 85

S
sacrifícios financeiros 125
salários 76
saldo de caixa 35
sazonalidade 97
setor orçamentário 20
simplificação 317
sistema
  de amortização 268
  Price 275
sistemas informatizados 66
subdivisões 176

T

taxa de câmbio 75
trade-off 133
transação 48
treinamentos 60, 125
tributos 27, 49, 92
turnover 140

U

uniformidade 310

V

valor 35
valores remanescentes 122
valorização 75
vantagens 45
variáveis 28, 97
variável estatística 73
venda 56
volatilidade 27
volume
  físico 95
  monetário 95
vultosos 77

Projetos corporativos e edições personalizadas
dentro da sua estratégia de negócio. Já pensou nisso?

Coordenação de Eventos
Viviane Paiva
viviane@altabooks.com.br

Assistente Comercial
Fillipe Amorim
vendas.corporativas@altabooks.com.br

A Alta Books tem criado experiências incríveis no meio corporativo. Com a crescente implementação da educação corporativa nas empresas, o livro entra como uma importante fonte de conhecimento. Com atendimento personalizado, conseguimos identificar as principais necessidades, e criar uma seleção de livros que podem ser utilizados de diversas maneiras, como por exemplo, para fortalecer relacionamento com suas equipes/ seus clientes. Você já utilizou o livro para alguma ação estratégica na sua empresa?

Entre em contato com nosso time para entender melhor as possibilidades de personalização e incentivo ao desenvolvimento pessoal e profissional.

PUBLIQUE SEU LIVRO

Publique seu livro com a Alta Books. Para mais informações envie um e-mail para: autoria@altabooks.com.br

/altabooks /alta-books /altabooks /altabooks

CONHEÇA OUTROS LIVROS DA ALTA BOOKS

Todas as imagens são meramente ilustrativas.

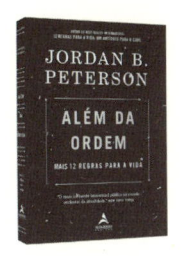

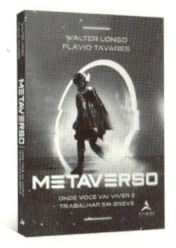

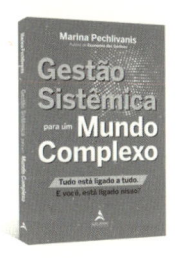

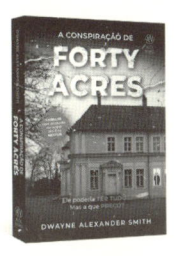

- JORDAN B. PETERSON — ALÉM DA ORDEM: MAIS 12 REGRAS PARA A VIDA
- NEGÓCIO FECHADO — JEB BLOUNT
- JIM COLLINS e BILL LAZIER — BE 2.0: Criando Empresas Feitas para Durar
- WALTER LONGO / FLAVIO TAVARES — METAVERSO: ONDE VOCÊ VAI VIVER E TRABALHAR EM BREVE
- O MUNDO À VENDA
- Marina Pechlivanis — Gestão Sistêmica para um Mundo Complexo
- A CONSPIRAÇÃO DE FORTY ACRES — DWAYNE ALEXANDER SMITH
- PAULA MCLAIN — QUANDO AS ESTRELAS SE APAGAM

ALTA LIFE · ALTA NOVEL · ALTA CULT EDITORA
ALTA BOOKS EDITORA · alta club

ROTAPLAN
GRÁFICA E EDITORA LTDA

Rua Álvaro Seixas, 165
Engenho Novo - Rio de Janeiro
Tels.: (21) 2201-2089 / 8898
E-mail: rotaplanrio@gmail.com